AUTOAYUDA

Wayne W. Dyer

Tus zonas erróneas

Traducción de
María del Pilar Donoso

ᴸ DeBOLS!LLO

Penguin
Random House
Grupo Editorial

Título original: *Your Erroneous Zones*
Traducido de la edición original de Funk & Wagnalis, Nueva York, 1976

Primera edición: abril de 2019
Primera impresión: septiembre de 2019

© 1978, Wayne W. Dyer
© 1978, Penguin Random House Grupo Editorial, S. A. U.
Travessera de Gràcia, 47-49, 08021, Barcelona
© 2023, Penguin Random House Grupo Editorial USA, LLC.
8950 SW 74th Court, Suite 2010
Miami, FL 33156
© 1978, María del Pilar Donoso, por la traducción

www.megustaleerenespanol.com

ISBN: 978-1-644730-05-8

Impreso en Colombia – *Printed in Colombia*

23 24 25 26 27   10 9 8 7

Para TRACY LYNN DYER

Te amo
de ese modo especial
que describo
en estas páginas

Toda la teoría del universo está
dirigida infaliblemente
hacia un solo individuo, y ése eres TÚ.

Walt WHITMAN

ÍNDICE

Introducción

UN TESTIMONIO PERSONAL

Un orador se dirigió a un grupo de alcohólicos decidido a demostrarles, de una vez por todas, que alcohol era el peor de los males. Sobre su mesa en el estrado tenía lo que a simple vista parecían ser dos vasos llenos de un líquido transparente. Explicó que uno estaba lleno de agua pura y que el otro estaba lleno de alcohol sin diluir, también puro. Colocó un pequeño gusano en uno de los vasos y los presentes pudieron observar cómo éste nadaba por la superficie dirigiéndose hacia el borde del vaso, entonces se deslizó tranquilamente hasta llegar arriba. Luego el orador cogió el mismo gusano y lo colocó en el vaso lleno de alcohol. El gusano se desintegró a la vista de todos. «Ahí tienen —dijo el orador—. ¿Qué les parece? ¿A qué conclusiones llegan?» Una voz, proveniente del fondo de la habitación dijo muy claramente: «A mí lo que me parece es que si uno bebe alcohol no tendrá nunca gusanos».

Este libro tiene muchos «gusanos» en el sentido de que oirás y percibirás exactamente lo que quieres oír basándote en muchos de tus propios valores, creencias, prejuicios e historia personal. Es difícil y delicado a la vez escribir sobre el comportamiento autofrustrante. El mirarte a ti mismo en profundidad con intenciones de cambiar puede ser algo que dices que te interesa hacer, pero a menudo tu comportamiento demuestra lo contrario. Es difícil cambiar. Si eres como la mayoría de la gente, hasta las fibras más íntimas de tu ser se resistirán a emprender el duro trabajo que significa eliminar los pensamientos que sirven de apoyo a tus sentimientos y conducta autoalienatorios. Pero a pesar de los «gusanos», yo creo que te va a gustar este libro. ¡A mí me encanta! Y gocé escribiéndolo.

Si bien no creo que se deba hablar sobre las enfermedades mentales con ligereza, tampoco creo que debieran ser tratadas sin humor, ni con un lenguaje arcaico y lleno de misterio. He tratado de evitar las explicaciones complicadas, principalmente porque no creo que «ser feliz» sea un asunto complejo.

El estado de salud es un estado natural, y los medios para lograrlo están dentro de las posibilidades de cada uno de nosotros. Personalmente creo que una combinación bien equilibrada de trabajo, reflexión, humor y confianza en sí mismo son los ingredientes que se necesitan para vivir una vida eficiente. Yo no creo en las fórmulas fantasiosas o en las excursiones históricas para adentrarse en tu pasado personal y descubrir que el «paso de los pañales al retrete» fue hecho en forma torpe y brusca y que otras personas son las responsables de tu infelicidad.

Este libro esboza un procedimiento agradable de alcanzar la felicidad; un procedimiento que se basa en ser responsable de uno mismo, en comprometerse con uno mismo, además de las ganas de vivir y un deseo de ser todo lo que quieras ser en este momento. No se trata de un procedimiento complicado, sino de sentido común. Si eres un ser humano sano y feliz, es posible que pienses: «Yo podría haber escrito este libro». Tienes razón. Tú no necesitas una preparación profesional ni un doctorado en las profesiones psicoterapéuticas para comprender los principios de una vida eficiente. Eso no se aprende en una sala de clases ni en un libro. Eso se aprende comprometiéndose con la propia felicidad y haciendo algo para lograrla. En esto trabajo yo todos los días, a la vez que trato de ayudar a que los demás se decidan por una alternativa similar.

Cada capítulo de este libro está escrito como si fuera una sesión de psicoterapia. Escogí esta forma para proporcionar la mayor cantidad posible de oportunidades de autoayuda. Se explora una zona errónea en particular, o el tipo de comportamiento autodestructivo, y se examinan los antecedentes históricos de este comportamiento en nuestra cultura (o sea, en ti mismo). El objetivo es ayudarte a comprender *por qué* estás atrapado en esta zona de autoderrota. Luego se detallan los comportamientos específicos que corresponden a esta zona errónea. Los tipos de comportamiento a que nos referimos son actos cotidianos que pueden parecer perfectamente aceptables pero que en realidad son perjudiciales para la propia felicidad. No doy ejemplos de casos clínicos con perturbaciones emocionales graves, sino más bien se puntualizan los diarios mensajes neuróticos que todos emitimos. Después de observar los comportamientos en las zonas erróneas, pasamos a examinar las *razones* que impulsan a aferrarse a comportamientos que malogran la felicidad. Esto implica observar seriamente y con atención el sistema de apoyo psicológico que te has construido para mantener este comportamiento de autofrustración, en vez de abandonarlo. Esta sección trata de contestar las siguientes preguntas: «¿Qué saco yo con este comportamiento?» y «¿Por qué persisto si me perjudica?». Al examinar cada zona errónea seguramente notarás que cada una de las secciones de «retribución» tiene mensajes similares. Descubrirás que las razones para conservar el comportamiento neurótico son bastante coherentes y se encuentran presentes en todas las zonas erróneas. Esencialmente es más seguro aferrarse a una respuesta conocida, aun cuando sea autodestructiva. Además puedes eliminar el cambio y asumir responsabilidades si mantienes intactas tus zonas erróneas. Estas retribuciones de confianza y seguridad serán evidentes a lo largo de todo el libro. Empezarás a ver que tu sistema de mantenimiento psicológico funciona para mantenerte ajeno a la culpabilidad y para neutralizar tus oportunidades de cambio. El hecho de que mantengas muchos comportamientos de autoderrota por el mismo motivo sólo hace que el crecimiento total sea más posible. Elimina estas razones y destruirás tus zonas erróneas.

Cada capítulo termina proporcionando una estrategia directa para eliminar este comportamiento autoneutralizador. Esta estructura corresponde exactamente a la de una sesión de psicoterapia; es decir, un estudio del problema y su exteriorización, un examen del comportamiento negativo; una percepción (*insight*) profunda del «porqué» del comportamiento; y, por último, la formulación de estrategias concretas que eliminan la zona conflictiva.

Ocasionalmente este método puede parecer repetitivo. Es una buena señal (una señal de pensamiento efectivo). Yo he trabajado muchos años como psicoterapeuta. Sé muy bien que el pensamiento efectivo (el pensamiento que puede modificar el comportamiento autodestructivo) no aparece simplemente porque se ha dicho algo al respecto. Una percepción (*insight*) en ese sentido, debe ser repetida una y otra vez. Sólo entonces, cuando está completamente aceptada y comprendida, puedes empezar a modificar el comportamiento autodestructivo. Por este motivo, ciertos temas se deben machacar una y otra vez en las páginas de este libro, igual que deben sacarse a relucir una y otra vez en sesiones sucesivas de psicoterapia.

Hay dos temas centrales que aparecen repetidamente a lo largo de este libro. El primero tiene que ver con tu capacidad de decisión acerca de tus propias emociones. Empieza a examinar tu vida a la luz de las decisiones que tomaste o que dejaste de tomar. Esto te hará responsable de lo que eres y de lo que sientes. Para llegar a ser más feliz y más eficiente tendrás que tomar conciencia de las posibilidades de opción que se encuentren a tu alcance. TÚ ERES LA SUMA TOTAL DE TUS OPCIONES, y yo estoy lo suficientemente «lanzado» como para creer que con la motivación apropiada y el esfuerzo necesario, tú puedes ser lo que te propongas.

El segundo tema que se pondrá de manifiesto en estas páginas es el de hacerte cargo de tu momento presente. Son palabras que reaparecerán muchas veces. Es un elemento esencial para eliminar tus zonas erróneas y crear tu felicidad. Solamente existe un momento en el que puedes experimentar algo y ese momento es ahora; sin embargo se desperdicia mucho tiempo en rememorar el pasado y pensar en el futuro. Dedicar la actualidad, el ahora, a una plena satisfacción es la piedra fundamental de la vida positiva, y virtualmente todos los comportamientos autodestructivos (zonas erróneas) son esfuerzos por vivir un tiempo que no es el presente.

Se hará hincapié en las opciones y el momento presente en casi todas las páginas de este libro. Con una lectura atenta, pronto te harás preguntas que no se te habían ocurrido antes. «¿Por qué escojo estar molesto en este momento?» y «¿Cómo puedo emplear de forma más positiva este mismo momento?», son los interrogantes interiores que se formula la persona que se está alejando de las zonas erróneas y se dirige hacia la felicidad y la confianza en sí misma.

Este libro termina con el breve retrato de una persona que ha eliminado todas las zonas erróneas y que vive en un mundo emocional controlado internamente en vez de externamente. Las veinticinco preguntas siguientes han sido elaboradas para medir tu capacidad de elegir tus propias realización y felicidad. Respóndelas lo más objetivamente posible y evalúate a ti mismo y a tu actual manera de vivir. Las respuestas que sean afirmativas indican dominio de sí mismo y buena capacidad decisoria.

1. ¿Crees que piensas por ti mismo? (Capítulo 1)
2. ¿Eres capaz de controlar tus sentimientos? (Capítulo 2)
3. ¿Tus motivaciones son interiores o exteriores? (Capítulo 7)
4. ¿Te has liberado de la necesidad de aprobación? (Capítulo 3)
5. ¿Eres tú quien establece tus propias reglas de conducta? (Capítulo 7)
6. ¿Te has liberado de tu necesidad de justicia y equidad? (Capítulo 8)
7. ¿Puedes aceptarte tal como eres y evitar los reproches? (Capítulo 2)
8. ¿Estás libre de la necesidad del «culto al héroe»? (Capítulo 8)
9. ¿Eres un hacedor o un crítico? (Capítulo 9)
10. ¿Te atrae lo misterioso y lo desconocido? (Capítulo 5)
11. ¿Puedes evitar describirte a ti mismo empleando términos absolutos? (Capítulo 4)
12. ¿Puedes quererte a ti mismo todo el tiempo? (Capítulo 10)
13. ¿Puedes tomarte tu propio descanso? (Capítulo 10)

14. ¿Has eliminado todas las relaciones de dependencia? (Capítulo 10)
15. ¿Has eliminado de tu vida las acusaciones e imputaciones? (Capítulo 7)
16. ¿Has logrado dejar de sentirte culpable? (Capítulo 5)
17. ¿Eres capaz de evitar preocuparte por el futuro? (Capítulo V)
18. ¿Puedes dar y recibir amor? (Capítulo 2)
19. ¿Puedes evitar la ira paralizante en tu vida? (Capítulo 11)
20. ¿Has eliminado las tácticas postergatorias como estilo de vida? (Capítulo 9)
21. ¿Has aprendido a fracasar eficientemente? (Capítulo 6)
22. ¿Puedes gozar y disfrutar de algo espontáneamente? (Capítulo 6)
23. ¿Puedes apreciar el humor y crearlo? (Capítulo 11)
24. ¿Te tratan los demás como quisieras que te traten? (Capítulo 10)
25. ¿Estás motivado por tu potencial de crecimiento y desarrollo o por la necesidad de reparar tus deficiencias? (Capítulo 1)

En cualquier momento dado de tu vida, puedes elegir contestar afirmativamente todas estas preguntas si estás dispuesto a rechazar muchos «tendría» y «debería» que has aprendido en el transcurso de tu vida. La verdadera opción radica en decidir ser personalmente libre o permanecer encadenado a las expectativas que los demás tienen de uno mismo.

Una amiga mía, Doris Warshay, escribió un poema después de escuchar una de mis conferencias. Me lo dedicó y lo tituló *Nuevos rumbos*.

Yo quiero viajar lo más lejos posible
Quiero alcanzar la alegría que hay en mi alma,
Y cambiar las limitaciones que conozco
Y sentir como crecen mi espíritu y mi mente.

Yo quiero vivir, existir, «ser»,
Y oír las verdades que hay dentro de mí.

Confío que este libro te ayudará a eliminar cualquier «gusano» o «anteojera» que pudiera impedirte el goce de nuevas y hermosas experiencias y también a descubrir y escoger tus nuevos rumbos.

1

HACIÉNDOTE CARGO DE TI MISMO

*La esencia de la grandeza radica en la capacidad de optar por la
propia realización personal en circunstancias en que otras personas
optan por la locura.*

Mira por encima de tu hombro. Te darás cuenta de que tienes a tu lado un compañero que te acompaña constantemente. A falta de un nombre mejor llámalo *Tu-Propia-Muerte*. Puedes tener miedo a este visitante o usarlo en tu propio beneficio. De ti depende la elección.

Siendo la muerte una propuesta tan eterna y la vida tan increíblemente breve, pregúntate a ti mismo: «¿Debo evitar hacer las cosas que realmente quiero hacer?», «¿Viviré mi vida como los demás quieren que la viva?». Lo más probable es que tus respuestas se puedan resumir en unas pocas palabras: Vive... Sé tú mismo... Goza... Ama.

Puedes temer tu propia muerte de forma negativa o usarla para ayudarte a vivir de modo positivo. Escucha al Iván Ilich de Tolstoi mientras espera al gran nivelador, contemplando un pasado completamente dominado por los demás, una vida en la que había desistido de ser dueño de sí mismo a fin de encajar en el sistema.

«"¿Y si toda mi vida ha sido una equivocación, qué?" Se le ocurrió que lo que antes le había parecido completamente imposible, especialmente el hecho de que no había vivido como debería haberlo hecho podría después de todo ser verdad. Se le ocurrió que sus impulsos vitales, reprimidos brutalmente por sí mismo apenas los había experimentado, podrían haber sido lo único verdadero y real de su vida, y todo lo demás falso. Y sintió que sus obligaciones profesionales y toda la organización de su vida y de su familia, todos sus intereses sociales y oficiales, todo eso podría haber sido falso. Trató de defenderse y justificarse ante sí mismo y de pronto sintió cuán débil era lo que estaba defendiendo y justificando. No había nada que defender...»

La próxima vez que tengas que decidir acerca de tu propia vida, que tengas que hacer una elección personal, hazte una pregunta muy importante: «¿Cuanto tiempo voy a estar muerto?». Ante esa perspectiva eterna, puedes decidir ahora lo que prefieres, lo que eliges, y dejar a los que siempre estarán vivos las preocupaciones, los temores, la cuestión de si te lo puedes permitir y la culpabilidad.

Si no empiezas a actuar de esta manera, ya puedes formularte la posibilidad concreta de vivir toda tu vida tal como los demás piensan que debería ser. Ciertamente si tu estancia en la tierra es tan corta debería ser por lo menos agradable. En pocas palabras, se trata de tu vida; haz con ella lo que tú quieres.

LA FELICIDAD Y TU PROPIO C. I.
(Coeficiente de Inteligencia)

El hacerte cargo de ti mismo significa dejar a un lado ciertos mitos muy generalizados. A la cabeza de la lista está la noción de que la inteligencia se mide por la capacidad de resolver problemas complejos; de escribir, leer y computar a ciertos niveles; y de resolver rápidamente ecuaciones abstractas. Esta visión de la inteligencia postula la educación formal y el conocimiento académico o la cultura como la verdadera medida de la realización personal. Fomenta una especie de esnobismo intelectual que ha obtenido consigo unos resultados muy desmoralizadores. Hemos llegado a creer que una persona es «inteligente» si tiene una serie de títulos académicos, o una gran capacidad dentro de alguna disciplina escolástica (matemáticas, ciencias), un enorme vocabulario, una gran memoria para recordar datos superfluos, o si es gran lector. Sin embargo los hospitales psiquiátricos están atiborrados de pacientes que tienen todas las credenciales debidamente presentadas —como de muchos que no las tienen—. El verdadero barómetro de la inteligencia es una vida feliz y efectiva vivida cada día y en cada momento de cada día.

Si eres feliz, si vives cada momento, aprovechando al máximo sus posibilidades, entonces eres una persona inteligente. La capacidad de resolver problemas es un aditamento útil a tu felicidad, pero si tú sabes que a pesar de tu falta de habilidad para resolver cierto tipo de cosas puedes elegir lo que te haga feliz, o que, por lo menos, puedes evitar lo que te hará infeliz, entonces se podrá decir que eres inteligente. Eres inteligente porque tienes el arma más eficaz para combatir el C. N. Sí: el *Colapso Nervioso*.

Te llamará quizá la atención que te diga que no existe eso que llamamos Colapso o Depresión Nerviosa. Los nervios no colapsan. Abre a alguien y busca sus nervios rotos. No aparecerán. Las personas «inteligentes» no tienen C. N. porque están en control de sí mismas. Ellas saben cómo elegir la felicidad en vez de la depresión, porque saben enfrentarse con los *problemas* que hay en sus vidas. Nótese que no dije *resolver* los problemas. En vez de medir su inteligencia por su capacidad para *resolver* problemas esta gente la mide por su capacidad de seguir siendo igualmente felices y valiosos, se solucione o no el problema.

Puedes empezar a considerarte realmente inteligente en base a cómo escojas sentirte al enfrentarte con circunstancias difíciles. Las dificultades de la vida son muy parecidas para todos. Todos los que están con otros seres humanos en cualquier contexto social tienen las mismas dificultades. Los desacuerdos, las componendas, los conflictos son partes de lo que significa ser un ser humano. Igualmente, el dinero, la vejez, las enfermedades, la muerte, los desastres naturales y los accidentes son acontecimientos que presentan problemas a todos los seres humanos. Pero mientras algunas personas logran evitar el desaliento que inmoviliza y la infelicidad al enfrentarse con estos hechos, hay otros que se desploman, quedan inertes o sufren un Colapso Nervioso. Los seres humanos que reconocen los problemas como algo que es parte de la condición humana y no miden la felicidad por la ausencia de problemas, ésos son los seres humanos más inteligentes que conocemos; también los más raros y difíciles de encontrar.

Aprender a hacerte totalmente cargo de ti mismo implicará un proceso mental completamente nuevo, y que puede resultar difícil porque son demasiadas las fuerzas que en nuestra sociedad conspiran contra la responsabilidad individual. Debes confiar en tu capacidad de sentir emocionalmente lo que elijas sentir en cualquier momento dado de tu vida. Éste es un concepto radical. Probablemente tú has crecido creyendo que no puedes controlar tus propias emociones; que la ira, el miedo y el odio, al igual que el amor, el éxtasis y la alegría son cosas que te pasan. Un individuo no controla estas cosas: las acepta. Cuando sucede algún acontecimiento penoso, uno naturalmente siente pena, y espera que muy pronto sucederá algo bueno y alegre para poderse sentir bien.

ELIGIENDO CÓMO TE SENTIRÁS

Los sentimientos no son simples emociones que te suceden. Los sentimientos son reacciones que eliges tener. Si eres dueño de tus propias emociones, si las controlas, no tendrás que escoger reacciones de autoderrota. Cuando aprendas que puedes sentir lo que prefieres o eliges sentir, empezarás a encaminarte por la verdadera senda de la «inteligencia» —una senda que no tiene caminos laterales que lleven hacia el C.N. o la D.N.—. Esta senda es nueva porque tú considerarás a una emoción dada como una opción y no como una condición de la vida. Éste es el meollo y el alma misma de la libertad personal.

Con la lógica se puede atacar el mito del no estar a cargo o en control de las propias emociones. Por medio de un simple silogismo (una formulación lógica en la que se tiene una premisa mayor, una premisa menor y una conclusión que se basa en un acuerdo entre las dos premisas) puedes empezar el proceso de estar a cargo de ti mismo, tanto mental como emocionalmente.

Lógico.- Silogismo
PREMISA PRINCIPAL: Aristóteles es un hombre.
PREMISA MENOR: Todos los hombres tienen pelo facial.
CONCLUSIÓN: ARISTÓTELES TIENE PELO FACIAL.

Ilógico.- Silogismo

PREMISA MAYOR: Aristóteles tiene pelo en la cara.

PREMISA MENOR: Todos los hombres tienen pelo en la cara.

CONCLUSIÓN: ARISTÓTELES ES UN HOMBRE.

Está muy claro que cuando recurres a la lógica, debes tener cuidado de que las premisas mayor y menor estén de acuerdo. En el segundo ejemplo Aristóteles podría ser un mono o un topo. He aquí un ejercicio lógico que puede descartar para siempre la noción de que tú no puedes hacerte cargo de tu propio universo emocional.

PREMISA MAYOR: Yo puedo controlar mis pensamientos.

PREMISA MENOR: Mis sentimientos provienen de mis pensamientos.

CONCLUSIÓN: YO PUEDO CONTROLAR MIS SENTIMIENTOS.

La premisa mayor está clara. Tienes el poder de pensar lo que se te ocurra. Si se te ocurre algo de improviso (algo que tú elegiste poner en tu cabeza, aunque no sepas por qué lo hiciste), aún tienes el poder de hacerlo desaparecer y por tanto sigues controlando tu universo mental. Yo te puedo decir: «Piensa en un antílope color rosa», y tú lo puedes volver verde o convertirlo en un jabalí, o puedes pensar simplemente en cualquier otra cosa que quieras. Sólo tú puedes controlar lo que entra en tu cabeza como un pensamiento. Si tú no crees en esto, contesta simplemente esta pregunta: «Si no eres tú el que controla tus pensamientos, ¿quién los controla? ¿Es acaso tu cónyuge, o tu jefe o tu madre?».

Y si son *ellos* los que controlan lo que tú piensas, entonces mándalos a ellos a que se hagan un tratamiento psicoterapéutico, y *tú* mejorarás inmediatamente. Pero tú sabes que no es así. Tú y sólo tú puedes controlar tu aparato pensante (fuera de casos extremos de lavado de cerebro o de experimentos de condicionamiento que no forman parte de tu vida). Tus pensamientos son tuyos, exclusivamente tuyos para hacer con ellos lo que quieras, conservarlos, cambiarlos, compartirlos o contemplarlos. Ninguna otra persona puede meterse dentro de tu cabeza y tener tus pensamientos como tú los experimentas. Eres tú quien controla realmente tus pensamientos, y tu cerebro es tuyo propio, y puedes usarlo como quieras y determines.

Tu premisa menor no es discutible si examinas las pruebas históricas y empleas tu sentido común. No puedes tener un sentimiento (emoción) sin antes haber experimentado un pensamiento. Sin el cerebro desaparece tu capacidad de «sentir». Un sentimiento es una reacción física a un pensamiento. Si lloras, o te sonrojas, o te late más fuerte el corazón o te sucede cualquiera de las posibles reacciones emocionales de la interminable lista de posibilidades, quiere decir que primero has recibido una señal desde el centro del pensamiento. Cuando el centro del pensamiento de tu mente está dañado o ha sufrido un cortocircuito, no sientes emociones, no puedes sentirlas. Con cierto tipo de lesiones en el cerebro no se siente ni el dolor físico, literalmente tu mano puede quedar completamente achicharrada y frita al fuego y tú no sentir ninguna sensación de dolor. Tú sabes que no puedes neutralizar tu centro del pensamiento y al mismo tiempo experimentar cualquier sensación en tu cuerpo. No es posible. Así tu premisa menor se apoya en una verdad. Todas tus sensaciones te llegan precedidas por un pensamiento, y sin la función del cerebro no puedes experimentar sensaciones. La conclusión del silogismo es también ineludible. Si tú controlas tus pensamientos, y tus sensaciones y sentimientos provienen de tus pensamientos, entonces eres capaz de controlar tus propios sentimientos y sensaciones. Y puedes controlar tus sentimientos elaborando los pensamientos que los precedieron. Para simplificar podemos decir que tú crees que son las cosas o la gente los que te hacen infeliz, pero esto no es correcto. Eres tú el responsable de tu desgracia porque son tus pensamientos respecto a las cosas y a la gente que hay en tu vida los que te hacen infeliz. Para llegar a ser una persona libre y sana tienes que aprender a *pensar* de forma diferente. Cuando hayas logrado modificar tus pensamientos, entonces empezarán a surgir tus nuevos sentimientos y habrás dado el primer paso en el camino hacia tu libertad personal.

Consideremos el silogismo de una manera más personal tomando el caso de Cal, un joven ejecutivo que se pasa la mayor parte del tiempo preocupado y sufriendo porque su jefe piensa que es tonto. Cal es muy infeliz porque su jefe tiene una opinión muy pobre de él. Pero si Cal no supiera que su jefe piensa que él es tonto, ¿sería igualmente infeliz? Por supuesto que no. ¿Cómo podría sentirse desgraciado por algo que ignora? O sea, que lo que cree o deja de creer su jefe no es lo que lo hace infeliz. Lo que Cal cree es lo que lo hace infeliz. Más aún, Cal es responsable de su propia infelicidad al convencerse a sí mismo de que lo que otra persona piensa es más importante que lo que él mismo piensa.

Esta misma lógica es aplicable a todos los acontecimientos, cosas y puntos de vista de las personas. La muerte de alguien no es lo que te apena; hasta enterarte no puedes haberte apenado, así que no es la muerte la causa de tu pena sino lo que tú te dices respecto a ese hecho. Los huracanes no son deprimentes por sí mismos; la depresión es algo exclusivamente humano. Si te sientes deprimido a causa de un huracán es que te estás diciendo a ti mismo cosas que te deprimen respecto al huracán. Esto no quiere decir que te debas engañar diciéndote cosas que te hagan disfrutar del huracán, sino que más bien te preguntes a ti mismo: «¿Por qué voy a escoger la depresión? ¿Acaso deprimirme me ayudará a enfrentarme con el hecho del huracán de una manera más eficiente?».

Has crecido y te has desarrollado en un ambiente cultural que te ha enseñado que no eres responsable de tus sentimientos y sensaciones, aunque la verdad silogística te demuestre que siempre lo fuiste. Has aprendido una cantidad de dichos para defenderte del hecho de que eres tú el que controla tus sentimientos. He aquí una pequeña lista de frases hechas que has usado una y otra vez. Examina los mensajes que envían estas frases.

- «Me ofendes.»
- «Me haces sentirme mal.»
- «No puedo evitar sentir lo que siento.»
- «Simplemente estoy enfadado, no me pidas que te explique por qué.»
- «Esa persona me enferma.»
- «Tengo miedo a las alturas.»
- «Me avergüenzas.»
- «Me acelero cuando ella está cerca de mí.»
- «Me haces hacer el tonto en público.»

Esta lista podría seguir interminablemente. Cada frase contiene dentro de sí misma un mensaje que anuncia que no eres responsable de lo que sientes. Ahora vuelve a escribir la lista correctamente, o sea, de manera que refleje que eres tú quien controla lo que sientes y que tus sentimientos y sensaciones provienen de los pensamientos que tienes respecto a cualquier cosa.

- «Me ofendí por las cosas que me dije a mí mismo respecto a cómo reaccionaste tú ante mí.»
- «Me hice sentirme mal.»
- «Puedo evitar sentir lo que siento, pero he escogido estar enfadado.»
- «He decidido sentirme enfadado porque generalmente puedo manipular a los demás con mi enfado puesto que *ellos* piensan que yo los controlo.»
- «Yo me enfermo a mí mismo.»
- «Yo me asusto a mí mismo en las alturas.»
- «Yo me avergüenzo de mí mismo.»
- «Yo me excito cuando estoy cerca de ella.»
- «Yo hago el tonto por tomar más en serio tus opiniones respecto a mí mismo que las mías propias, y por creer que los demás hacen lo mismo.»

Quizá tú crees que los dichos de la Lista 1 son simplemente figuras retóricas que se han convertido en clichés que se usan en nuestro ambiente cultural y que no tienen mayor significado. Pero si es así como piensas entonces pregúntate a ti mismo por qué las frases de la Lista 2 no se han convertido en clichés. La respuesta está en la influencia de nuestro ambiente cultural sobre nuestro pensamiento que nos enseña a pensar como la Lista 1 y nos aleja de la lógica de la Lista 2.

El mensaje es claro como el cristal. Eres tú el responsable de lo que sientes. Sientes lo que piensas, y puedes aprender a pensar diferentemente sobre cualquier cosa, si decides hacerlo. Pregúntate a ti mismo si vale la pena, si te compensa ser infeliz, estar deprimido o sentirte herido u ofendido.

Entonces examina, profundamente, el tipo de pensamientos que te están llevando hacia estos sentimientos de debilidad.

No es fácil cambiar de modo de pensar. Tú estás acostumbrado a un cierto tipo de pensamientos y a sus consecuencias debilitantes. Hay necesidad de trabajar mucho para poder deshacerse de los hábitos de pensamiento que has asimilado hasta ahora. Es fácil ser feliz, pero aprender a no ser desgraciado puede resultar difícil.

La felicidad es la condición natural de la persona. Esto es evidente cuando se observa a los niños pequeños. Lo que es difícil es deshacerse de todos los «deberías» y «tendrías que» que has digerido en el pasado. Hacerte cargo de ti mismo empieza con tener conciencia de ti mismo. Pon atención cuando digas cosas como «Me han ofendido». Piensa en lo que estás haciendo en el momento que lo estés haciendo. El nuevo pensamiento requiere ser consciente de tus viejos pensamientos. Te has acostumbrado a patrones mentales que identifican las causas de tus sentimientos en hechos externos. Has empleado miles de horas de refuerzo para apoyar estos pensamientos y tendrás que equilibrar la balanza poniendo miles de horas de pensamientos nuevos, unos pensamientos que asumen la responsabilidad de tus propios sentimientos. Es difícil, realmente difícil; pero ¿qué importa? Ciertamente no es motivo para dejar de hacerlo.

Recuerda los tiempos en que estabas aprendiendo a manejar un automóvil con cambios manuales. Te enfrentabas con un problema que parecía insuperable. Tenías tres pedales pero sólo dos pies con que manejarlos. Lo primero fue tomar conciencia de la complejidad de la tarea. Suelta el embrague lentamente, el coche demasiado rápido, hay sacudidas, aprieta el pedal del acelerador al mismo tiempo que sueltas el embrague, el pie derecho para el freno, pero el embrague tiene que entrar, o pegarás otra sacudida. Millones de señales mentales: siempre pensando, usando tu cabeza. ¿Qué hago? Estoy consciente, *alerta*, y al cabo de mil pruebas, equivocaciones y esfuerzos reiterados llega el día en que te subes a tu coche y sales conduciendo. Nada de vacilaciones, nada de sacudidas, *nada de pensamientos*. Conducir con embrague manual se ha convertido en algo completamente natural, y ¿cómo lo hiciste? Con gran dificultad. Con mucho pensar-en-el-presente, mucho recordar, con trabajo y esfuerzo.

Tú sabes regular tu mente cuando se trata de realizar trabajos físicos, tales como enseñar a tus pies y a tus manos a que coordinen sus esfuerzos para conducir un coche. El proceso es menos conocido pero funciona igual en el universo emocional. Has aprendido los hábitos que tienes ahora usándolos y reforzándolos durante toda tu vida. Te sientes desgraciado, enfadado, herido y frustrado automáticamente porque así aprendiste a pensar hace mucho tiempo. Has aceptado tu comportamiento y no te has preocupado de la posibilidad de cambiarlo. Pero puedes aprender a no ser desgraciado, a no estar enfadado, o herido o frustrado del mismo modo que aprendiste todas esas actitudes de autofrustración.

Por ejemplo, se te ha enseñado que ir al dentista es una experiencia desagradable y que está asociada con sensaciones de dolor. Siempre has sentido que era desagradable e incluso te has dicho a ti mismo cosas como:

«Odio el torno». Pero todas éstas son reacciones aprendidas. Tú podrías hacer que la experiencia funcionara a tu favor si decidieras que se trata de un procedimiento agradable. Podrías, si realmente decides usar tu cabeza, hacer que el ruido del torno te haga pensar en una hermosa experiencia sexual y cada vez que suene su ronroneo podrías entrenar a tu mente a que se imagine el momento más orgiástico de tu vida. Podrías pensar diferentemente sobre lo que solías llamar dolor, y elegir sentir algo nuevo y agradable. Te resultará mucho más agradable y gratificante dominar tus propias circunstancias dentales que aferrarte a las viejas imágenes y simplemente resignarte.

Quizá te cuesta creerlo. Puede que digas algo así como: «Yo puedo pensar en lo que quiera pero igual me siento desgraciado cuando el dentista me mete el torno en la boca». Esto nos lleva de vuelta al embrague manual. ¿Cuándo *creíste* que podías manejarlo? Un pensamiento se convierte en una certidumbre cuando lo elaboras, no cuando pruebas hacerlo una vez y luego tomas como pretexto tu falta de pericia o fracaso inicial para dejar de hacerlo.

El hacerte cargo de ti mismo implica un esfuerzo más grande que el que significa simplemente especular con ideas nuevas. Implica la determinación, la decisión de ser feliz y de enjuiciar y destruir todos y cada uno de los pensamientos que te producen una infelicidad auto-inmovilista.

LA POSIBILIDAD DE ELECCIÓN:
TU LIBERTAD FUNDAMENTAL

Si todavía crees que no eliges ser infeliz, trata de imaginarte que las cosas suceden de la siguiente manera.

Cada vez que te sientes desgraciado, se te somete a una experiencia desagradable. Tal vez estás encerrado solo en una habitación durante mucho tiempo, u obligado a meterte en un ascensor lleno de gente donde debes pasar varios días. Te puedes dejar sin comer u obligarte a comer un plato que encuentras particularmente desagradable. O quizá te torturan: otra gente te tortura físicamente en vez de torturarte tú mismo mentalmente. Trata de imaginarte que se te somete a cualquiera de estos castigos hasta que logres deshacerte de las sensaciones penosas. ¿Cuánto tiempo crees que seguirías aferrándote a ellas? Lo más probable es que te harías cargo de tus sentimientos y sensaciones rápidamente. Así pues, no se trata de si puedes o no hacerte cargo y controlar tus sentimientos y sensaciones, sino de que si lo harás realmente o no lo harás. ¿Cuánto aguantarás antes de decidirte? Algunas personas eligen volverse locas antes que hacerse cargo de sí mismas y controlar sus vidas. Otras simplemente se entregan y se hunden en una vida llena de sufrimientos porque el dividendo de la compasión recibida es mayor que la recompensa de ser feliz.

De lo que aquí se trata es de tu capacidad de elegir la felicidad, o por lo menos de no elegir la infelicidad en cualquier momento dado de tu vida. Ésta puede que sea una idea apabullante pero es a la vez una idea que debes considerar cuidadosamente antes de rechazarla, puesto que su rechazo significa darte por vencido. Rechazarla es creer que un tercero está a cargo de ti. Pero la elección de la felicidad podría resultarte más fácil que algunas de las cosas que a diario complican tu vida.

Igual que tienes libertad para escoger la felicidad en vez de la infelicidad, eres también libre de elegir entre un comportamiento autorrealizante en vez de un comportamiento autoderrotante. Si en este tiempo conduces un coche, lo más probable es que te encontrarás frecuentemente en atascos de tráfico. ¿Te enfadas entonces, o insultas a los otros conductores, riñes con tus pasajeros y te desahogas con cualquier cosa o con cualquier persona que se te ponga por delante? ¿Justificas tu comportamiento diciendo que el tráfico te pone malo y que simplemente no te puedes dominar en los atascos? ¿Qué pasaría si decides pensar en otra cosa? ¿Qué pasaría si decides usar tu cabeza de una manera constructiva? Quizá te tome algún tiempo el poder hacerlo, pero puedes aprender a hablarte a ti mismo de una manera diferente, acostumbrarte a un comportamiento diferente que podría incluir el silbar, o cantar, o grabar cartas verbales en una cinta magnetofónica e incluso tomarte el tiempo postergando tus enfados por espacio de treinta segundos. No aprenderás a que te gusten las aglomeraciones pero sí, aunque muy lentamente al principio, a pensar de una manera nueva. Habrás aprendido a no sentirte incómodo. Habrás elegido sustituir, paso a paso, lentamente pero avanzando siempre, las viejas emociones autofrustrantes por nuevas emociones sanas y constructivas.

De ti y de las elecciones que hagas depende que las experiencias de tu vida sean estimulantes y agradables. Las fiestas aburridas y las reuniones de comité son territorios fértiles para escoger nuevas sensaciones y sentimientos. Cuando estés aburrido puedes hacer que tu mente trabaje de diferentes maneras que resulten estimulantes, como cambiar el tema con una observación clave, o escribiendo el primer capítulo de tu novela, o trabajando en distintos proyectos que te ayuden a evitar este tipo de situaciones en el futuro. Para usar tu mente activamente lo que tienes que hacer es ver cuáles son la gente y las cosas que te crean conflicto y decidir entonces cuáles son los esfuerzos mentales que harán que estos mismos hechos y estas mismas personas actúen positivamente para ti. Por ejemplo en un restaurante, si te molestas porque el servicio es malo, piensa primero por qué no debes escoger el molestarte porque algo o alguien no funciona como tú quisieras. Vales demasiado para que te dejes perturbar por otra persona, especialmente si esa persona tiene tan poca importancia en tu vida. Piensa en qué estrategias puedes usar para cambiar el momento, márchate, o haz cualquier cosa. Pero no dejes que la situación te perturbe. Haz que tu cabeza trabaje a favor tuyo y poco a poco adquirirás la costumbre de no molestarte cuando las cosas vayan mal.

ESCOGER LA SALUD EN VEZ DE LA ENFERMEDAD

También puedes escoger eliminar ciertos sufrimientos físicos que no provienen de alguna falla orgánica conocida. Hay muchos malestares físicos que a menudo no provienen de desórdenes fisiológicos como ciertos dolores de cabeza, dolores de espalda, úlceras, hipertensión, urticarias, erupciones de la piel, calambres, dolores diversos y así por el estilo.

Una vez tuve una paciente que juraba que hacía cuatro años que tenía dolor de cabeza todas las mañanas. Todas las mañanas a las 6.45 esperaba que le llegara y entonces tomaba analgésicos. También mantenía bien informados de sus sufrimientos a sus amigas y compañeros de trabajo. Se le sugirió a esta paciente que en realidad ella quería sentir estos dolores de cabeza y los había escogido como una manera de llamar la atención y de que la gente la compadeciera. También se le sugirió que podía aprender a no desear esto para sí misma y que podía tratar de trasladar el dolor de en medio de la frente hacia un costado de la cabeza. Ella iba a aprender a controlar su dolor de cabeza o a darse cuenta de que lo controlaba haciéndolo cambiar de lugar. La primera mañana se despertó a las 6.30 y se quedó en la cama esperando su dolor. Cuando llegó pudo *pensarlo* en otro lugar de su cabeza. Escogió algo nuevo para sí y finalmente dejó de escoger tener dolores de cabeza.

Hay cantidad de pruebas que apoyan la teoría de que la gente escoge tener tumores, artritis, enfermedades del corazón, «accidentes» y muchos otros males incluido el cáncer, males que se ha pensado siempre que le suceden fortuitamente a la gente. En el tratamiento de enfermos «mortalmente enfermos» muchos investigadores han empezado a creer que la manera de aliviar el mal es ayudando al paciente a no desear la enfermedad en cualquier forma que sea. Algunas culturas tratan el dolor de esta manera, dominando completamente la mente y haciendo que el autocontrol sea sinónimo de control *mental*.

El cerebro que está compuesto de diez billones de partes funcionantes, tiene suficiente capacidad de almacenamiento como para aceptar diez novedades por segundo. Se ha calculado, y haciendo cálculos moderados, que el cerebro humano puede almacenar una cantidad de información equivalente a cien trillones de palabras, y que nosotros usamos sólo una pequeña fracción de este espacio. Este instrumento que llevas contigo por todas partes es muy potente y puedes elegir usarlo de diferentes maneras, algunas tan estupendas y tan fantásticas que ni siquiera se te habían ocurrido hasta ahora. Trata de ser consciente de esto mientras vayas leyendo las páginas de este libro y trata de escoger nuevas formas de pensar.

No te apresures a decir que este tipo de control es una forma de charlatanería. La mayoría de los médicos han visto a pacientes que optan por una enfermedad física que no tiene causas fisiológicas. No es raro ver gente que se enferma misteriosamente cuando se enfrentan con alguna circunstancia difícil, o que evitan enfermarse cuando estar enfermo es sencillamente «imposible» en ese momento, y de esa manera postergan los efectos, quizá la fiebre, hasta que no exista esa circunstancia tan importante, y sólo entonces se derrumban.

Yo conozco el caso de un hombre de 36 años atrapado en una horrible situación matrimonial. Decidió el 15 de enero que el 1.° de marzo dejaría a su mujer. El 28 de febrero desarrolló una fiebre de 40° y empezó a vomitar sin poderse controlar. Esto se convirtió en una situación recurrente; cada vez que se armaba de valor para decidir abandonar a su mujer le daba la gripe o un ataque de indigestión. Estaba eligiendo. Era más fácil enfermarse que enfrentarse con la culpa, el miedo, la vergüenza y lo desconocido que implicaba el hecho de la separación.

Escucha los anuncios que oímos por la televisión.

«Yo soy un Corredor de la Bolsa... así es que se podrán imaginar los dolores de cabeza que tengo que soportar, las tensiones. Pero yo tomo esta píldora para quitármelos.» Mensaje: No puedes controlar lo que sientes si trabajas en cierto tipo de empleos (profesores, ejecutivos, padres); por tanto, confía en algo que lo haga por ti.

Nos bombardean con mensajes de ese tipo a diario. Lo que esconden e implican está muy claro y es que somos unos prisioneros indefensos que tenemos que tener algo o alguien que haga las cosas por nosotros. TONTERÍAS. Sólo tú puedes mejorar tu suerte y hacerte feliz a ti mismo. De ti depende hacerte cargo de controlar tu propia mente, y entonces debes tratar de sentir y actuar de las maneras que elijas.

Cuando consideres tu potencial para escoger la felicidad, ten presente la palabra *inmovilización* como el indicador de las emociones negativas de tu vida. Puede que creas que a veces vale la pena sentir rabia, hostilidad, timidez u otros sentimientos por el estilo, y por esa razón, quieres aferrarte a ellos. La medida en que estos sentimientos te inmovilicen debe de ser lo que te sirva de guía.

La inmovilización puede oscilar entre la inacción total y las pequeñas indecisiones o vacilaciones. ¿Acaso tus enfados evitan que hagas o digas cosas que quieres hacer o decir? Si es así, es porque te inmovilizan. ¿Tu timidez te impide conocer gente que quieres conocer? Si es así, quiere decir que tu timidez te inmoviliza e imposibilita que tengas experiencias que son tuyas por derecho. ¿Acaso tus celos y tu odio contribuyen a provocarte una úlcera de estómago o a aumentarte la presión arterial? ¿Evitan que hagas tu trabajo eficaz en tu empleo? ¿No puedes dormir o hacer el amor por alguna sensación negativa del momento presente? Todos éstos son signos de inmovilización. *Inmovilización*: Un estado, que, en grado mayor o menor, imposibilita que funciones al nivel que quisieras funcionar. Si ciertos sentimientos te conducen a ese estado, no vale la pena que sigas buscando más razones para deshacerte de ellos.

He aquí una pequeña lista de algunas ocasiones en las que puede que te encuentres inmovilizado. Oscilan entre menores y mayores estados de inmovilidad.

Estás inmovilizado cuando...
No puedes dirigirte cariñosamente a tu cónyuge o a tus niños aunque lo quieras hacer.
No puedes trabajar en un proyecto que te interesa.

Te pasas el día sentado en la casa pensando en tus problemas.

No haces el amor y te gustaría hacerlo.

No juegas al tenis o al golf o no tomas parte en otras actividades agradables por una sensación desagradable que arrastras contigo.

No te atreves a presentarte a una persona que te atrae.

Evitas hablar con alguien aunque te das cuenta de que un sencillo gesto amistoso mejoraría vuestra relación.

No puedes dormir porque algo te preocupa.

No puedes pensar con claridad porque estás enfadado.

Le dices algo pesado e injusto a alguien que quieres.

Te tiemblan las facciones o estás tan nervioso que no funcionas como quisieras.

La inmovilización abarca un amplio territorio. Casi todas las emociones negativas provocan un estado de autoinmovilidad, y esto ya es un motivo más que suficiente para eliminarlas de tu vida. Quizá pienses en una circunstancia en que las emociones negativas rindan un beneficio como puede ser dirigirte a un niño con voz enfadada para hacer hincapié en el hecho de que no quieres que juegue en la calle. Si el tono de enfado es una simple estrategia para conseguir el resultado deseado y ésta funciona, entonces muy bien, quiere decir que has adoptado una estrategia sana y positiva. Sin embargo si gritas a los demás no porque quieras lograr algo o hacer hincapié en algo, sino porque estás perturbado internamente, entonces, quiere decir que te has inmovilizado a ti mismo; quiere decir que ha llegado el momento de empezar a escoger nuevas actitudes que te ayuden a lograr tu objetivo de que el niño no juegue en la calle sin por ello experimentar sensaciones que te sean dolorosas y perjudiciales. En el Capítulo 11 trato nuevamente el tema de la ira y de la manera en que se puede postergar y apaciguar.

LA IMPORTANCIA DE VIVIR
EN EL MOMENTO PRESENTE

Una de las maneras de combatir la inmovilización por pequeña que sea es aprendiendo a vivir en el momento presente. Vivir el momento presente, ponerte en contacto con tu «ahora» constituye el meollo de una vida positiva. Si lo piensas, te darás cuenta de que en realidad no existe otro momento que puedas vivir. El ahora es todo lo que hay, y el futuro es simplemente otro momento presente para ser vivido cuando llegue. Una cosa es segura; que no puedes vivirlo hasta que aparezca realmente. El problema reside en el hecho de que vivimos en una cultura que quita importancia al presente, al ahora. ¡Ahorre para el futuro! ¡Piense en las consecuencias! ¡No sea hedonista! ¡Piense en el mañana! ¡Prepárese para su jubilación!

Evitar el momento presente es casi una enfermedad en nuestra cultura, y continuamente se nos condiciona a sacrificar el presente por el futuro. Si llevamos esta actitud a sus conclusiones lógicas, nos daremos cuenta de que se trata no sólo de evitar el goce ahora sino de evadirse para siempre de la felicidad. Cuando llega el futuro éste se convierte en presente y debemos usarlo para preparar el futuro. La felicidad es algo que sucede en el mañana o sea algo elusivo, falaz.

La enfermedad de evitar el momento presente adquiere muchas formas. He aquí cuatro ejemplos típicos de comportamiento evasivo.

La señora Sally Forth decide irse al bosque a respirar aire puro, gozar de la naturaleza y ponerse en contacto con sus momentos presentes. Mientras pasea por el bosque deja divagar su mente y la enfoca en todas las cosas que debería estar haciendo en su casa... Los niños, la compra, la casa, las cuentas que hay que pagar, ¿estará todo bien? Luego, en otros momentos, su mente se proyecta hacia todas las cosas que tendrá que hacer cuando salga del bosque. Se perdió el presente, ocupado por sucesos pasados y futuros, y la encantadora y rara ocasión de disfrutar de un momento presente en contacto con la naturaleza se ha perdido para siempre.

La señora Sandy Shore se va a las islas para disfrutar de unas vacaciones, y se pasa todo el tiempo bronceándose al sol no por el placer de sentir los rayos de sol sobre su cuerpo, sino que anticipándose a lo que dirán sus amigos cuando vuelva a casa con un precioso bronceado. Su mente está concentrada en el futuro, y cuando ese momento futuro llegue, ella sentirá no poder estar de vuelta en la playa tomando el sol. Si tú crees que la sociedad no fomenta este tipo de actitudes, piensa en el anuncio comercial de un producto bronceador: «Os odiarán más cuando volváis a casa si usáis este producto».

El señor Neil N. Prayer tiene un problema de impotencia. Cuando está experimentando el momento presente con su esposa, su mente empieza a divagar y a pensar en sucesos pasados o futuros y el presente se le desvanece. Cuando finalmente logra concentrarse en el momento presente se imagina que está haciendo el amor con otra persona mientras ella igualmente piensa en su amante.

El señor Ben Fishen está leyendo un libro y haciendo lo imposible por concentrarse en lo que está leyendo. De pronto se da cuenta de que su mente ha partido en una excursión mental. Su mente no ha absorbido ni una sola idea. Estaba evitando el material escrito en esas páginas aunque sus ojos enfocaban cuidadosamente cada palabra. Literalmente estaba participando en el ritual de la lectura mientras ocupaba su momento presente en pensamientos que se referían a la película que había visto la noche anterior o al examen del día siguiente.

Puedes disfrutar maravillosamente del momento presente, ese tiempo huidizo que siempre está contigo, si te entregas completamente a él, si te «pierdes» en él. Absorbe todo lo que te brinda el momento presente y desconéctate del pasado que ya no existe y del futuro que llegará a su tiempo. Aférrate al momento presente como si fuera el único que tienes. Y piensa que recordar, desear, esperar, lamentar y arrepentirse son las tácticas más usuales y más peligrosas para evadir el presente.

A menudo la evasión del presente conduce a una idealización del futuro. En el futuro, en algún momento maravilloso del futuro, cambiará la vida, todo se ordenará y encontrarás la felicidad. Cuando llegue ese momento tan importante y suceda lo que esperas —tu graduación del colegio o Universidad, el matrimonio, un niño, un ascenso— entonces empezará la vida en serio. Y lo más probable es que cuando llegue ese momento y ocurra el suceso esperado tendrás una gran desilusión. Nunca podrá ser lo que esperabas. Trata de recordar tu primera experiencia sexual. Después de una espera tan larga, los orgasmos no tenían carácter de jubileo ni la violencia de un ataque epiléptico sino más bien un preguntarse entre divertido y extrañado por qué la gente hacía tanta alharaca respecto al sexo y quizá también una sensación de «¿Es esto realmente todo?».

Claro que cuando algo que te sucede no está a la altura de tus expectativas, puedes librarte de la depresión que ello te produce empezando a idealizar de nuevo. No dejes que este círculo vicioso se convierta en un estilo de vida para ti. Interrúmpelo ya, ahora mismo estratégicamente con algo que te llene, y te haga sentirte realizado en el momento-presente. Hace años, en 1903, Henry James dio estos consejos en su novela *Los embajadores*:

> Vive todo lo que puedas; no hacerlo es una equivocación.
> No importa mucho lo que hagas siempre que tengas tu vida.
> Si no has tenido eso, ¿qué *has tenido*?...
> ...El momento apropiado es *cualquier* momento que uno aún tiene la suerte de tener... ¡Vive!

Si miras hacía atrás lo que ha sido tu vida, como lo hizo Ivan Ilich en la novela de Tolstoi, descubrirás que es muy raro que te lamentes o arrepientas por algo que has hecho. Es lo que no has hecho lo que te atormentará. O sea, que el mensaje está muy claro. ¡Hazlo! ¡Haz cosas! Valora el momento presente. Aférrate a cada momento de tu vida y saboréalo.

Dale importancia, valoriza tus momentos presentes. Piensa que si los desperdicias con actitudes autofrustrantes, los habrás perdido para siempre.

El tema de la concienzación del momento-presente aparece en todas las páginas de este libro. La gente que sabe coger al vuelo ese momento presente y sacar de él todo el provecho posible, «maximizarlo», es la gente que ha escogido vivir una vida libre, eficiente, efectiva y plena. Y ésa es una elección que todos y cada uno de nosotros podemos hacer.

CRECIMIENTO CONTRA IMPERFECCIÓN
COMO MOTIVADOR

Dos tipos de necesidades pueden motivarte a elegir una vida plena y feliz. La forma de motivación más común se llama imperfección o motivación por deficiencia, y el otro tipo, el más sano, se denomina motivación de crecimiento y desarrollo. Si colocas una piedra bajo el lente de un microscopio y la observas con cuidado notarás que no cambia nunca. Pero, si pones un trozo de coral bajo el mismo lente podrás darte cuenta que éste crece y cambia. Conclusión: el coral está vivo, la piedra está muerta. ¿Cómo notas la diferencia entre una flor que está viva y una que está muerta? La que está creciendo es la que está viva. La única verdadera prueba de la vida es el crecimiento. Esto también es cierto en el universo psicológico. Si estás creciendo quiere decir que estás vivo. Si no estás creciendo y desarrollándote es igual que si estuvieras muerto.

Tu motivación puede provenir de un deseo de crecer y desarrollarte más que de un deseo de reparar tus deficiencias. Si llegas a reconocer que siempre podrás crecer, mejorar, desarrollarte, volverte cada vez más y más grande, ya es suficiente. Cuando decides quedarte inmovilizado o experimentar emociones dolorosas, entonces habrás hecho una decisión de anticrecimiento. La motivación del crecimiento y el desarrollo implica usar tu energía vital para alcanzar una mayor felicidad más que para tener que mejorarte a ti mismo porque has pecado o porque de alguna manera estás incompleto.

Uno de los corolarios de la elección del crecimiento y desarrollo como motivación es el dominio de ti mismo en todos los momentos presentes de tu vida. Tener dominio de ti mismo significa que tú eres el que decides tu destino; que no eres de los que contemporizan ni de los que se amoldan a lo que les brinda la vida. Más bien que escoges lo que tu mundo será para ti. George Bernard Shaw lo expresó muy bien en su obra de teatro *La profesión de la señora Warren*.

La gente siempre le echa la culpa a sus circunstancias por lo que ellos son. Yo no creo en las circunstancias. La gente a la que le va bien en la vida es la gente que va en busca de las circunstancias que quieren y si no las encuentran, se las hacen, se las fabrican.

Pero acuérdate de lo que se dijo al principio de este capítulo. Cambiar tu manera de pensar, o de sentir, o de vivir es posible, pero nunca fácil. Seamos hipotéticos por un momento. Si te dicen, amenazándote al mismo tiempo con una pistola, que dentro de un año vas a tener que hacer algo muy difícil, como correr una milla en cuatro minutos y treinta segundos, o lanzarte del trampolín más alto de la piscina con un estilo impecable, y que si no lo haces te fusilarán, seguro que te dedicarías en cuerpo y alma a entrenarte para lograr estos objetivos hasta que te llegara el momento de actuar. Estarías entrenando tu *mente* al mismo tiempo que tu cuerpo porque es tu mente la que le dice a tu cuerpo lo que tiene que hacer. Te entrenarías constantemente, sin cesar, sin caer en la tentación de abandonar tu empeño o disminuirlo. Y cumplirías tu cometido y salvarías tu vida.

Este pequeño cuento de hadas está destinado, por cierto, a demostrar algo. Nadie pretende cambiar su cuerpo de un día para otro y sin embargo muchos esperamos y pretendemos que nuestras mentes sean capaces de un cambio repentino. Cuando tratamos de aprender un comportamiento mental diferente, pretendemos probarlo una vez y que luego se convierta, instantáneamente, en parte de nosotros mismos.

Si realmente quieres liberarte de las neurosis, realizarte y controlar tus propias decisiones, si realmente quieres alcanzar la felicidad del momento-presente, necesitarás aplicar el mismo tipo de disciplina rígida que necesitaste para aprender a pensar de forma autofrustrante, pues tendrás que desandar el camino mental que has seguido hasta la fecha.

A fin de lograr plenamente este tipo de realización personal tendrás que repetirte hasta el cansancio que tu mente te pertenece y que eres capaz de controlar tus propios sentimientos. El resto de este libro estará dedicado a tratar de ayudarte a conseguir tus propios fines haciendo precisamente que empieces por enunciar repetidamente esos temas: tú puedes escoger lo que más te convenga, y tus momentos presentes son tuyos para que tú los disfrutes, si realmente decides estar a cargo de ti mismo.

2

EL PRIMER AMOR

La propia-estima no puede ser verificada por los demás. Tú vales porque tú dices que es así. Si dependes de los demás para valorarte, esta valorización estará hecha por los demás.

Puede ser que tengas una enfermedad social, una enfermedad que no se pueda curar con una simple inyección. Es muy probable que te haya infestado el virus del desprecio a ti mismo; y el único remedio conocido para esto es una buena dosis masiva de amor propio, o amor a ti mismo. Pero quizá, como mucha gente en nuestra sociedad, tú has crecido con la idea de que está mal amarse a sí mismo. Piensa en los demás, nos dice la sociedad. Ama a tu prójimo, nos predica la Iglesia. Lo que nadie parece recordar es lo de ámate a ti mismo, y sin embargo es eso precisamente lo que vas a tener que aprender para lograr tu felicidad en el momento-presente.

De niño aprendiste que amarte a ti mismo, algo natural en aquel entonces, era lo mismo que ser egoísta y consentido. Aprendiste a pensar en los demás antes que en ti mismo, a darles mayor importancia porque de esa manera demostrabas que eras una «buena» persona. Aprendiste a anularte y te alimentaron con conceptos como el de «debes compartir tus cosas con tus primos». No importaba que fueran las cosas que más querías, tus tesoros personales, o que ni papá ni mamá pudieran no estar compartiendo sus juguetes de adultos con los demás. Incluso puede que te hayan dicho a menudo que «los niños callan cuando hablan los adultos» y que «debes saber cuál es tu lugar».

Los niños se consideran hermosos e importantes por naturaleza, pero al llegar a la adolescencia los mensajes de la sociedad ya han echado raíces. La desconfianza en sí mismos está en pleno apogeo. Y con el pasar de los años esta sensación recibe constantemente refuerzos. Después de todo no debes andar por el mundo amándote a ti mismo. ¡Qué pensarán de ti los demás!

Las indirectas son sutiles y la intención que las alienta no es mala, pero logran mantener a raya al individuo. Empezando con los padres y la familia y siguiendo con el colegio y los amigos, el niño aprende estos encantadores modales sociales que son como la marca de ley del mundo de los adultos. Los niños nunca actúan así entre ellos a menos que sea para darles gusto a los mayores. Que digan siempre por favor y gracias, que hagan una venia, que se levanten cuando entra un adulto en la habitación, que pidan permiso para levantarse de la mesa, que aguanten las eternas caricias en las mejillas y las sobadas de cabeza de los adultos. El mensaje es muy claro: los adultos son importantes; los niños no cuentan. Los demás tienen importancia; tú eres insignificante. No te fíes de tu propia opinión era el corolario número uno, y había un enorme paquete de refuerzos que venían bajo el título de «buena educación». Estas reglas encubiertas por la palabra «modales» te ayudaban a internalizar los juicios de los demás a expensas de tus propios valores. No es sorprendente pues que estas mismas preguntas y dudas, estas mismas definiciones que te niegan como persona persistan en la madurez. ¿Y cómo logran introducirse estas dudas de uno mismo? Quizá tengas problemas en el importante tema de amar al prójimo. Pero el amor a los demás está relacionado directamente con el amor que te tienes a ti mismo.

EL AMOR: SUGERENCIAS PARA UNA DEFINICIÓN

El amor es una palabra que tiene tantas definiciones como personas hay para definirlo. Prueba ésta a ver cómo te va. *La capacidad y la buena disposición para permitir que los seres queridos sean lo que ellos elijan para sí mismos, sin insistir en que hagan lo que a ti te satisficiera o te gustase.* Puede que ésta sea una definición practicable pero el hecho es que muy pocas personas son capaces de adoptarla para sí mismos. ¿Cómo puede llegarse al punto de poder dejar que los demás sean como quieren y eligen ser sin insistir para que se pongan a la altura de lo que esperas de ellos? Muy sencillo. Amándote a ti mismo. Sintiendo que eres importante, hermoso y que vales mucho. Cuando hayas reconocido lo que vales y lo bueno que eres no tendrás necesidad de que los demás apoyen y refuercen tu valor y tus valores ajustando su conducta a tus instrucciones. Si estás seguro de ti mismo y tienes confianza en lo que piensas, no querrás ni necesitarás que los demás sean como tú. En primer lugar, tú eres un ser único. Por otro lado eso los privaría de su individualidad, y lo que te gusta en ellos son precisamente esos rasgos que los diferencian y hacen que sean lo que son. La cosa empieza a armarse. Logras amarte a ti mismo y de pronto eres capaz de amar a los demás, y eres capaz de hacer cosas por los demás al poder dar y hacer cosas para ti mismo primero que nada. Así no tendrás necesidad de artimañas para amar y dar. No lo harás porque esperas retribución o gratitud sino por el auténtico placer que sientes al ser generoso y amante.

Si tu ser no vale nada, o no es amado por ti, entonces es imposible dar. ¿Cómo puedes dar amor si no vales nada? ¿Qué valor tendría tu amor? Y si no puedes dar amor, tampoco puedes recibirlo. Después de todo, ¿qué valor puede tener el amor que se le da a una persona que no vale nada? El estar enamorado, el poder dar y recibir, todas esas cosas empiezan con un ser que es capaz de amarse totalmente a sí mismo.

Toma por ejemplo el caso de Noah, un hombre maduro que pretendía amar tiernamente a su mujer y a sus hijos. Para demostrarles su cariño les compraba regalos caros, les costeaba vacaciones lujosas y tenía buen cuidado, cuando se ausentaba en viajes de negocios, de firmar siempre sus cartas con la palabra «amor». Sin embargo Noah nunca lograba decir a su mujer y a sus hijos que los amaba. Y tenía el mismo problema con sus padres a quienes quería mucho también. Noah quería pronunciar las palabras que a menudo le pasaban por la cabeza y sin embargo se atoraba cada vez que trataba de decir «Te amo».

En la mente de Noah las palabras «Yo te amo» lo dejaban al descubierto. Si él decía «Yo te amo» alguien tenía que contestar «Yo también te amo, Noah». Su declaración de amor tiene que encontrarse con una afirmación de su propio valor personal. El decir esas palabras implicaba un riesgo demasiado grande para Noah, porque podrían quedar sin respuesta y entonces todo su valor se ponía en duda. Si, por otro lado, Noah pudiese empezar con la premisa de que él era amable o querido, no tendría ninguna dificultad en decir «Yo te amo» o «Yo te quiero». Y si no le respondían con el deseado «Yo también te amo, Noah», él vería que eso nada tiene que ver con su propia autovaloración puesto que ésta estaba intacta desde antes de que siquiera empezara a hablar. Si su amor era correspondido, era problema de su esposa, o de quien sea que Noah amara en ese momento. Podría ser que él *deseara* el amor de la otra persona, pero éste no sería indispensable para su autovaloración.

Puedes desafiar todos tus sentimientos de acuerdo a tu habilidad de amarte a ti mismo. Recuerda siempre que en ningún momento y en ninguna circunstancia es más sano odiarse a sí mismo que amarse a sí mismo. Incluso si te has portado de alguna manera que te desagrada, odiarte a ti mismo sólo te llevará a inmovilizarte y a perjudicarte. Y en vez de odiarte a ti mismo, trata de tener sentimientos positivos. Que la equivocación o el error te sirvan de lección; haz el propósito de no repetirlos pero no los asocies con tu autoestima o autovaloración.

He aquí el meollo tanto del amor a uno mismo como a los demás. No confundas nunca tu propio valor (que es un valor dado) con tu comportamiento o con el comportamiento de los demás hacia tu persona. Y, lo repito, no es fácil. Los mensajes que nos manda la sociedad son abrumadores. «Eres un niño malo», en vez de «Te portaste mal». «Mamá no te quiere cuando te comportas de esta manera», en vez de «A mamá no le gusta cómo te portas». Las conclusiones que sacas de este tipo de mensajes son: «Ella no me quiere, debo ser un desastre» en vez de «no le gusto a mamá. Ésa es su decisión, y aunque no me gusta que así sea, sigo creyendo que soy importante». En su libro *Knots* (*Nudos*) el doctor R. D. Laing resume el proceso de internalización de los pensamientos de los demás para equipararlo con la propia autoestima.

Mi madre me ama.
Yo me siento bien.
Yo me siento bien porque ella me ama.
Mi madre no me ama.
Yo me siento mal.
Yo me siento mal porque ella no me ama.

Yo soy malo porque me siento mal.
Yo me siento mal porque soy malo.
Yo soy malo porque ella no me ama.
Ella no me ama porque yo soy malo.[1]

No es fácil deshacerse de los hábitos de la niñez. Es muy posible que la imagen de ti mismo se base todavía en las opiniones de los demás. Si bien es cierto que tus primeras ideas respecto a ti mismo las aprendistes de la opinión de los adultos, no es cierto que tengas que cargar con ellas para siempre. Sí, es difícil desligarse de las viejas cadenas y limpiar las heridas abiertas, pero es aún más difícil aferrarse a ellas si uno considera las consecuencias que esto implica. Con un poco de práctica y entrenamiento mental, podrás hacer unas elecciones de amor a ti mismo que te sorprenderán.

¿Quiénes son las personas que aman con facilidad? ¿Son acaso las personas que tienen un comportamiento autodestructivo? No, jamás. ¿Son las que se humillan y se esconden en un rincón? No, por cierto. El volverse eficiente, el lograr dar y recibir amor eficazmente empieza en casa por uno mismo, con el propósito de terminar con los comportamientos emanados de la baja valoración de sí mismo que se han convertido en una costumbre y en una manera de vivir.

SINTONIZANDO
LA ONDA DE LA AUTOACEPTACIÓN

Lo primero que tienes que hacer es destruir el mito de que se tiene un solo concepto de sí mismo y que éste es positivo o negativo permanentemente. Se tienen mu-

---

1. R. D. Laing, *Knots*, Vintage Books, Nueva York, 1970, pág. 9.

chas imágenes de sí mismo y éstas varían de un momento a otro. Si te preguntaran «¿Te gustas a ti mismo?», podría ser que contestaras con un «No» colectivo después de amontonar todos tus pensamientos negativos sobre ti mismo. El romper las áreas de lo que no te gusta para catalogarlas en zonas específicas, logrará dirigir tus esfuerzos hacia unas metas definitivas. Tienes diversas opiniones respecto a ti mismo, desde un punto de vista físico, intelectual, social o emocional. Tienes tu propia opinión respecto a tu talento para la música, el deporte, el arte, las tareas mecánicas, la literatura y demás. Tus autorretratos son tan numerosos como lo son tus actividades, y a través de todos estos comportamientos siempre estás TÚ, la persona que aceptas o rechazas. Tu autoestima, esa sombra amable siempre presente, tu consejera para tu felicidad personal y para el dominio de ti mismo no debe estar en relación directa con tu autovaloración. Tú existes. Tú eres un ser humano. Eso es todo lo que necesitas. Tú eres quien determina lo que vales sin necesidad de dar explicaciones a nadie. Y tu propio valor que es un hecho en sí no tiene nada que ver con tu comportamiento ni con tus sentimientos. Puede ser que no te guste como te has portado en un momento dado, pero eso nada tiene que ver con tu autovaloración. Tú puedes escoger el ser valioso para contigo mismo para siempre, y de ahí emprender la tarea de elaborar tus imágenes de ti mismo.

EL AMOR AL CUERPO

Todo empieza con tu yo físico. ¿Te gusta tu cuerpo? Si has contestado que no, trata de dividir esta respuesta en diferentes partes. Haz una lista de las cosas que no te gustan. Empezando por arriba: tu cabello, tu frente, tus ojos, párpados, mejillas. ¿Te gustan tus ojos, tu nariz, dientes y cuello? Y ¿qué pasa con tus brazos, dedos, pecho y estómago? Haz una lista larga. Incluye también tus órganos interiores. Tus riñones, el bazo, las arterias y el fémur. Ahora piensa en los oscuros ingredientes que te componen. ¿Qué piensas de tu Cisura de Merlando, de tu zona coclear, de tu úvula, de tus glándulas adrenales y de tu pabellón auditivo externo? Tienes que hacer una lista larga y completa. No es que *tengas* buen cuerpo; tú eres tu cuerpo; y el que no te guste significa que no te aceptas a ti mismo como ser humano.

Puede que tengas algunos rasgos físicos que te desagraden. Si son partes de tu cuerpo que pueden ser modificadas, haz que cambiarlas sea una de tus metas. Si tu barriga es demasiado grande o tu pelo de un color que no te sienta bien, puedes considerarlos como elecciones hechas en anteriores momentos-presentes, y puedes hacer nuevas decisiones apropiadas a este momento-presente. Esas partes que desapruebas y que no pueden ser modificadas (piernas demasiado largas, ojos demasiado estrechos, pechos demasiado pequeños o demasiado grandes) pueden ser vistos bajo una óptica diferente. Nada es *demasiado* nada y las piernas largas no son ni mejor ni peor que pelo o no pelo. Lo que tú has hecho es aceptar la definición de la sociedad contemporánea respecto a la belleza. No dejes que los demás te dicten lo que te resulta atractivo a ti. Decide que te agrada tu yo físico y que es valioso y atractivo para tu modo de ver, para ti, rechazando las comparaciones y las opiniones de los demás. Tú puedes decidir lo que es agradable y de tu gusto; y hacer que la falta de aceptación de ti mismo sea una cosa del pasado.

Eres un ser humano. Los seres humanos tienen ciertos olores, hacen ciertos ruidos y tienen pelos en ciertas partes. Pero la sociedad y la industria nos envían mensajes constantemente respecto a la condición física del ser humano. Avergüéncese de estas características, nos dicen. Aprenda a disfrazar el comportamiento, especialmente si disimula su verdadero yo con nuestro producto. No se acepte a sí mismo tal como es ¡esconda su verdadero yo!

No se puede estar ante la televisión ni una hora sin recibir este tipo de mensajes. Los anuncios que te bombardean a diario te informan sobre lo mal que huelen tu boca, tus axilas, tus pies, tu piel e incluso tus órganos genitales. «Use nuestro producto y siéntase nuevamente como un ser real y natural.» Así desodorizas todos los orificios de tu cuerpo con el producto perfumado apropiado, porque no aceptas esa parte de ti mismo que existe en todos los seres humanos.

Yo sé de un hombre de treinta y dos años, llamado Frank, que ha aprendido a rechazar todas sus funciones corporales y a considerarlas como innombrables y asquerosas. Frank es compulsivamente limpio en todo lo que respecta a su cuerpo hasta tal punto que se siente incómodo cuando suda, y espera que su mujer y sus hijos se comporten de la misma manera. Corre a la ducha para librarse de cualquier olor que pueda resultar ofensivo, después de haber cortado la hierba o jugado una partida de tenis. Y además él y su mujer no pueden tener relaciones sexuales si no se han duchado antes y después de hacer el amor. No puede tolerar sus propios olores corporales ni tampoco vivir con alguien que se acepte más a sí mismo. Frank vaporiza con perfumes especiales su cuarto de baño, usa una multitud de cosméticos y productos de tocador para siempre tener buen olor, y se preocupa de que los demás no lo quieran o no lo acepten cuando se humaniza y empieza a oler como un ser humano. Frank ha aprendido a rechazar sus olores y sus funciones corporales naturales. Él ha adoptado actitudes que reflejan un autorrechazo personal al sentirse avergonzado u obligado a dar excusas cuando permite a su cuerpo funcionar con naturalidad. Pero un ser humano implica tener muchos olores naturales, y la persona que está trabajando para aceptarse a sí misma y para amarse a sí misma no debe sentirse ofendida ni molesta por sus características naturales. En realidad, si Frank fuese completamente honrado respecto a su persona, y borrase todos los mensajes aprendidos que lo llevaron a un rechazo de sí mismo, podría incluso reconocer que disfruta de su propio cuerpo y de todos esos olores, gloriosos olores, que el cuerpo es capaz de producir. Y si no quiere compartir esos olores con los demás, podría por lo menos ser capaz de aceptarlos en sí mismo, decirse a sí mismo que a él, en realidad, le gustan, y no sentir vergüenza ante los demás.

El aceptarse a sí mismo implica la aceptación del yo físico y la posibilidad de disfrutar del mismo, eliminando las imposiciones sociales y culturales que te obligan a ser limpio o simplemente a tolerar el propio cuerpo cuando se comporta de una manera natural anticosmética. Esto no quiere decir que tengas que andar haciendo ostentación de tus olores y de tu persona, pero sí quiere decir que puedes aprender a gozar de ser tú mismo.

Muchas mujeres han aceptado estos mensajes socioculturales y se comportan como se supone que tienen que comportarse cuando se trata de sus propios cuerpos. Aféitese las piernas y las axilas, desodorícese completamente, aromatice su cuerpo con perfumes manufacturados, no naturales, esterilícese la boca, maquíllese los ojos, labios, mejillas, ponga rellenos falsos en sus sujetadores, vaporice sus genitales con un perfume apropiado y falsifíquese las uñas. Dentro de todo esto va implícita la idea de que hay algo desagradable en el yo natural, en el yo esencial y humano y que la única manera de ser atractiva es siendo artificial. Esto es lo más triste: el producto terminado es un yo falso que toma el lugar de tu yo natural que es el que llevas contigo por donde vayas durante la mayor parte de tu vida. Se te está impulsando a rechazar tu hermoso yo. El que los anunciadores te estimulen a hacer esto es comprensible en vista a las ganancias que logran, pero el que tú compres los productos es menos comprensible puesto que estás escogiendo desechar a tu yo real y verdadero. Y tú puedes dejar de ocultar y esconder tu yo hermoso y natural. De modo que si escoges usar cualquier ayuda cosmética, no lo hagas porque no te gusta lo que estás ocultando, sino por motivos de realización personal o para disfrutar de algo nuevo. El ser honrado contigo mismo en este campo no es fácil, y lleva su tiempo aprender a distinguir entre lo que realmente nos gusta y lo que la industria cosmética dice que debe gustarnos.

LA ELECCIÓN DE LAS IMÁGENES MÁS POSITIVAS DE UNO MISMO

Es posible hacer el mismo tipo de elecciones con todas las imágenes que tienes de ti mismo. Puedes elegir considerarte una persona inteligente aplicándote a ti mismo tus propias normas. En efecto, mientras más feliz te haces a ti mismo, más inteligente eres. Si hay áreas en las que fallas o funcionas deficientemente como en álgebra, ortografía o redacción, éste es simplemente el resultado natural de las elecciones que has estado haciendo hasta ahora. Si te decidieras a dedicar más tiempo a la práctica de cualquiera de estas tareas, no hay duda que llegarías a hacerlas mejor. Si la imagen de ti mismo es la de una persona no demasiado inteligente, acuérdate de lo que dijimos respecto a la inteligencia en el Capítulo 1. Si te subestimas, es porque has adquirido esa noción y te comparas con otros en cierto tipo de variables relacionadas con categorías académicas o escolares. Sin duda esto te sorprenderá, pero puedes escoger ser tan inteligente como quieras. La capacidad es realmente una cuestión de tiempo, más que una cualidad innata. Un hecho que apoya esta declaración es el de las normas para clasificar los tests de aptitud escolar. Estas normas demuestran que las puntaciones logradas por los mejores alumnos de un nivel dado, son alcanzadas por la mayoría de los alumnos de los niveles posteriores. Otros estudios demuestran que aunque la mayoría de los alumnos logran dominar ciertas tareas aprendidas, algunos lo hacen más pronto que los otros.[2] Sin embargo la etiqueta «deficiente» e incluso «retardado» se aplica a menudo a los que avanzan más lentamente hacia el logro de un completo dominio en cualquier campo que sea. Escuchemos a John Carroll cuando habla al respecto en su artículo «Un Modelo para el Aprendizaje Escolar» que aparece en *Teachers College Record*:

> La aptitud es el tiempo requerido por un estudiante para dominar una disciplina. Está implícita en esta formulación el supuesto de que dado el tiempo suficiente, todos los estudiantes podrán llegar a dominar una disciplina determinada.

Con suficiente tiempo y esfuerzo podrías, si así lo decidieras y eligieras hacerlo, dominar casi cualquier disciplina académica. Pero no haces esa elección y tienes muy buenos motivos para no hacerla. ¿Con qué fin

2. Benjamin S. Bloom, *Handbook on Formative and Summative Evaluation of Student Learning*, McGraw-Hill, Nueva York, 1971.

aplicarías energías de tu momento-presente para resolver oscuros problemas o aprender algo que realmente no te interesa? Ser feliz, vivir efectiva y eficientemente y amar son metas mejores y más importantes. Se trata de demostrar que la inteligencia no es algo que has heredado o que te ha sido otorgado. Tú eres tan inteligente como decidas serlo. El que no te guste lo inteligente que has escogido ser es simplemente una forma de subestimar, de despreciarse a sí mismo, que sólo puede tener consecuencias perjudiciales para tu propia vida.

La lógica de poder escoger tus autorretratos es aplicable a todas las fotografías de ti mismo que almacenas en tu mente. Tu comportamiento social es tan apropiado como tú eliges que sea. Si no te gusta como te comportas socialmente, puedes tratar de cambiar sin confundir tu comportamiento con tu propia autovalorización. Al mismo tiempo, tu talento, ya sea artístico, mecánico, atlético, musical, etcétera, es en gran parte el resultado de elecciones que ya has hecho y no se debe confundir con lo que es tu valor personal. (Ver el Capítulo 4 donde se tratan amplia y detalladamente las descripciones que haces de ti mismo y del porqué las has escogido.) Con el mismo enfoque, el capítulo precedente trató de demostrar que tu vida *emocional* era el resultado de lo que tú habías elegido. El aceptarte a ti mismo en base a lo que tú consideras que es lo apropiado para ti es algo que puedes decidir hacer ahora mismo. El reparar o modificar aquellas cosas que no están a la altura de lo que quieres, puede llegar a ser una ocupación encantadora, y no hay motivo para que elijas sentirte inapropiado o indigno, simplemente porque hay cosas en ti mismo que has decidido mejorar.

El disgusto con uno mismo puede tomar muchas formas y quizá tú mantienes un comportamiento de subestima de ti mismo. He aquí una breve lista de comportamientos típicos de autosubestimación que entran en la categoría del autoveto:

• Rechazar los cumplidos que recibes («Oh, no es nada... En realidad no soy inteligente; simplemente tengo buena suerte»...).

• Inventar excusas para explicar por qué te ves bien («Gracias a mi peluquera, ella es capaz de hacer que una rana parezca una belleza»... «Créeme, es gracias a mi guardarropa»... «El verde es mi color»).

• Darle el crédito a los demás cuando en realidad tú te lo mereces («Gracias a Miguel, sin él yo no sería nada»... «Marie hizo todo el trabajo; yo sólo la supervisé»).

• Usando referencias a otras personas cuando hablas («Mi marido dice»... «A mamá le parece»... «Jorge me dice siempre que»...).

• Apoyar tus opiniones en los demás («¿No es cierto que así es esto, querido?»... «Eso fue lo que dije, ¿no es cierto, Marta?»... «Pregúntenle a mi marido, él se lo dirá»...).

• Negarte a pedir algo que te gusta, no porque pienses que no te lo puedes permitir (aunque éste puede ser el motivo que alegues para no hacerlo), sino porque piensas que no te lo mereces.

• No tener orgasmos.

• No comprarte algo porque piensas que lo tienes que comprar para otra persona, aunque no sea necesario este sacrificio, o no comprarte las cosas que te gustaría tener porque piensas que no las mereces.

• Evitar darte gustos como por ejemplo flores, vino o lo que sea, que te encantan porque consideras que es un despilfarro.

• En una habitación llena de gente cuando alguien llama en voz alta diciendo «Oye, tontuelo», miras a la persona dándote por aludido.

- El usar motes con implicaciones peyorativas para referirte a ti mismo (y hacer que los demás también los usen).
- Un amigo o un amante te regala una joya. Inmediatamente te pasa por la cabeza un pensamiento de este tipo... «Debes tener un cajón lleno de joyas en tu casa para regalar a las otras chicas».
- Alguien te dice que te ves muy bien. La frase que se forma en la cabeza es: «Eres completamente ciego, o estás tratando de hacerme sentir bien».
- Alguien te lleva a un restaurante o un teatro. Tú piensas: «Así es siempre al principio, pero ¿cuánto durará cuando descubra qué tipo de persona soy realmente?».
- Una chica acepta una invitación para salir contigo y tú piensas que lo hace por un sentimiento caritativo.

Una vez trabajé con una mujer joven bastante atractiva que tenía mucho éxito con los hombres. Su nombre era Shirley y siempre decía que todas sus relaciones acababan mal, y que aunque deseaba casarse desesperadamente, nunca había tenido la oportunidad de hacerlo. Durante su tratamiento llegamos a la conclusión de que era ella misma la que estropeaba sus relaciones sin darse cuenta. Si algún joven le decía que la quería, el pensamiento de Shirley inmediatamente lo contradecía, «Él dice eso sólo porque sabe que es lo que yo quiero oír». Shirley estaba a la pesca de la frase que la subestimaría. No sentía amor por sí misma y rechazaba los esfuerzos que hacían los demás por quererla. Creía que nadie la podía encontrar atractiva. ¿Por qué? En primer lugar porque no creía que merecía ser amada. Y así un interminable ciclo de renunciaciones era su manera de reforzar la pobre idea que tenía de sí misma.

Aunque muchos de los conceptos que aparecen en la lista pueden parecer mezquinos o pequeños, son sin embargo como pequeños síntomas de autodesprecio. Si te sacrificas por los demás o rehúsas mimarte a ti mismo, tal como podría ser en el caso que escojas una hamburguesa en vez del buen solomillo que te apetece, puede que lo hagas porque piensas que no mereces el mejor trozo de carne. Quizá te han enseñado que la buena educación requiere que rechaces los cumplidos o simplemente que no eres atractiva. Éstas son las lecciones que has aprendido y el sacrificarte por los demás, el anularte, se han convertido para ti en una segunda naturaleza. Hay muchos ejemplos de comportamiento autofrustrante que salen a la superficie en las conversaciones y en la conducta diarias. Y cada vez que te rebajas a ti mismo, de cualquier manera que sea, refuerzas los motes peyorativos que los demás te han colocado y disminuyes tus propias oportunidades de amar, ya sea amarte a ti mismo o a los demás. Ciertamente vales demasiado como para pasarte la vida disminuyéndote a ti mismo, humillándote.

ACEPTÁNDOSE A SÍ MISMO SIN CHISTAR

El amor propio, el amarse a sí mismo, implica aceptarse a sí mismo reconociéndose como un ser humano valioso y porque así lo decide uno mismo. Esta aceptación implica también una plenitud, una falta de protestas y quejas. La gente que funciona plenamente no protesta jamás, especialmente no protesta porque la calle tiene baches ni porque el cielo está muy nublado o el hielo demasiado frío. La aceptación implica no protestar o no quejarse, y la felicidad implica no protestar por lo que no tiene remedio o por lo que no hay nada que hacer. La protesta y la queja son el refugio de la gente que desconfía de sí misma. Contarle a los demás las cosas que no te gustan de ti mismo contribuye a que tú sigas insatisfecho, pues lo único que ellos no pueden hacer es negarlas, y entonces, tú no les crees. Así como lamentarse ante los demás es un acto inútil, aceptar que los demás abusen de ti cargándote con sus fardos llenos de problemas y autoconmiseración, tampoco ayuda a nadie. Una pregunta muy sencilla terminará generalmente con este comportamiento tan inútil como desagradable. «¿Por qué me estás contando esto?» o «¿Hay algo que pueda hacer por ti para ayudarte a solucionar este problema?». Al hacerte a ti mismo esta pregunta, empezarás a darte cuenta de que la conducta de los lamentos es realmente una locura total. Es tiempo malgastado, tiempo que puede emplearse mejor practicando alguna actividad de autoestima como podría ser elogiarte un poco en silencio o ayudando a que otra persona pueda realizarse.

Hay dos instancias en las cuales la queja es la peor de tus posibilidades: 1) Cada vez que le dices a alguien que estás cansado, y 2) Cada vez que le dices a alguien que no te sientes bien. Si estás cansado, puedes hacer distintas cosas para remediarlo, pero quejarte aunque sea a una sola persona, peor aún si esta persona es uno de tus seres queridos, es un abuso de confianza. Y no hará que te sientas menos cansado. Y el mismo tipo de lógica se puede aplicar a tu «no me siento bien».

No hemos dicho nada aquí sobre los casos en los que comunicar a los demás de que no te sientes bien puede significar que éstos te ayuden de alguna manera por más pequeña que sea. De lo que hablamos aquí es de las quejas a los demás en los casos en que éstos no pueden hacer nada por nosotros, aparte de aguantar estos rezongos. Además, si realmente estás trabajando para aumentar tu amor por ti mismo, y sientes alguna molestia o dolor, querrás ocuparte tú mismo de esto, trabajar tú mismo con esto, en vez de elegir a alguien como apoyo y obligarle a compartir tu carga.

La lamentación de uno mismo es una actividad inútil que impide que vivas tu vida en forma positiva y eficiente. Te impulsa a tenerte pena a ti mismo e inmoviliza tus esfuerzos por dar y recibir amor. Más aún, disminuye tus oportunidades de mejorar tus relaciones afectivas y aumentar tus relaciones sociales. Y aunque logres atraer la atención de los demás sobre tu persona, lo lograrás de una manera que sin duda ensombrecerá tu propia felicidad.

La posibilidad de aceptarte a ti mismo sin protestar implica una comprensión amplia, tanto del proceso del amor por uno mismo como del proceso de elaboración de estas quejas y protestas dentro de nosotros mismos, que resultan ser términos mutuamente excluyentes. Si auténticamente te amas a ti mismo, entonces las quejas a los demás, que no pueden hacer nada por ti, se convierten en una actividad imposible de defender o justificar. Y si encuentras en ti mismo (y en los demás) cosas que te disgustan, en vez de quejarte puedes empezar inmediatamente a hacer lo necesario para corregir esa situación.

La próxima vez que te encuentres en una reunión social con otras parejas, puedes ensayar el ejercicio siguiente. Anota cuánto tiempo se ha empleado en conversaciones en que se lamentaban de algo. Ya sea de uno mismo, o de los demás, de cosas que pasan, los precios, la meteorología o cualquier otra cosa. Entonces, al finalizar la reunión, cuando todo el mundo se ha ido a su casa, pregúntate a ti mismo: «¿Qué se logró con la mayoría de las quejas y protestas que se hicieron esta noche?», «¿A quién le importan realmente las cosas de que nos lamentamos esta noche?». Entonces, la próxima vez que estés a punto de protestar o quejarte de algo, recuerda la inutilidad de aquella noche.

EL AMOR PROPIO Y LA SOBERBIA

Debes estar pensando que todas estas palabras sobre el amor a uno mismo implica un tipo de comportamiento detestable semejante a la egolatría. Nada puede estar más lejos de la verdad. El amor por uno mismo no tiene nada que ver con el tipo de comportamiento que se caracteriza por la insistencia en decirle a todo el mundo lo maravilloso que es uno. Ése no es amor a uno mismo sino más bien una forma de tratar de conseguir la atención y el aprecio de los demás. Es una actitud tan neurótica como la del individuo que está sobrecargado de desprecio por sí mismo. El comportamiento arrogante y jactancioso está motivado por el deseo de ganar el aprecio de los demás. Quiere decir que el individuo se valora a sí mismo en base a lo que los demás ven en él. De no ser así, no sentiría la necesidad de convencerlos. El amor a uno mismo quiere decir que te amas a ti mismo; no exiges el amor de los demás. No hay ninguna necesidad de convencer a los demás. Es suficiente contar con la propia aceptación interna. No tiene nada que ver con los puntos de vista de los demás.

LAS RETRIBUCIONES QUE TE BRINDA
EL NO AMARTE A TI MISMO

¿Qué motivo puede tener un ser humano para elegir no amarse a sí mismo? ¿Qué ventajas puede tener? Los dividendos, por más malsanos que sean, existen y puedes examinarlos. Y lo más importante para aprender a ser una persona eficiente y positiva es comprender por qué te comportas de manera autofrustrante. Todo comportamiento tiene sus causas y el camino que lleva hacia la eliminación de cualquier tipo de comportamiento autodestructivo está lleno de baches provocados por la incomprensión de tus propias motivaciones. Cuando logres comprender el *porqué* de la maldad dirigida contra tu propia persona y los motivos de permanencia del sistema necesario para retener esa maldad, entonces podrás empezar a combatir estos comportamientos. Sin una verdadera comprensión de ti mismo, volverás a actuar como antes.

¿Por qué has elegido comprometerte con actitudes autodestructivas, por más insignificantes que te parezcan? Puede ser que te resulte más fácil aceptar lo que te dicen los demás que pensar por ti mismo. Pero hay también otros dividendos. Si escoges no amarte a ti mismo y tratarte a ti mismo como a un ser sin importancia colocando a otras personas por encima tuyo, lograrás...

• Tener una excusa interna para justificar el hecho de que no te amen en esta vida. Simplemente, no mereces que te amen. La excusa es la retribución neurótica.

• Poder evitar cualquiera y todos los riesgos que implica el establecimiento de relaciones afectivas con los demás, y eliminar de esta manera cualquier posibilidad de ser rechazado o censurado.

• Encontrar que es más fácil seguir siendo así como eres. Mientras no valgas nada ni merezcas nada no tiene sentido que trates de crecer y desarrollarte o de ser mejor y más feliz; la retribución reside en seguir siendo el mismo.

• Conseguir que te tengan mucha lástima, te presten atención e incluso te aprueben, todo lo cual es un buen sustituto de la arriesgada empresa que implica comprometerse con una relación amorosa. De esta manera, la compasión y la atención son tus retribuciones autofrustrantes.

• Tener muchos chivos emisarios para culparte de tus propias desgracias. Así puedes quejarte y protestar sin necesidad de hacer nada al respecto.

• Ser capaz de pasar tus momentos presentes con minidepresiones y evitar el comportamiento que te ayudaría a ser diferente. La compasión a ti mismo te servirá de válvula de escape.

• Retroceder en el tiempo hasta convertirte en un niño bueno recurriendo a las reacciones infantiles, o sea a las que son del agrado de aquellos «mayores» que has aprendido a considerar como superiores a ti. Tu regresión es más segura que el riesgo del cambio.

• Ser capaz de reforzar el comportamiento de dependencia de los demás dándoles a ellos más importancia de la que te das a ti mismo. Un poste en el que apoyarse es ciertamente un dividendo aunque te resulte perjudicial.

• Ser incapaz de hacerte cargo de tu propia vida para vivirla como eliges vivirla, simplemente porque no sientes que eres digno de la felicidad que anhelas.

Éstos son los componentes del mantenimiento de tu sistema subestimativo. Son las razones que eliges para continuar aferrado a tus viejas maneras de pensar y actuar. Simplemente es más fácil, es decir, menos arriesgado echarte que tratar de elevarte. Pero recuerda, la única prueba verdadera de vida es el crecimiento, así es que la negativa a convertirse en una persona que se ama a sí misma es una elección que se asemeja a la muerte. Armado con estas percepciones interiores de tu propio comportamiento, puedes empezar a practicar algunos ejercicios mentales y físicos que impulsarán y apoyarán el desarrollo de tu amor a ti mismo.

ALGUNOS EJERCICIOS FÁCILES
PARA AMARSE A SÍ MISMO

La práctica del amor a uno mismo empieza por la mente. Debes aprender a controlar tus pensamientos. Esto requiere ser muy consciente del presente cuando te comportas de una forma destructiva. Si logras pescarte haciéndolo, podrás empezar a enfrentarte de una manera positiva con el pensamiento que inspira semejante conducta.

Descubres que has dicho algo como: «En realidad no soy tan listo; fue cuestión de suerte sacar una nota tan alta en el examen». En este instante debería sonar una campana de alarma en tu cabeza. «Acabo de hacerlo otra vez. Me comporté de una manera autodespreciativa, como si me odiara a mí mismo. Pero ahora estoy consciente de ello y la próxima vez evitaré decir esas cosas que he estado diciendo toda mi vida.» Tu estrategia es corregirte en voz alta, diciendo: «Dije que tuve suerte pero en realidad la suerte no tuvo nada que ver en ese asunto; me saqué esas notas porque las merecía». Esto representa un pequeño paso hacia la autoestima, este paso consiste en reconocer tu comportamiento autodestructivo en el momento-presente y en decidir actuar de una manera diferente. Antes tenías una costumbre; ahora eres consciente de que quieres ser diferente y que has elegido lograrlo. Es como aprender a conducir un coche con cambios fijos. Con el tiempo, habrás adquirido un nuevo hábito que no necesitará que estés constantemente alerta ni consciente al respecto. Muy pronto y con toda naturalidad empezarás a actuar con respeto y amor a ti mismo.

Con tu mente actuando ahora a favor tuyo en vez de en contra tuya, se vislumbran en el horizonte una serie de fascinantes actividades de autoestima. He aquí una breve lista de esta clase de comportamientos que luego podrás ampliar cuando consigas un sentido de autoestima basado en tu propia valía.

• Escoge una serie de reacciones nuevas ante las tentativas de los demás de llegar a ti con amor y aceptación.

• En vez de dudar inmediatamente de la sinceridad de cualquier gesto afectivo, acéptalo con un «Muchas gracias» o «Cuánto me alegro que pienses así».

• Si hay alguien por quien sientes verdadero amor, díselo de frente: «Te amo» y mientras observas su reacción puedes darte una palmadita en la espalda por haberte atrevido a correr ese riesgo.

• En un restaurante, pide algo que realmente te guste sin preocuparte por lo que pueda costar. Date un verdadero gusto porque lo mereces. Empieza a elegir las cosas que más te gusten en todas las situaciones, incluso en los mercados y tiendas de comestibles. Date el lujo de adquirir tu producto favorito, sea lo que sea, porque lo mereces. Abomina y destierra toda conducta abnegada en la que te niegues a ti mismo a menos que sea absolutamente necesario. Y rara vez lo es.

• Al cabo de un día agobiante y después de haber comido mucho, toma tiempo para una siesta o date un paseo por el parque, incluso si tienes mucho que hacer. Te ayudará a sentirte ciento por ciento mejor.

• Inscríbete en alguna organización o apúntate para tomar parte en alguna actividad que te guste. Quizás has estado postergando hacerlo porque tienes tantas responsabilidades que simplemente no tienes tiempo para ello. Al escoger amarte a ti mismo y coger las tajadas de la vida que te apetecen, los demás, a los que tú sirves, aprenderán también a tener confianza en sí mismos. Y descubrirás que no sientes resentimiento hacia ellos.

Los servirás porque *eliges* hacerlo y no porque tienes obligación de hacerlo.

• Elimina la envidia reconociéndola como una manera de rebajarte a ti mismo. Al compararte con otra persona e imaginarte que eres menos querida que ella, haces que otros sean más importantes que tú. Mides tus propios méritos comparándolos con los de los demás. Recuérdate a ti mismo que 1) un tercero puede preferir a otra persona sin necesidad de que ello sea un reflejo negativo de tu persona, o, 2) si eres o no elegido, por cualquier persona significativa, no quiere decir nada, pues no es así como evalúas tu propio mérito. Si haces así, estás condenado a dudar de ti mismo eternamente, porque siempre estarás pendiente de cómo sentirá alguna otra persona en cualquier momento de cualquier día. Si él o ella escogen a otra persona, la elección es un reflejo de su personalidad y no de la tuya. Con la práctica y la costumbre de amarte a ti mismo, cualquier circunstancia que antes te daba celos o envidia funcionará de manera inversa. Creerás tanto en ti mismo que no necesitarás ni la aceptación ni el amor de los demás para sentir que vales.

• Tu actividad basada en el amor a ti mismo puede incluir nuevas formas de tratar tu cuerpo, tal como elegir comida buena y nutritiva; eliminar el exceso de peso (lo que puede ser un riesgo para la salud a la vez que una indicación de autorrechazo); hacer paseos en bicicleta o caminatas regularmente; hacer muchos ejercicios saludables; salir a disfrutar de la naturaleza y el aire puro porque es agradable y uno se siente bien; y en general cuidando tu cuerpo para que sea atractivo y goce de buena salud. Siempre que tú quieras ser sano. ¿Por qué? Porque eres importante y te vas a tratar como si lo fueras. Un día entero pasado encerrado o llevando a cabo actividades aburridas es un voto de hostilidad hacia tu propia persona. A menos que te guste estar encerrado, en cuyo caso, tú habrás elegido esa situación que entonces será válida.

• Sexualmente, puedes practicar un mayor amor a ti mismo. Puedes contemplarte desnudo frente al espejo y decirte lo atractivo que eres. Puedes ponerte en contacto con tu propio cuerpo. Explórate a ti mismo sensualmente y acaricia tu piel. Con otros puedes también elegir realizarte sexualmente en vez de que el placer de tu compañero sea más importante que el tuyo propio. Sólo al escoger gratificarte a ti mismo podrás dar placer a otra persona. Si no eres feliz, por lo general tu compañero o compañera se sentirá desilusionado. Y lo que es mejor aún, cuando te escoges a ti mismo, a los demás les es más fácil escoger su propia felicidad. Puedes demorar todo el proceso del sexo, enseñándole a tu amante lo que te gusta, tanto con palabras como con acciones. Puedes elegir el orgasmo para ti mismo. Puedes obligarte a lograr el colmo de la experiencia sexual creyendo que la mereces y luego perdiéndote en la excitación de verificarla por ti mismo o para ti mismo. ¿Por qué? Porque te lo mereces.

• Puedes dejar de equiparar tu actuación o funcionamiento en cualquier cosa con tu propia valía. Puedes perder tu puesto, o fracasar en algún proyecto. Puede que no te guste como hiciste algún trabajo. Pero eso no quiere decir que tú no valgas, que no tengas méritos. Tú debes saber que tienes un valor dado ajeno a tus logros. Sin este conocimiento, siempre estarás confundiéndote a ti mismo con tus actividades exteriores. Es tan absurdo hacer que lo que tú vales dependa de algún logro externo como lo es hacer que dependa de la opinión de otra persona. Cuando hayas logrado eliminar esta confusión, serás capaz de emprender toda clase de empresas. El resultado final, aunque pueda tener interés para

3

TÚ NO NECESITAS LA APROBACIÓN
DE LOS DEMÁS

La necesidad de aprobación de los demás equivale a decir: «Lo que tú piensas de mí es más importante que la opinión que tengo de mí mismo».

E s posible que pierdas demasiados momentos-presentes esforzándote por lograr la aprobación de los demás o preocupándote por alguna contrariedad que te haya acaecido. Si el deseo de aprobación externa se ha convertido en una verdadera *necesidad* en tu vida, quiere decir que tienes mucho que hacer en pro de ti mismo. Puedes empezar tratando de comprender que la búsqueda-de-la-aprobación-externa es un deseo más que una necesidad. A todos nos gusta que nos aplaudan, que nos hagan cumplidos y nos alaben. Nos sentimos bien cuando nos acarician mentalmente. ¿Quién iba a querer renunciar a todo esto? Bueno, no hay ninguna necesidad de hacerlo. La aprobación no es un mal en sí misma; en realidad, la adulación es deliciosamente agradable. La búsqueda de la aprobación se convierte en una zona errónea sólo cuando se convierte en una necesidad en vez de un deseo.

Si sólo deseas la aprobación simplemente es porque te sientes feliz con el apoyo y la aceptación de la demás personas. Pero si la necesitas, te puedes derrumbar en caso de no conseguirla. Es entonces, cuando empiezan a funcionar las fuerzas autodestructivas. Del mismo modo, cuando la búsqueda de aprobación se convierte en una necesidad, tú entregas un trozo de ti mismo a la «persona exterior» cuyo apoyo es imprescindible para ti. Si ese tercero te desaprueba, te inmoviliza (aunque sea levemente). En ese caso es como si hubieras elegido ponerte tu propia valía como un adorno en la manga para que la gente te la sobe o no te la sobe según le parezca. Te sientes bien en tu interior solamente si ellos deciden administrarte alguna dosis de alabanza.

La necesidad de la aprobación de otra persona está mal, pero se llega al verdadero problema cuando dicha necesidad se convierte en necesidad de apoyo de toda la gente para cada acción que emprendamos o hayamos cumplido. Si sufres ese tipo de necesidad, te expones a sobrellevar muchas miserias y frustraciones en la vida. Y lo que es peor aún, estarás incorporando una imagen de persona inexistente que acabará en el tipo de autorrechazo del que hablamos en el capítulo anterior.

Hay que deshacerse de la *necesidad* de aprobación. Nada de signos de interrogación aquí. Hay que erradicarla completamente de tu vida si quieres lograr tu realización personal. Esa necesidad es un psicológico callejón sin salida que no te aporta ningún tipo de beneficio.

Es imposible vivir en este mundo sin provocar la desaprobación de la gente, a veces en forma grave. Así es la humanidad; así son los impuestos que se pagan por estar «vivo», algo que simplemente no se puede evitar. Una vez traté a un hombre maduro que encajaba perfectamente en el tipo de mentalidad de necesidad-de-aprobación. Ozzie, que así se llamaba, tenía un conjunto de ideas y creencias respecto a temas tan polémicos como el aborto, el control de la natalidad, la guerra en el Oriente Medio, Watergate, la política y todo lo demás.

Cada vez que encontraba resistencia o rechazo ante sus ideas, se descomponía. Gastaba gran parte de su energía tratando de conseguir el apoyo de la demás gente a todo lo que él decía y hacía. Me relató un incidente en el que cuando él declaró ante su suegro que creía firmemente en la eutanasia, notó que éste arrugaba el ceño. Inmediatamente, actuando casi por reflejo, Ozzie modificó su postura... «Lo que quise decir es que si una persona está absolutamente consciente y en posesión de todas sus facultades y pide que lo maten, entonces la eutanasia está bien.» Se dio cuenta entonces que su suegro estaba de acuerdo con él y respiró con más facilidad. Ante su jefe declaró también su aprobación de la eutanasia, pero esta vez la desaprobación fue vociferante... «¿Cómo puede decir una cosa semejante?, ¿no se da cuenta que está jugando a ser Dios?» Ozzie no pudo tolerar un repudio semejante y rápidamente cambió de postura... «Lo que quise decir es que, sólo en casos extremos, cuando el enfermo ha sido declarado legalmente muerto, entonces me parece bien que se lo desenchufe.» Finalmente su jefe estuvo de acuerdo con él y Ozzie pudo nuevamente bajar de la picota. Ante su hermano declaró nuevamente su postura ante la eutanasia y recibió inmediatamente su aprobación... Qué fácil le resultó eso a Ozzie, ni siquiera tuvo que cambiar de postura para conseguir que su hermano lo apoyara y aprobara. Ozzie mismo fue quien nos dio todos estos ejemplos al relatar cómo interactuaba normalmente con los demás. Ozzie deambulaba por sus círculos sociales sin tener opiniones propias, pues su necesidad de halago era tan fuerte que constantemente estaba mudando de posición a fin de agraciarse con los demás. Ozzie no existe, sólo existen las reacciones de los demás que no sólo determinan lo que siente Ozzie, sino también lo que piensa y dice. Ozzie es lo que los demás quieren que sea.

Cuando la búsqueda-de-apoyo es una necesidad, las posibilidades de encontrar la verdad desaparecen casi por completo. Si tienes que ser alabado y emites esa clase de señales, entonces quiere decir que nadie puede tratar contigo con franqueza. Y tampoco puedes declarar con confianza lo que piensas y sientes en cualquier momento presente de tu vida. Sacrificas tu verdadera personalidad, tu yo por las opiniones y predilecciones de los demás.

Los políticos conforman una clase que por lo general no inspira confianza. La necesidad de aprobación que tienen es prodigiosa. Sin ella no tienen trabajo. En consecuencia, a menudo parecen hablar en dos direcciones simultáneas diciendo por un lado cosas que agradarán al Grupo A, y por otro, lo que será aprobado por el Grupo B. No puede haber una verdad cuando el orador es acomodaticio y se mueve en torno a los temas maniobrando de modo de complacer a todo el mundo. Este tipo de comportamiento es fácil de reconocer en un político, pero difícil cuando se trata de nosotros mismos. Quizás has dejado «enfriar» el tema para aplacar a alguien o te has descubierto dándole la razón a alguien cuya desaprobación temes. Sabías que te sentirías desgraciado si te censuraban y modificaste tu comportamiento para evitarlo.

Es difícil enfrentarse con un rechazo o una censura y más fácil adoptar un comportamiento que inspirará aprobación. Pero cuando optas por este comportamiento más fácil lo que estás haciendo es darle mayor importancia a la opinión de la demás gente que a tu propia valoración. Es una trampa peligrosa, y una trampa difícil de evitar en nuestra sociedad.

A fin de evitar la trampa de la búsqueda-de-aprobación, una trampa que concede el control de tu persona a la opinión de los demás, es importante examinar los factores que impulsan la necesidad de la búsqueda-de-aprobación.

He aquí una breve excursión por la senda del desarrollo personal que conduce a un comportamiento de búsqueda-de-aprobación.

ANTECEDENTES HISTÓRICOS
DE LA NECESIDAD DE APROBACIÓN

La necesidad de aprobación se fundamenta en una sola suposición: «No confíes en ti mismo; confirma todo con otra persona primero». Nuestro ambiente cultural refuerza el comportamiento de búsqueda-de-aprobación como norma de vida. El pensamiento independiente no sólo es anticonvencional, sino que es el enemigo de las mismas instituciones que constituyen los baluartes de nuestra sociedad. Si has crecido en esta sociedad, no hay duda de que esta idea te ha polucionado. El «no te fíes de ti mismo» es la esencia de la necesidad de tributo y la espina dorsal de nuestra cultura. Si dejas que la opinión de los demás sea más importante para ti que la tuya propia y si no logras luego su aprobación, tendrás toda la razón del mundo para sentirte deprimido, culpable e indigno, puesto que ellos son más importantes que tú.

La concesión de apoyo y aprobación puede llegar a ser un gran medio de manipulación. Como el sentimiento de lo que vales como persona, se encuentra localizado en los demás y si ellos rehúsan alimentarte con su aprobación te quedas sin nada. No vales nada. Y de ahí en adelante, mientras mayor sea tu necesidad de halago, más podrás ser manipulado por los demás. Cualquier paso dado en dirección a la independencia y a la búsqueda de la aprobación propia es un paso que nos aleja del control de los demás. Como resultado, estas actitudes tan sanas son calificadas de egoístas, desconsideradas, indiferentes y así por el estilo, dentro del esfuerzo externo para mantenernos en una situación de dependencia. Para comprender este círculo vicioso de manipulaciones, piensa en la profusión de mensajes culturales de búsqueda-de-aprobación que empezaron a dirigirnos desde que éramos pequeños y con los que siguen bombardeándonos hoy en día.

PRIMEROS MENSAJES FAMILIARES
DE BÚSQUEDA-DE-APROBACIÓN

Es importante hacer hincapié en el hecho de que los niños pequeños necesitan realmente la aprobación y aceptación de los adultos importantes (los padres) en sus años formativos. Pero el sistema de aprobación no debe ser absoluto. Tampoco el niño debe tener necesidad de la autorización de sus padres para todo lo que hace, piensa o dice. La confianza en sí mismo puede enseñarse desde la cuna, y al leer esta sección la búsqueda-de-aprobación no debe confundirse con la búsqueda-de-amor o necesidad-de-amor. Para fomentar la independencia adulta de la necesidad-de-aprobación, es importante y sirve de gran ayuda el apoyar mucho al niño desde el principio. Sin embargo, si un niño, durante su desarrollo, siente que no puede pensar o actuar sin antes requerir el permiso de sus padres, esto quiere decir que las semillas neuróticas de la desconfianza de sí mismo han sido plantadas desde muy temprano. Aquí menciono la búsqueda-de-aprobación como necesidad autofrustrante en el sentido de que un niño puede ser condicionado a necesitar la autorización o el control de papá o mamá en vez de la actitud sana y normal de desear el amor y la aceptación de padres cariñosos.

En la mayor parte de los casos, nuestro ambiente cultural, el tipo de educación fomentado por nuestra cultura, enseña al niño a fiarse de los demás en vez de confiar en su propio juicio. Todo hay que consultarlo con papá o mamá: «¿Qué como?», ¿Cuándo?», «¿Cuánto?» «Pregúntaselo a Mamá:» «¿Con quién puedo jugar?» «¿Cuándo?» «¿Dónde?» «¡En tu habitación, pero la tienes que arreglar de esta manera! La ropa colgada, la cama hecha, los juguetes en el cajón de los juguetes, etcétera.»

He aquí una conversación que refuerza la dependencia y la búsqueda-de-aprobación:

—Puedes ponerte lo que quieras.

—¿Qué te parece esto, mamá?

—No, no, mi amor ¡Las rayas y los lunares no se ven bien juntos! Vete a cambiar, ya sea la blusa o los pantalones para que haga conjunto.

Una semana después:

—¿Qué me pongo, mamá?

—Ya te lo he dicho, ponte lo que quieras. ¿Por qué me preguntas cada vez?

—¿Por qué?, realmente...

En la tienda de comestibles el cajero le pregunta al niño: «¿Quieres un caramelo?». El niño mira a su madre. «¿Quiero un caramelo?», pregunta. Ha aprendido a buscar la autorización de sus padres para todo, incluso para saber lo que quiere o lo que no quiere. En la amplia gama que va desde sus juegos, la comida, el sueño, hasta sus pensamientos y el establecimiento de amistades, son pocos los mensajes de confianza-en-sí-mismos que se envían a los niños en la familia. Esto parte de la creencia fundamental de que papá y mamá son los dueños de sus hijos. En vez de ayudar a los niños a pensar por sí mismos, a solucionar sus propios problemas y desarrollar la confianza en sí mismos, los padres tienden a tratar a sus hijos como una propiedad privada.

Khalil Gibran habla elocuentemente de los niños que son tratados como propiedad privada en *El Profeta*.

Tus niños no son tus niños.
Son los hijos y las hijas de los anhelos que siente la Vida por sí misma.
Vienen a través de ti pero no de ti.
Y aunque están contigo, no te pertenecen.

Los resultados de esta estrategia son muy evidentes en todo niño «dependiente». Mamá se convierte en el árbitro, en el eterno mediador, en la persona a la que se acude como delator cuando uno de los hermanos se está portando mal, alguien que, literalmente, tiene que pensar, sentir y actuar por el niño. No te fíes de ti mismo para resolver tus dificultades; papá y mamá lo harán por ti. No te fíes de ti mismo para tomar las decisiones que eres capaz de tomar por ti mismo; busca primero la autorización y el beneplácito de los demás.

Los niños se resisten a ser moldeados como buscadores-de-aprobación. Hay muchos ejemplos de esto en las vidas de todos los que entran en contacto con la gente joven. Una infinidad de padres me han relatado sus experiencias de la época en que enseñaban a sus hijos a no mojarse los pañales y usar el orinal. Dicen que el niño parece saber lo que se le pide y ellos se dan cuenta de que el niño tiene la capacidad de controlar sus esfínteres. Y sin embargo el niño, porfiada, deliberadamente, se niega a hacerlo. Ésta es la primera protesta contra la necesidad de la aprobación de los padres. Los mensajes internos son: «Me podéis decir qué tengo que comer, qué me voy a poner, con quién voy a jugar, cuándo tengo que dormir, dónde tengo que poner mis juguetes e incluso qué tengo que pensar. Pero esto lo haré cuando yo quiera». Es la primera protesta positiva contra la necesidad de la aprobación de papá y mamá.

Cuando niño querías pensar por ti mismo, tener confianza en ti mismo. Si tu padre te estaba ayudando a ponerte el abrigo cuando eras pequeño, tú decías «Yo lo puedo hacer solito». Pero el mensaje de vuelta era a menudo: demasiado a menudo, «Yo te lo haré. No tengo tiempo para esperar a que lo hagas tú solo». O «eres demasiado pequeño». La llamarada de independencia, el deseo de ser tú mismo tan vivo en ti cuando eras niño era aplastado a menudo con un rotundo: «Confía en papá y mamá. Si no lo haces, te reprobaremos y si te reprobamos nosotros, tú tendrás que reprobarte a ti mismo». El núcleo familiar alimenta, bajo la apariencia de buenas intenciones, la dependencia de sus miembros y la necesidad de aprobación. Los padres que no quieren que a sus hijos les pase nada malo deciden protegerlos de todo peligro. Pero el resultado es exactamente lo contrario de lo que se pretende, pues sin las armas necesarias para saber cómo confiar en uno mismo en los momentos difíciles (solucionando nuestras propias peleas, enfrentándonos con los insultos y la agresividad de los demás, luchando por el honor propio, ganándose la propia «vida»), es imposible construir un arsenal de comportamiento independiente que nos sirva para toda la vida.

Puede que no recuerdes todos los mensajes de búsqueda-de-aprobación que te fueron telegrafiados cuando eras un niño, pero seguro que muchos te llegaron cuando eras muy pequeño. Y mientras muchos de los mensajes de pide-la-autorización-de-papá-o-mamá eran importantes para tu propia salud y seguridad, otros te fueron enviados para enseñarte un concepto crítico: aprender la buena conducta; la conducta que hay que tener para ganar la aprobación de la gente. Esa aprobación, que debería haber sido gratuita, se condicionaba al hecho de agradar a alguien o a darle gusto. Lo fundamental aquí no es que la aprobación no sea importante, sino que debe ser otorgada libremente a los niños, no como un premio a la buena conducta. No hay que contribuir a que el niño confunda su propia estima con la aprobación de cualquier otra persona.

MENSAJES ESCOLARES DE BÚSQUEDA-DE-APROBACIÓN

Cuando abandonabas tu casa para ir al colegio, entrabas en una institución especialmente diseñada para inculcar a los niños el comportamiento y el pensamiento adecuado para lograr la aprobación de los demás. Pide permiso para todo. No te bases nunca en tu propio juicio. Pídele permiso a la maestra para ir al lavabo. Siéntate en la silla señalada. No te levantes si no quieres incurrir en una sanción. Todo estaba orientado hacia un control ejercido por los demás. En vez de enseñarte a pensar, te estaban enseñando a no pensar por ti mismo. Dobla tu papel formando dieciséis cuadrados y no escribas en los márgenes. Estudia los capítulos uno y dos esta tarde. Estudia la ortografía de estas palabras. Dibuja así. Lee esto. Te enseñaron a ser obediente. Y en caso de duda, a consultar con la maestra. Si incurrías en el enfado de la maestra o, peor aún, del director, tenías que sentirte culpable durante meses, o al menos era eso lo que se esperaba de ti. Tu libreta de calificaciones era un mensaje para tus padres para comunicarles el grado de aprobación que habías alcanzado.

Si lees la declaración de los postulados de tu colegio, que sin duda fueron escritos bajo la presión de un grupo de supervisores y pedagogos oficiales, dirá sin duda algo parecido a lo que sigue:

> Nosotros, los fundadores de este colegio, creemos en la educación y desarrollo total de todos y de cada uno de los alumnos. El currículum ha sido diseñado de manera que pueda responder a las necesidades individuales de todos los alumnos de nuestro colegio. Tratamos de conseguir, y apoyamos todos los esfuerzos que van dirigidos en esa dirección, el desarrollo individual y la puesta al día, de nuestro cuerpo estudiantil... etc.

¿Cuántos colegios o profesores se atreven a poner en acción estas palabras? Cualquier alumno que empieza a mostrar señales de ponerse al día y de tener un verdadero control de sí mismo es puesto rápidamente en su lugar... Los alumnos independientes, seguros de sí mismos, llenos de amor a sí mismos, poco susceptibles a la culpa o preocupación, son sistemáticamente considerados como problemas y como alborotadores.

Los colegios no son eficaces para tratar con niños que dan muestras de un pensamiento independiente. En la mayoría de colegios, la búsqueda-de-aprobación es el camino del éxito. Los viejos clichés del «mimado de la maestra» o «lameculo» se han convertido en clichés con razón. Existen y funcionan. Si logras el aplauso de los profesores, te comportas de la manera que ellos te han enseñado, estudias el programa que te han puesto por delante, saldrás triunfante. Peor aún, también saldrás con una fuerte *necesidad* de aprobación, puesto que habrán logrado desalentar todos tus impulsos para actuar por ti mismo y con confianza en ti mismo.

Por lo general, cuando llega a la escuela secundaria el alumno ya ha aprendido la lección. Ante la pregunta de su consejero sobre las materias que le gustaría estudiar en la secundaria, contesta con un «No sé. Dígame usted lo que necesito». En la secundaria le costará decidirse por los estudios que querrá hacer y se sentirá mucho más cómodo cuando las decisiones las toma un tercero. En el aula, aprenderá a no dudar de lo que le enseñan. Aprenderá a escribir una tesis correctamente y a interpretar a *Hamlet*. Aprenderá a escribir disertaciones basadas no en su propio juicio y sus propias opiniones sino en citas y referencias que apoyarán todo lo que él diga. Y si no aprende estas cosas, será castigado con malas notas (y con la desaprobación del maestro). Y al tiempo de graduarse, se dará cuenta de que le cuesta tomar por sí mismo cualquier decisión ya que durante doce años le han enseñado cómo pensar y lo que debe pensar. Ha sido alimentado con una dieta sólida de consúltalo-con-el-maestro y ahora el día de su graduación se da cuenta de que es incapaz de pensar por sí mismo. Así es que suspira por la aprobación de los demás y aprende que el logro de esta aprobación es equivalente al triunfo y a la felicidad.

En la universidad se repite el mismo esquema de adoctrinamiento. Escriba dos disertaciones mensuales; use el formato apropiado; use una distancia de 16 y 84 para los márgenes; no se olvide que deben ser escritas a máquina; no se olvide de la introducción, el cuerpo y la conclusión; estudie estos capítulos... La gran línea de montaje. Sométase; complazca a los profesores y le irá bien. Cuando finalmente el estudiante se inscribe en un seminario en el que el profesor dice: «Este semestre podéis estudiar lo que queráis dentro del campo de vuestros intereses. Yo os ayudaré a escoger lo que os conviene dentro del tema de vuestro interés, pero se trata de vuestra educación y podéis hacer con ella lo que os plazca. Yo os ayudaré todo lo que pueda». Cunde el pánico. «Pero ¿cuántas disertaciones tendremos que hacer?» «¿Cuándo tenemos que entregarlas?» «¿Quiere que las escribamos a máquina?» «¿Qué libros tendremos que leer?» «¿Cuántos exámenes habrá que pasar?» «¿Qué tipo de preguntas?» «¿De cuántas páginas de extensión tienen que ser las disertaciones?» «¿Dónde ponemos los márgenes?» «¿Tendré que venir a clase todos los días?»

Éstas son preguntas típicas de quienes buscan la aprobación de los demás y no pueden causar la menor sorpresa si consideramos los métodos educativos que acabamos de examinar. Se ha entrenado al alumno a que todo lo haga para otra persona, para complacer al profesor, para estar a la altura de las normas y expectativas de otras personas. Sus preguntas son el resultado de un sistema que demanda la búsqueda-de-aprobación para poder sobrevivir en él. El alumno tiene miedo a pensar por sí mismo. Es mucho más fácil y seguro hacer lo que otra persona espera de nosotros.

MENSAJES INSTITUCIONALES
DE BÚSQUEDA-DE-APROBACIÓN

También adquirimos síntomas de búsqueda-de-aprobación de otras fuentes. La Iglesia ciertamente ha tenido una gran influencia en este campo. Tienes que complacer a Jehová o a Jesús o a alguien que está fuera de ti. Los líderes de la Iglesia han desvirtuado el sentido de las enseñanzas de los grandes maestros religiosos tratando de enseñar conformidad y sometimiento y usando como armas el miedo al castigo y el deseo de recompensa. Así, el hombre tiene una conducta moral no porque cree que es lo apropiado, sino porque Dios quiere que se comporte así. Si tienes alguna duda, consulta con los mandamientos en vez de consultar contigo mismo o con lo que tú crees. Pórtate bien porque alguien te lo ha dicho y porque alguien te castigará si no lo haces, no porque sabes que ése es el comportamiento apropiado para ti. La religión organizada apela a tus necesidades de búsqueda de aprobación. Puede que el resultado sea la misma conducta que habrías escogido tú, pero no la habrás escogido libremente.

La experiencia religiosa más auténtica sería la de poder fiarte de ti mismo como guía y no necesitar la aprobación de una fuerza externa. Sería la religión del ser verdadero, en la cual el individuo determina su propia conducta basada en su propia conciencia y en las leyes de su medio ambiente que funcionan para él, en vez de permitir que alguien le dicte su conducta y decida cómo *debe* comportarse. Un estudio cuidadoso de Jesucristo nos demostrará que era un ser extremadamente realizado, un individuo que predicaba la confianza en *uno* mismo y no temía provocar la censura de los demás. Sin embargo muchos de sus seguidores han adulterado el sentido de sus enseñanzas haciendo de ellas un catecismo de miedo y de odio a uno mismo. (En el Capítulo 12 hay una descripción completa de las características del individuo realizado.)

El Estado es otro buen ejemplo de institución que usa la búsqueda-de-aprobación como motivador de conformidad. «No confíes en ti mismo. No tienes los conocimientos ni capacidades para funcionar solo. Nosotros nos ocuparemos de ti. Nosotros cobraremos tus impuestos descontándolos de tu sueldo para que no te gastes el dinero en otras cosas antes de recibir tu factura de impuestos. Te obligaremos a tomar un Seguro Social porque tú serías incapaz de decidirlo por ti mismo; o de salvarte a ti mismo. No tienes que pensar por ti mismo; nosotros reglamentaremos tu vida.» Y así vemos muchos gobiernos que van más allá de su responsabilidad de proveer a las necesidades esenciales de los ciudadanos y de gobernar a la sociedad. Hay más reglas codificadas que gente para desobedecerlas. Si alguien decidiera hacer poner al día todas las normas que existen, descubriríamos que violamos la ley cientos de veces al día. Alguien ha decidido cuándo puedes salir de compras, y que no debes beber alcohol a ciertas horas o ciertos días. Hay reglas contra todo, incluso para lo que uno se tiene que poner a cierta hora y en ciertos lugares, sobre cómo puedes disfrutar del sexo, lo que puedes decir y por dónde puedes caminar. Afortunadamente la mayor parte de estas normas son inoperantes. De todos modos, la gente que elabora normas es gente que insiste en la creencia de que ellos saben más que el propio individuo sobre lo que le conviene a este último.

A diario nos bombardean con mensajes de nuestro medio ambiente cultural que nos estimulan a buscar aprobación. Las canciones que oímos a diario están llenas de mensajes líricos que nos instan a buscar la aprobación de los demás, especialmente las «bestsellers» populares de las últimas tres décadas. Esas letras dulzonas e inofensivas pueden resultar más dañinas de lo que uno piensa. He aquí una breve lista de títulos que envían mensajes declarando que algo o alguien es más importante que uno mismo. Sin la aprobación de ese alguien tan especial el «Yo» se derrumba.

- «No puedo vivir, si vivir significa estar sin ti.»
- «Me haces tan feliz.»
- «Me haces sentir como una mujer.»
- «No eres nadie hasta que alguien te quiere.»
- «Todo depende de ti.»
- «Me haces sentir completamente nuevo.»
- «Mientras él me necesite.»
- «Si tú te vas.»

- «La gente que necesita a la gente.»
- «Tú eres el rayo de sol de mi vida.»
- «Nadie me puede hacer sentir los colores que tú me traes.»
- «Sin ti yo no soy nadie.»

Podrías intentar hacer un ejercicio la próxima vez que oigas una canción que envía mensajes en busca de aprobación. Pon atención a las letras que reflejan la manera que te han enseñado a sentir, esto es, que no llegarás a nada si alguien te critica o te falla. Reescribe la canción para que encaje en un patrón mental de control de uno mismo en vez de la búsqueda de aprobación. Por ejemplo:

- Yo me siento mujer por mí misma; eso nada tiene que ver contigo.
- Yo elegí amarte. Debo haber querido hacerlo entonces, pero ahora he cambiado de opinión.
- La gente que *necesita* de la otra gente es la gente más desgraciada del mundo. Pero la gente que *quiere amor* y *disfruta* de la gente es la que logra ser feliz.
- Yo me hago a mí mismo muy feliz por las cosas que me digo a mí mismo respecto de ti.
- Yo soy el rayo de sol de mi propia vida, y al tenerte a ti, la hago brillar aún más.
- Yo puedo dejar de amarte, pero no quiero hacerlo.

Aunque es seguro que canciones así no se venderían, con este método al menos podrás empezar a cambiar la dirección de los mensajes inconscientes que oyes y que reflejan lo aprendido por la gente de nuestro medio cultural. Hay que traducir el «Sin ti no soy nadie» a «Sin mí mismo no soy nadie, pero el tenerte hace que este momento presente sea muy agradable».

Los anuncios de la televisión apelan de una manera especial al pensamiento condicionado a la búsqueda-de-aprobación. Muchos de estos anuncios reflejan los esfuerzos que hacen los fabricantes para manipular tu voluntad y lograr así que compres sus productos, reforzando la noción de que lo que la demás gente cree es más importante que lo que tú piensas.

Analiza el siguiente diálogo cuando recibas a amigos en tu casa para jugar al bridge.

Primer amigo (husmeando): «¿Comiste pescado frito anoche, querida?», dice con tono de desaprobación.

Amigo segundo: «Por lo que veo, George sigue fumando los mismos puros», con un tono muy parecido que refleja desaprobación.

Tú quedas ofendido, desconcertado, es más, destruido, porque los demás censuran los olores de tu propia casa.

Mensaje psicológico: «Lo que los demás piensan de ti es mucho más importante de lo que tú piensas de ti mismo, de modo que si no complaces a tus amigos, mereces sentirte mal».

Analiza los dos anuncios siguientes y sus mensajes:

1. Una camarera observa que el cuello de la camisa de uno de los clientes no está muy limpio cuando le ayuda a ponerse la servilleta. La esposa se avergüenza al darse cuenta que la camarera, que es una desconocida, reprueba su comportamiento.

2. Una mujer se estremece de miedo cuando piensa en lo que pensarán de ella sus amigas si se dan cuenta que sus medias «panty» le quedan grandes. «No podría soportar que pensaran mal de mí. Necesito su aprobación, así es que escogeré otra marca en vez de la que llevo.»

Los anuncios de pastas dentífricas, desodorantes, enjuagues bucales y lacas especiales están llenos de mensajes psicológicos que te convencen de que tienes que buscar la aprobación de la gente y de que la manera de conseguirla es usando un determinado producto. ¿Y por qué usan los fabricantes ese tipo de tácticas? Porque les dan buenos resultados. Porque con ellas venden sus productos. Se han dado cuenta de que la gente tiene necesidad de ser aceptada y se aprovechan de esta necesidad creando pequeños anuncios que mandan los mensajes apropiados.

Ahí tienes una cultura que valoriza y fomenta la necesidad de aprobación. No es nada sorprendente que descubras que le das demasiada importancia a lo que piensan los demás. Has sido condicionado en este sentido a lo largo de toda tu vida e incluso si tu familia tuvo conciencia de que necesitabas su ayuda para fomentar tu seguridad en ti mismo, los factores culturales de los que dependían les impidieron hacerlo como debían. Pero tienes que darte cuenta de que no tienes por qué aferrarte a este comportamiento de necesidad de aprobación. En su *Puddinhead Wilson's Calendar*, Mark Twain nos describe convincentemente un método para romper con una costumbre arraigada como puede ser la de la búsqueda-de-aprobación. «Las costumbres son costumbres y ningún hombre debe tirarlas por la ventana; debe engatusarlas y hacer que bajen por las escaleras de escalón en escalón.»

ENGATUSANDO A LA BÚSQUEDA- DE- APROBACIÓN
PARA QUE BAJE LAS ESCALERAS
DE ESCALÓN EN ESCALÓN

Echa un vistazo a cómo funciona el mundo. Para resumir, diremos que jamás puedes complacer a todos. En realidad si logras complacer a un cincuenta por ciento de la gente, lo estás haciendo bastante bien. Esto no es ningún secreto. Sabes muy bien que por lo menos la mitad de la gente que compone tu mundo va a estar en desacuerdo con al menos la mitad de las cosas que digas. Y si esto es correcto (para comprobarlo no tienes más que ver cómo en una elección donde uno de los candidatos obtiene un triunfo rotundo, el 40 % de la gente ha votado en contra del ganador), así siempre tendrás un 50 % de posibilidades de incurrir en algún tipo de repulsa o desaprobación cada vez que expresas una opinión.

Movido de este conocimiento, puedes empezar a enfocar de otra manera las actitudes críticas de la demás gente. Cuando alguien no esté de acuerdo con algo que tú dices, en vez de sentirte herido piensa que te has encontrado con una de las personas que están dentro del 50 % que no está de acuerdo contigo. Saber que, digas lo que digas, o pienses lo que pienses, o hagas lo que hagas, habrá alguien que no esté de acuerdo contigo, es la mejor manera de salirse del túnel de la desesperación. Cuando seas consciente de la posibilidad de crítica y la esperes, no te sentirás inclinado a ofenderte por ello, y simultáneamente dejarás de considerar que el rechazo de un pensamiento o sentimiento tuyo implica el rechazo a tu persona.

No puedes evitar la desaprobación de la gente por más que quieras. Por cada opinión que puedas tener, habrá siempre alguien que tenga exactamente la opinión opuesta a la tuya. Abraham Lincoln habló de esto en una conversación en la que participó en la Casa Blanca y sobre la que nos da cuenta Francis B. Carpenter.

...Si yo fuera a leer, incluso a contestar, todos los ataques que me dirigen, habría que cerrar esta tienda para ocuparnos únicamente de ese negocio. Yo actúo lo mejor que puedo y mejor me parece; y pienso seguir haciéndolo hasta el final. Si al final el resultado es bueno, lo que se diga en contra de mí no tendrá ninguna importancia. Pero si al final el resultado es malo y aunque diez ángeles juraran que yo tenía razón, no habría ninguna diferencia, igual estaría mal.[4]

ALGUNOS EJEMPLOS TÍPICOS DE COMPORTAMIENTOS DE BÚSQUEDA-DE-APROBACIÓN

Al igual que el rechazo de sí mismo, la búsqueda de aprobación incluye una gran variedad de comportamientos de autocapitulación. Entre las actividades más comunes y usuales del comportamiento de búsqueda de aprobación se encuentran las que detallo en la siguiente lista:

• Cambiar de postura o de manera de pensar porque alguien da muestras de desaprobación.
• Suavizar un comentario o declaración para evitar reacciones de desagrado.
• Adular a tu interlocutor para que te quiera.
• Sentirte deprimido o angustiado cuando alguien no está de acuerdo contigo.
• Sentirte insultado o humillado cuando alguien comenta o declara una opinión contraria a la tuya.
• Decir que la otra persona es una «snob» o un «engreído» lo que es simplemente otra manera de decir «Préstame más atención».
• Ser excesivamente amable y adulador aunque estés en desacuerdo con lo que se dice.

4. Francis B. Carpenter. *Six Months with Lincoln in the White House*, Eatkins Glen, Century House, Nueva York.

- Hacer cosas para otra persona y sentir resentimiento porque no te atreviste a decirle que no.
- Sentirte intimidado por un vendedor agresivo y comprar algo que no te gusta o no quieres... o... tener miedo de devolverle alguna mercancía porque le disgustará y no te querrá.
- En un restaurante, comerte un trozo de carne que no está hecho como lo pediste porque no le caerás simpático al camarero si lo devuelves.
- Decir cosas que no piensas para evitar que la gente no te quiera.
- Propagar noticias de muertes, divorcios, asaltos y cosas por el estilo y disfrutar de la atención que por ello recibes.
- Pedir permiso para hablar, o para comprar algo, o hacer cualquier cosa, a una persona importante en tu vida porque temes su desagrado.
- Pedir excusas continuamente —los excesivos «lo siento» y «perdón» que están destinados a hacer que los demás te perdonen y te aprueben constantemente.
- Comportarte de una manera *inconformista* a fin de llamar la atención, lo que equivale al mismo tipo de neurosis que conformarse para lograr la aprobación externa. De este modo, usar zapatillas de tenis con un smoking o comerse el puré de patatas con las manos para llamar la atención son otras formas de buscar aprobación.
- Llegar invariablemente tarde en todas las ocasiones, de forma patológica para hacerte notar, es también un truco del comportamiento de búsqueda de aprobación con el que logras llamar la atención de todo el mundo. Puede que lo hagas por una necesidad de sentir que te distingan y en consecuencia estás bajo el control de los que prestan atención a tus impuntualidades.

- Tratar de impresionar a los demás con tus conocimientos de algo que ignoras «pretendiendo» saberlo.
- Solicitando el halago de una manera indirecta esperando la aprobación de la gente y sintiéndote mal cuando no lo consigues.
- Sentirte infeliz porque alguien que tú aprecias tiene una opinión contraria a la tuya y te la expresa.

Evidentemente que la lista podría continuar *ad infinitum*. La búsqueda-de-aprobación es un fenómeno cultural fácilmente observable en todos los rincones del globo. Sólo es reprochable cuando se convierte en necesidad, lo que equivale, por supuesto, a entregarse y colocar la responsabilidad de cómo te sientes en manos de otros cuya aprobación buscas.

LOS DIVIDENDOS DE LA BÚSQUEDA-DE-APROBACIÓN

Una mirada a las motivaciones de este comportamiento autofrustrante será muy útil para ayudarnos a descubrir ciertas estrategias con las que lograr eliminar la necesidad de buscar la aprobación de los demás. Abajo enumero algunas de las razones más comunes (generalmente de naturaleza neurótica) para aferrarse al comportamiento de búsqueda-de-aprobación. Entre las retribuciones de la necesidad de búsqueda-de-aprobación están incluidas las siguientes:

- Colocar la RESPONSABILIDAD de tus sentimientos en los demás. Si te sientes así (fatal, dolido, deprimido, etcétera) porque alguien no te aprueba, entonces ÉL, esa persona, no tú, es responsable de lo que tú sientes.

• Si ellos son responsables de cómo te sientes porque no te aprueban, cualquier CAMBIO en ti se vuelve imposible, puesto que es por culpa de los demás que te sientes así. Entonces él o ellos serán responsables también de que tú no cambies. Así la búsqueda-de-aprobación te ayuda a evitar cualquier cambio.

• Mientras los demás sean los responsables y tú no puedas cambiar, tú no tendrás que correr ningún riesgo. En consecuencia el aferrarte al comportamiento de búsqueda-de-aprobación te ayudará convenientemente a evitar cualquier actividad que implique correr un riesgo en tu vida.

• Reforzar la imagen pobre de ti mismo y con ello fomentar tu autocompasión y desidia. Si eres inmune a la necesidad de aprobación, serás también inmune a la autocompasión cuando no la consigas.

• Reforzar la idea de que otros tienen que ocuparse de ti; de ese modo, puedes volver a la infancia y ser mimado, protegido y manipulado.

• Culpar a los demás de lo que estás sintiendo, con lo que creas un efecto de chivo emisario para todo lo que no te gusta en tu vida.

• Engañarte a ti mismo diciéndote que cuentas con la simpatía de aquellos que tú has hecho más importantes que tú mismo en tu vida; de ese modo, te sientes cómodo exteriormente aunque por dentro alimentes las semillas del descontento. Cuanto más importantes sean los otros, más importancia tienen las apariencias externas.

• Gozar, solazándote con el hecho de que otra gente te presta atención; lo que te da pie para jactarte ante amigos que, como tú, van en busca de aprobación.

• Encajar en el medio ambiente cultural que aplaude ese tipo de comportamiento y lograr el favor de la mayoría.

Este tipo de retribuciones neuróticas son sorprendentemente parecidas a las retribuciones del odio a uno mismo. De hecho, el tema de evitar la responsabilidad, los cambios y los riesgos se encuentra en el meollo del pensamiento y del comportamiento autodestructivos descritos en este libro. Sin emplear el elaborado idioma de los diagnósticos, puedo decir que simplemente es más fácil, más corriente y familiar, y menos arriesgado, aferrarse a comportamientos neuróticos. Y obviamente la búsqueda-de-aprobación como necesidad no es una excepción.

UNA MIRADA A LA SUPREMA IRONÍA DEL COMPORTAMIENTO DE BÚSQUEDA-DE-APROBACIÓN

Vamos a fantasear unos instantes. Hazte cuenta que realmente quieres la aprobación de todos y que es posible obtenerla. Más aún, imagínate que es una meta sana y digna de alcanzar. Ahora bien, teniendo esto en cuenta, ¿cuál sería el mejor método, el más eficiente para lograr tu cometido? Antes de contestar piensa en la persona que, en el círculo de tus relaciones, es la que recibe mayor aprobación. ¿Cómo es este individuo? ¿Cómo se comporta? ¿Qué hay en él que atrae a toda la gente? Lo más probable es que estés pensando en alguien que es directo y franco, independiente de la opinión de los demás, un ser realizado. Lo más probable es que tenga poco o nada de tiempo para dedicarlo a la búsqueda-de-aprobación. Casi seguro que es una persona que dice las cosas tal como son a pesar de las consecuencias que esto le pueda acarrear. Quizá piensa que el tacto y la diplomacia son menos importantes que la honestidad. No es una persona susceptible, simplemente un individuo que tiene poco tiempo para el tipo de juego que significa el hablar delicadamente y teniendo cuidado de decir las cosas bien para evitar herir a los demás.

¿No te parece irónico? La gente que parece conseguir la mayor cantidad de aprobación en la vida es precisamente la que nunca la busca, que no la desea y a la que menos le preocupa conseguirla.

He aquí una pequeña fábula que podemos aplicar para ilustrar este caso, ya que la felicidad es la ausencia de la búsqueda-de-aprobación como necesidad.

> Un gato grande vio cómo un gatito pequeño trataba de pescarse la cola y le preguntó: «¿Por qué tratas de pescarte la cola en esa forma?». El gatito dijo: «He aprendido que lo mejor para un gato es la felicidad, y que la felicidad es mi cola. Y por eso la persigo y trato de pescármela; y cuando la pesque habré logrado la felicidad». El gato viejo le dijo: «Hijo mío, yo también le he prestado atención a los problemas del universo, yo también he pensado que mi cola era la felicidad. Pero, me he dado cuenta que cuando la persigo se me escapa y cuando voy haciendo lo que tengo que hacer ella viene detrás mío por dondequiera que yo vaya».[5]

De modo que, si tanto quieres merecer aprobación es irónico pensar que la mejor manera de lograrla es no desearla y evitar correr tras ella y no reclamársela a todo el mundo. Estando en contacto contigo mismo y usando la imagen positiva de ti mismo como consejera, recibirás mucha más aprobación.

Por supuesto que nunca recibirás aprobación de todo el mundo por todo lo que haces, pero cuando te consideres a ti mismo como una persona valiosa no te deprimirás cuando te la nieguen. Considerarás que la

---

5. C.L. James, «On Happiness», en *To See a World in a Grain of Sand*, de Caesar Johnson, The C. R. Gibson Co., Norwalk, 1912.

desaprobación es una consecuencia natural de la vida en este planeta donde la gente es individualista en sus percepciones.

A fin de amenguar tu comportamiento de búsqueda-de-aprobación, necesitarás ponerte en contacto con las retribuciones neuróticas que te impulsan a continuar con ese comportamiento. Aparte de los pensamientos positivos sobre tu valía cuando entras en contacto con algún tipo de reprobación (que es la mejor estrategia que puedes emplear), he aquí otras estrategias positivas con las que puedes trabajar para evitar la dependencia de la búsqueda-de-aprobación.

• Etiqueta la desaprobación con nuevas respuestas que empiecen con la palabra *tú*. Por ejemplo, te das cuenta de que tu padre no está de acuerdo contigo y se está enfadando. En vez de cambiar de posición o defenderte, simplemente contesta con un «tú te estás enfadando y piensas que yo no debería pensar como pienso». Esto te mantendrá en contacto con el hecho de que la desaprobación le pertenece a él y no a ti. La estrategia del tú puede ser empleada en cualquier momento y con resultados sorprendentes si llegas a dominar la técnica. Tendrás que luchar contra la tentación de empezar con «Yo», es decir, poniéndote en la posición de necesitar defenderte o de modificar lo que acabas de decir para lograr que te acepten.

• Si piensas que alguien está tratando de manipularte rebajando tu autoestima, dilo. En vez de ablandarte con el propósito de lograr aunque sea algo de aprobación, puedes decir en voz alta: «Normalmente yo modificaría mi posición para lograr que me aceptes y me quieras, pero realmente creo en lo que acabo de decir y tú tendrás que entendértelas con tus propios sentimientos al respecto». O «Supongo que te gustaría que yo cambie de opinión». El hecho de etiquetarlo te mantendrá en contacto con tus propios pensamientos y tu propio comportamiento.

• Puedes agradecer a la persona que te está proporcionando datos que te serán útiles para tu crecimiento y desarrollo, aunque sean cosas que no te gusten. El acto de agradecer pone fin a cualquier tipo de búsqueda-de-aprobación. Tu marido te dice que te estás portando de una manera tímida y nerviosa, que no le gusta. En vez de tratar de complacerlo, simplemente le agradeces que te lo haga notar. Así desaparecerá el comportamiento de búsqueda-de-aprobación.

• Puedes buscar a propósito que te desaprueben y trabajar contigo mismo para que eso no te moleste. Busca a alguien con quien estás seguro de no coincidir y enfréntate cara a cara con la desaprobación manteniendo de forma serena tu posición. Poco a poco irás molestándote menos y te será menos difícil no cambiar de punto de vista. Te dirás a ti mismo que esperas esta «contra», que les está bien a ellos ser así, y que en realidad no tiene nada que ver contigo. Al ir en busca de la desaprobación en vez de evitarla aumentarás tu repertorio de comportamientos para tratarla en forma eficiente.

• Puedes practicar técnicas para ignorar los actos de desaprobación y para no prestarle atención a los que tratan de manipularte con sus acusaciones. Por ejemplo, en una ocasión en que un colega mío daba una conferencia ante numeroso público en Berlín, uno de los que lo escuchaban, evidentemente muy irritado por algunas de las cosas que éste decía, no pudo aguantar más y utilizando un argumento secundario, le dedicó una serie de comentarios insultantes en forma de preguntas. Estaba tratando de que el orador cayera en la trampa y se enredara con él en una discusión neurótica. La respuesta de mi colega a esta retahíla agresiva fue un simple «de acuerdo» y luego siguió con su conferencia. Al no prestar atención a los insultos, demostró que no iba a valorarse a sí mismo por lo que el otro podría pensar. Como es de suponer el inoportuno dejó de interrumpir la conferencia. Si el conferenciante no hubiese tenido una buena opinión de sí mismo, hubiera dejado que la opinión del otro fuese más importante para él que su propia valoración de sí mismo y se hubiera molestado cuando esa persona se la hubiera cuestionado.

• Puedes romper la cadena que conecta con lo que los demás piensan, dicen y hacen, y tu propia valoración. Habla contigo mismo cuando te enfrentes con la crítica. «Éste es asunto suyo, yo me imaginaba que iba a actuar así. Pero eso no tiene nada que ver conmigo.» Esto eliminará el dolor que te provocas a ti mismo cuando relacionas los sentimientos de otra persona con tus propios pensamientos.

• Hazte a ti mismo esta importante pregunta cuando sientas que te critican. ¿Me iría mejor si estuvieran de acuerdo conmigo? La contestación es no, obviamente. Lo que ellos piensan no puede tener ningún efecto sobre ti al menos que tú permitas que lo tenga. Más aún, es muy probable que descubras que gente importante como tu jefe, y el ser que tú amas, te quieren y aceptan más cuando no te preocupa el no estar de acuerdo con ellos.

• Acepta el hecho muy simple que mucha gente ni siquiera te comprenderá, y que eso está bien. Por tu parte tú tampoco comprenderás a mucha de la gente que está muy cerca tuyo. No tienes por qué hacerlo. Está muy bien que ellos sean diferentes y la comprensión más fundamental que puedes demostrarles o sentir, es que no comprendes. Gustav Eschheiser lo demuestra muy claramente en las líneas siguientes de su *Apariencias y realidades*:

> ... Si la gente que no se comprende, al menos comprendiera que no se comprende, entonces se comprenderían mejor que cuando, sin comprenderse, ni siquiera comprenden que no se comprenden los unos con los otros.

• Puedes negarte a discutir o a tratar de convencer a los demás de lo acertado de tu posición, y simplemente creer en ella.

• Confía en ti mismo cuando compres ropa u otros efectos personales sin consultar primero con alguien cuya opinión valoras más que la tuya propia.

• Deja de buscar respaldo para lo que dices buscando justificación y apoyo de parte de tu cónyuge o cualquier otra persona con frases como las siguientes: «¿No es así, querida?» o «¿No es cierto que así lo hicimos, Raph?» o «Pregúntaselo a Marie, ella te lo dirá».

• Corrígete en voz alta cada vez que vayas en busca de aprobación, para que te des cuenta de que tienes esta tendencia y pruebes nuevos comportamientos para evitarla.

• Trabaja conscientemente en tratar de evitar las múltiples excusas que das incluso cuando no te arrepientes de lo que acabas de decir. Todas las apologías son ruegos de perdón. Y las peticiones de perdón son formas de búsqueda-de-aprobación como por ejemplo: «Yo sé que no me querrías si yo pensara realmente lo que te acabo de decir, así que, por favor, dime que todavía me aceptas». Disculparse es perder el tiempo. Si necesitas que otra persona te perdone para poder sentirte mejor, quiere decir que estás dejando que controlen tus sentimientos. Y si puedes decidir no portarte de cierta manera y pensar que algunas expresiones de tu conducta no están bien, vivir disculpándose es un tipo de comportamiento enfermizo que otorga el control de uno mismo a un tercero.

• En cualquier conversación, toma el tiempo que pasas hablando tú y compáralo con el tiempo que han estado hablando los demás, tu cónyuge o tus conocidos. Puedes trabajar para no ser el que habla menos y sólo cuando te piden que participes en la conversación.

• Puedes verificar en la próxima reunión a la que asistas cuántas veces te interrumpes y si siempre eres condescendiente cuando hablas al mismo tiempo que otro miembro del grupo. Puede que tu búsqueda-de-aprobación se esté convirtiendo en timidez. Busca estrategias para poder hablar sin que te interrumpan poniendo de manifiesto ese comportamiento cuando aparezca en tu medio.

• Toma nota de cuántas frases afirmativas pronuncias y cuántas en forma de interrogación. ¿Acaso haces preguntas, pides permiso y aprobación, en vez de dar tu opinión de frente? Por ejemplo, la pregunta «Qué buen día hace, ¿no?» pone a la otra persona en posición de resolver-un-problema y a ti en la de buscar aprobación. Un simple «Qué buen día» es una afirmación más que una indagación. Si siempre estás haciendo preguntas quiere decir que estás embarcado en la búsqueda-de-aprobación en un área que puede parecer sin importancia, pero que refleja la falta de confianza en tu propia capacidad para hacerte cargo de tus cosas.

Éstos son los primeros pasos para eliminar la necesidad de la búsqueda-de-aprobación en tu vida. Si bien no tratas de eliminar toda aprobación externa, intentas al menos evitar que cualquier pequeñez te inmovilice. Los aplausos son agradables y la aprobación es una experiencia muy satisfactoria. Y es muy agradable sentirte aprobado. Lo que buscas es la inmunidad ante el dolor cuando no logras los aplausos que buscas. Igual que el que decide hacer una dieta para adelgazar no puede probar su fuerza de voluntad cuando está con el estómago lleno, o el individuo que ha decidido dejar de fumar no mide su tenacidad después de haber apagado el último cigarrillo, así no te probarás a ti mismo mientras no te enfrentes con la desaprobación. Puedes alegar hasta ponerte rojo como un tomate que puedes enfrentarte con los desaires y que no vas a exigir que todo el mundo te aprecie, pero hasta que te enfrentes con las situaciones contrarias no sabrás cómo te está yendo. Si logras eliminar esta molesta zona errónea de tu vida lo demás te parecerá fácil, porque has sido condicionado a necesitar la aprobación de los demás desde que respiraste por primera vez en esta Tierra. Tendrás que practicar mucho para lograrlo pero bien vale la pena cualquier esfuerzo que pongas en ello. La inmunidad ante la desesperación de enfrentarnos con la desaprobación de los demás es como un billete que nos garantiza una vida llena de deliciosos momentos-presentes libres y personales.

4

LA RUPTURA CON EL PASADO

*Sólo los fantasmas se revuelcan en el pasado, explicándose a sí
mismos con descripciones basadas en sus vidas ya pasadas. Tú eres
lo que eliges ser hoy en día, no lo que antes elegiste ser.*

¿Quién eres? ¿Cómo te describes a ti mismo? Para contestar estas dos preguntas tendrás sin duda que referirte a tu propia historia, a un pasado ya vivido, pero al que sin duda sigues ligado y del que te parece difícil escaparte. ¿Cómo te describes a ti mismo? ¿Son pequeñas etiquetas muy ordenaditas que has ido acumulando durante toda la vida? ¿Tienes acaso un cajón lleno de autodefiniciones que usas regularmente? Algunas de ellas pueden ser tan grandilocuentes como: Yo soy una persona muy nerviosa; soy tímido; soy perezoso; no tengo oído musical; soy torpe; soy muy olvidadizo, y todo un catálogo de cosas que eres y que usas. Sin duda tienes también una serie de «Soy» positivos como: soy muy cariñoso; soy amable; y juego bien al bridge. No hablaremos de ellos aquí ya que el propósito de este capítulo es de ayudarte a crecer y desarrollarte más que aplaudirte por las actividades en las que estás operando eficientemente.

Las autodefiniciones no son inadecuadas por naturaleza, pero pueden ser usadas de forma perjudicial. El hecho mismo de etiquetar puede ser un impedimento para el desarrollo de la personalidad. Es fácil usar la etiqueta como excusa para seguir igual. Sören Kirkegaard escribió: «Si me clasificas (o me etiquetas), me niegas». Cuando el individuo tiene que estar a la altura de la etiqueta que lo clasifica, el ser deja de existir. Y pasa lo mismo con las autoclasificaciones. Es muy probable que al identificarte con tus etiquetas clasificadoras te estés negando a ti mismo, en vez de aprovechar tu propio potencial de crecimiento.

Todas las autoclasificaciones proceden del pasado histórico del individuo. Pero el pasado, como dijo Carl Sandbug en *Prairie*, «es un cubo lleno de cenizas».

Trata de averiguar hasta qué punto estás encadenado a tu pasado. Todos los «Yo soy» autodestructivos provienen de estas cuatro frases neuróticas:

(1) «Así soy yo.»
(2) «Yo siempre he sido así.»
(3) «No puedo evitarlo.»
(4) «Es mi carácter.»

Ahí están todas en un paquetito. Las trabas que te impiden crecer, cambiar y hacer tu vida (desde este momento en adelante, que es la única vida que tienes) nueva, estimulante y llena de momentos-presentes plenos y felices.

Conozco a una abuela que, todos los domingos cuando recibe en su casa a su familia para comer, decide cuánto va a comer exactamente cada persona y deliberadamente calcula las porciones que pone en cada plato de acuerdo con sus propias especificaciones. A cada persona le da dos pedazos de carne, una cucharada de guisantes, unas patatas y así con todo. Cuando le preguntan: «¿Por qué haces eso?», contesta diciendo, «Oh, siempre he sido así». ¿Por qué? Porque «Así soy yo».

La razón del comportamiento de la abuela procede de su propia etiqueta que a su vez procede de un pasado en el que siempre se ha comportado de esa manera.

Hay personas que usan las cuatro frases a la vez cuando se cuestionan sus comportamientos. Si le preguntas a alguien por qué se perturba tanto al oír hablar de accidentes, puede que te responda: «Oh, así soy yo, siempre he sido así, realmente no puedo evitarlo, es mi carácter». Las cuatro a la vez, todas y cada una le sirven para explicar por qué nunca será diferente ni considerará la posibilidad de cambiar.

Tus «Yo soy» que describen un comportamiento autoneutralizador se remontan a algo que aprendiste en el pasado. Y cada vez que usas una de estas cuatro frases lo que realmente estás diciendo es: «Pienso seguir siendo lo que he sido siempre».

Puedes empezar a deshacer los nudos que te atan al pasado y eliminar las inútiles frases que se dicen para seguir siendo lo que siempre has sido.

HE AQUÍ UNA TÍPICA LISTA DE «YO SOY» QUE PODRÍA INCLUIRSE EN TU AUTORRETRATO

Yo soy tímida
Yo soy perezoso
Yo soy apocado
Yo soy asustadizo
Yo soy desordenada
Yo soy nervioso
Yo soy olvidadizo
Yo soy pésima para la mecánica
Yo soy malo para las matemáticas
Yo soy un solitario
Yo soy frígida
Yo soy aburrido

Yo soy una pésima cocinera
Yo soy malo para la gramática
Yo soy de los que se cansan muy pronto
Yo soy enfermizo
Yo soy tosco
Yo soy proclive a los accidentes
Yo soy corto de genio
Yo soy hostil
Yo soy solemne
Yo soy apática

Yo soy gorda
Yo soy negado para la música
Yo soy fatal para el deporte
Yo soy torpe
Yo soy porfiada
Yo soy inmadura
Yo soy meticulosa
Yo soy descuidado
Yo soy vengativo
Yo soy irresponsable
Yo soy de los que se angustian fácilmente.

Es muy probable que te hayas topado con varias de estas frases o que quizás estés haciendo tu propia lista. De lo que se trata no es de qué etiquetas escoges, sino del hecho que escojas ponerte en las etiquetas. Si auténticamente estás satisfecho de alguno de los «Yo soy», déjalo estar, pero si reconoces que algunos de estos «Yo soy» u otros que hayas podido recordar se te atraviesan en el camino entorpeciendo tu vida, quiere decir que ha llegado el momento de hacer unos cambios. Empecemos por comprender el origen de los «Yo soy».

La gente quiere ponerte etiquetas, quiere encasillarte en cierto tipo de categorías que le resultan cómodas. Así es más fácil. D. H. Lawrence nos demuestra lo insensato que resulta este proceso de clasificación en su poema *¿Qué es él?*

—¿Qué es él?
—Un hombre, por supuesto.
—Sí, pero ¿qué hace?
—Vive y es un hombre.
—¡Oh, por supuesto! Pero debe trabajar. Tiene que tener una ocupación de alguna especie.
—¿Por qué?
—Porque obviamente no pertenece a las clases acomodadas.
—No lo sé. Pero tiene mucho tiempo. Y hace unas sillas muy bonitas.
—¡Ahí está entonces! Es ebanista.
—¡No, no!
—En todo caso, carpintero y ensamblador.
—No, en absoluto.
—Pero si tú lo dijiste.
—¿Qué dije yo?
—Que hacía sillas y que era carpintero y ebanista.
—Yo dije que hacía sillas pero no dije que fuera carpintero.

—Muy bien, entonces es un aficionado.

—¡Quizá! ¿Dirías tú que un tordo es un flautista profesional o un aficionado?

—Yo diría que es un pájaro simplemente.

—Y yo digo que es sólo un hombre.

—¡Está bien! Siempre te ha gustado hacer juegos de palabras.[6]

CÓMO EMPEZARON ESOS «YO SOY»

Los antecedentes a los «Yo soy» caen en dos categorías. El primer tipo de etiquetas o clasificaciones procede de la demás gente. Te las colocaron cuando eras niño y las has llevado contigo desde entonces. Las otras etiquetas son el resultado de una elección de tu parte para evitar tener que hacer cosas incómodas o difíciles.

La primera categoría es la más corriente. La pequeña Hope está en segundo grado. Va a clases de pintura todos los días, feliz de jugar con los colores y pintar. Su profesora le dice que no tiene mucha facilidad para la pintura, y ella empieza a faltar a las clases porque no le gusta que la censuren. Y al poco tiempo ya tiene un principio de «Yo soy»: Yo soy bastante mala para la pintura. Y si sigue actuando de forma negativa al respecto, evitando las ocasiones de pintar, reforzará este concepto y más tarde, cuando sea mayor y le pregunten por qué no dibuja, dirá: «Oh, no sirvo para eso; siempre he sido así». La mayoría de los «Yo soy» son residuos de frases como: «Él es bastante torpe; su hermano es bueno para la gimnasia, él es el estudioso de la familia».

6. *The Complete Poems of D. H. Lawrence*, vol. I, editado por Vivian de Sola Pinto y F. Warren Roberts, Copyright 1929 de Frieda Lawrence Ravagli; con el permiso de Viking Press, Inc.

O «Eres igual a mí; yo también era pésima para la gramática». O «Billy fue siempre el tímido del grupo». O «Ella es igual a su padre; si acierta una nota es como el burro que toca la flauta por casualidad». Éstos son los derechos innatos de una vida entera de «Yo soy» que nunca se discuten. Que se aceptan simplemente como una condición natural de la vida.

Habla un día con la gente que tú crees responsable de muchos de los «Yo soy» de tu vida (tus padres, viejos amigos de la familia, antiguos profesores, abuelos, etc.). Pregúntales por qué creen que te volviste como eres y si has sido siempre así. Diles que estás decidido a cambiar y comprueba si creen que eres capaz. Sin duda te sorprenderán sus interpretaciones y el hecho de que piensen que no puedes ser de otra manera puesto que «Siempre has sido así».

La segunda categoría de «Yo soy» tuvo su origen en esos rótulos tan apropiados que aprendiste a colocarte a ti mismo para dejar de hacer las cosas que no te gustan. Yo he tratado a un paciente que tiene cuarenta y seis años y tiene muchos deseos de ir a la Universidad, pues perdió la oportunidad de hacerlo en su juventud a causa de la Segunda Guerra Mundial. Pero a Horace le asusta la perspectiva de entrar en competencia con gente joven recién salida del colegio. El miedo al fracaso y las dudas que tiene respecto a su capacidad intelectual lo espantan. A menudo estudia catálogos de distintas universidades, y con la ayuda que ha recibido en su tratamiento ha pasado los exámenes de admisión y ha concertado una entrevista con uno de los miembros del Comité de Admisión de una universidad local. Pero aún usa sus «Yo soy» para evitar incorporarse activamente a los estudios. Justifica su actitud diciendo: «Soy demasiado viejo; no soy suficientemente inteligente; no me interesa realmente». (Yo soy... demasiado viejo; Yo soy... poco inteligente...; Yo soy de los que no se interesan realmente por esas cosas.)

Horace usa sus «Yo soy» para dejar de hacer algo que realmente quiere hacer. Uno de mis colegas los usa para liberarse de las tareas que no le divierten. Evita tener que arreglar el timbre, o la radio, o hacer cualquiera de esas incómodas tareas caseras, recordándole simplemente a su esposa que: «Pero querida, si tú ya lo sabes, a mí no se me dan bien estas cosas». Este tipo de «Yo soy» entra dentro de los comportamientos acomodables, pero no por eso dejan de ser excusas engañosas. En vez de decir: «Encuentro que este tipo de actividad es aburrida y sin interés, y escojo no trabajar en ella en mis momentos-presentes» (lo que es perfectamente lógico y saludable), resulta mucho más fácil sacar un «Yo soy» del bolsillo.

En estos casos, la gente está diciendo algo respecto a sí misma. Está declarando que «Yo soy un producto acabado en este sector y nunca voy a ser distinto». Si eres un producto acabado, atado y encasillado, quiere decir que has dejado de crecer, y si por un lado quieres aferrarte a algunos «Yo soy», puede que descubras que muchos otros te limitan y que son autodestructivos.

Más adelante he anotado una lista de etiquetas que son reliquias del pasado. Si reconoces alguna de ellas como tuya, puede que quieras cambiarla. El quedarte exactamente como eres en cualquier sector de tu vida equivale a tomar una de esas decisiones que se parecen a esa muerte de la que hablamos en el Capítulo 1. No te olvides de que no se trata de las cosas que simplemente no te gustan, sino más bien de echar una mirada al comportamiento que te aleja de actividades que podrían proporcionarte mucho placer y fascinación.

DIEZ CATEGORÍAS TÍPICAS DE «YO SOY» Y SUS DIVIDENDOS NEURÓTICOS

1. *Yo soy malo para las matemáticas, la gramática, la literatura, los idiomas, etcétera.*
Este «Yo soy» garantiza que no te esforzarás por cambiar. El «Yo soy» académico sirve para evitar que tengas que hacer alguna vez el trabajo pesado que se necesita para dominar una materia que siempre te ha parecido difícil y aburrida. Mientras conserves la etiqueta de tu incapacidad ante ti mismo, tienes una disculpa hecha a medida para evitar el esfuerzo.

2. *Yo soy pésimo para el tipo de actividades que necesitan cierta habilidad manual como por ejemplo, la cocina, los deportes, hacer punto, dibujar, hacer teatro etcétera.*
Este «Yo soy» te da la seguridad de que no tendrás que hacer ninguna de estas cosas en el futuro y justifica cualquier mala actuación en esos campos en el pasado. «Siempre he sido así; así soy por naturaleza.» Esta actitud refuerza tu inercia y, lo que es aún más importante, te ayuda a aferrarte a la absurda noción de que no vale la pena que hagas cualquier cosa si no la haces realmente bien. Así que, a menos que seas el campeón mundial, siempre es mejor esquivar el bulto que hacerla.

3. *Yo soy tímida, reservada, temperamental, nerviosa, asustadiza, etcétera.*
Aquí se recurre a la genética para apoyar estos «Yo soy». En vez de enfrentarte con ellos y con el pensamiento autodestructivo que los apoya, simplemente los aceptas como confirmación de tu manera innata de ser. También puedes echar la culpa a tus padres y usarlos a ellos como justificación o como el motivo de

tu «Yo soy» actual. Haces que ellos sean los causantes de tus problemas, y no te tienes que esforzar ni trabajar para ser diferente. Escoges este comportamiento como una manera de evitar el ser asertivo en ciertas situaciones que siempre te han resultado molestas. Éste es un residuo de la infancia en la que había gente que tenía especial interés en hacerte creer que eras incapaz de pensar por ti mismo. Éstos son los «Yo soy» que tienen que ver con la personalidad. Estas autodefiniciones te ayudan a evitar el difícil trabajo de ser diferente de lo que has sido siempre. Defines tu personalidad con un «Yo soy» apropiado y todos los comportamientos negativos diciendo que están fuera de tu control. Niegas la noción de que puedes escoger tu propia personalidad y permites que una supuesta deficiencia genética sea la explicación de todos esos rasgos de personalidad que te gustaría poder repudiar.

4. *Yo soy torpe, me falta coordinación, etcétera.*

Estos «Yo soy» que aprendiste de niño te permiten evitar el ridículo que podrías sufrir en caso de enfrentarte con ciertas habilidades físicas que tienen otras personas. Por supuesto que tu falta de habilidad proviene de un largo historial de creer en esos «Yo soy» que te hicieron evitar todo tipo de actividad física y no de una falla innata. Sólo puedes ser competente en lo que practicas; no en lo que evitas hacer. Conserva tu «Yo soy» y quédate entonces en los aledaños de las cosas mirándolas y suspirando por ellas, pero haciendo como si este tipo de cosas realmente no te gustara.

5. *Yo soy poco atractiva, fea, huesuda, demasiado alta, etcétera.*

Estos «Yo soy» fisiológicos te sirven para evitar correr riesgos con el sexo opuesto y para justificar la pobre imagen que tienes de ti misma y la falta de amor que has escogido para tu vida. Mientras sigas describiéndote a ti misma de esta forma, tendrás la excusa perfecta y hecha a medida para no ponerte en línea para una relación amorosa. Y tampoco tendrás que trabajar para verte bien y ser atractiva. Usas tu espejo como justificativo para no hacer la prueba. Sólo hay un problema: vemos exactamente lo que escogemos ver, incluso en los espejos.

6. *Yo soy desorganizado, meticuloso, desordenado, etcétera.*

Estos «Yo soy» relacionados con la conducta son muy útiles para manipular a los demás y para explicar por qué las cosas tienen que hacerse de cierta manera. «Siempre las he hecho así.» Como si la tradición fuese un motivo para hacer cualquier cosa. «Y siempre las haré así» es el mensaje no formulado. Confiando en la forma que lo has hecho siempre no tienes por qué mantener la noción llena de riesgos y peligros de que podrías hacerlo de una manera diferente, y a la vez asegurarte de que todos los que están a tu alrededor lo hagan a tu manera también. Éstos son los «Yo soy» que recurren a la «política» como sustituto del pensamiento.

7. *Yo soy olvidadiza, descuidada, irresponsable, apática, etcétera.*

Estos «Yo soy» te resultan particularmente útiles cuando quieres justificar algún comportamiento ineficaz. Estos «Yo soy» evitan que trabajes para mejorar tu memoria, o tu descuido y simplemente te disculpas con un cómodo y simple «Así soy yo». Mientras puedas sacar a relucir este «Yo soy» cuando te comportas de alguna de las maneras descritas más arriba, jamás tendrás que trabajar para intentar un cambio. Simplemente sigue olvidando y recordándote a ti misma que no puedes evitarlo, y siempre serás olvidadiza.

8. *Yo soy italiana, alemana, judía, irlandesa, negra, china, etcétera.*

Éstos son tus «Yo soy» étnicos y funcionan muy bien cuando se te acaban las otras excusas necesarias para explicar ciertos comportamientos, que no te favorecen pero que son demasiado difíciles de cuestionar. Cada vez que te comportas de manera estereotipada relacionada con tu subcultura, tú simplemente echas mano de tu «Yo soy» étnico como justificativo. Una vez le pregunté a un maître de hotel por qué era tan excitable y reaccionaba con esos terribles exabruptos ante el menor problema. Me contestó: «¿Qué puede esperar de mí? Soy italiano. No puedo evitarlo».

9. *Yo soy mandón, prepotente, autoritario, etcétera.*

Aquí tus «Yo soy» te permiten continuar tus actitudes hostiles en vez de trabajar para desarrollar una autodisciplina. Recubres el comportamiento con «No puedo evitarlo, yo siempre he sido así».

10. *Yo soy viejo, anciano, estoy cansado, etcétera.*

Con estos «Yo soy» puedes usar tu edad como justificativo para no participar en lo que pueden ser actividades arriesgadas o peligrosas. Cada vez que tienes que enfrentarte con una actividad como puede ser un encuentro deportivo, una cita amorosa después de un divorcio o de la muerte de un cónyuge o un viaje, puedes decir simplemente «Estoy demasiado viejo para esas cosas» y habrás eliminado los riesgos que lleva consigo la posibilidad de hacer algo nuevo y que impulsa tu crecimiento y desarrollo. Lo que implican los «Yo soy» basados en la edad es que estás definitivamente acabado en esos campos; como cada vez serás más viejo, ya has terminado de crecer y de experimentar cosas nuevas.

Las retribuciones que te brinda aferrarte a tu pasado por medio de los «Yo soy» que sacas a relucir cuando te conviene, pueden ser resumidos nítidamente en una palabra: evasión. Siempre que quieres evitar cierto tipo de actividades o ignorar algún defecto de tu personalidad, podrás justificarte con un «Yo soy». Y si usas estas etiquetas durante un tiempo lo suficientemente largo, verás que empiezas a creerlas tú mismo y en ese momento-presente eres ya un producto acabado destinado a seguir siendo lo que eres para el resto de tus días. Las etiquetas te permiten evitar el riesgo y el difícil trabajo pesado de tratar de cambiar. También perpetúan el comportamiento que las provocó. De este modo si un muchacho joven va a una fiesta convencido de que es tímido, se comportará como tal y su comportamiento reforzará aún más su imagen de sí mismo como un ser tímido. Es un círculo vicioso.

Ahí lo tienes. En vez de intervenir entre los puntos 3 y 4 del círculo, simplemente exonera su comportamiento con un «Yo soy» evadiéndose así del riesgo necesario para salir de la trampa. Pueden haber muchos motivos que expliquen la timidez del joven; algunos de ellos estarán sin duda relacionados con su niñez. Sea cual fuere el motivo de su miedo, él ha decidido no hacer nada por solucionar su problema de contacto social justificándolo más bien con un simple «Yo soy». Su miedo al fracaso es tan grande que no le deja ni hacer la intentona. Si él llegara a creer en su momento presente y en su posibilidad y capacidad de elección, su frase cambiaría de «Yo soy tímido», a «Hasta ahora me he comportado con timidez». El círculo vicioso de la timidez puede ser aplicado a casi todos los «Yo soy» que sirven para subestimarse a sí mismo. Toma el caso por ejemplo del estudiante que piensa que es malo para las matemáticas cuando le toca hacer un deber de álgebra.

En vez de detenerse entre el 3 y el 4, dedicar más tiempo, consultar con un profesor o hacer un esfuerzo, el estudiante se da por vencido. A la pregunta por qué falló el curso de álgebra dirá: «Siempre he sido pésimo en matemáticas». Recurre a esos infernales «Yo soy» como elementos que invoca para exonerarse y explicar a los demás por qué persiste en una conducta autofrustrante.

Puedes echarle una mirada a tu propio círculo de lógica neurótica y empezar a desafiar cualquier aspecto de tu vida en el que has elegido ser un producto acabado. La recompensa número uno por aferrarte al pasado y refugiarte en tus «Yo soy» es rechazar cualquier posibilidad de cambio. Cada vez que usas un «Yo soy» para explicar un comportamiento que te disgusta piensa en ti mismo como encerrado en una caja alegremente decorada, envuelto y empaquetado como un producto listo y acabado.

Por supuesto, es más fácil describirte a ti mismo que cambiar. Puede ser que culpes de tus etiquetas a tus padres o a los adultos importantes que te influenciaron en la niñez: a los maestros, vecinos, abuelos y gente por el estilo. Al hacerlos responsables de tus actuales «Yo soy» les has otorgado un grado de control sobre tu vida de hoy en día, les has elevado a una posición más alta que la tuya propia y te has creado una coartada ingeniosa para permanecer en una condición inmovilista. Esta retribución te sirve perfectamente de garantía contra cualquier posibilidad de correr un riesgo. Si tu «cultura» es culpable de que tengas ese «Yo soy», pues entonces no puedes hacer nada al respecto.

ALGUNAS ESTRATEGIAS PARA LIBERARTE
DEL PASADO Y ELIMINAR
TUS FASTIDIOSOS E INOPORTUNOS «YO SOY»

Dejar atrás el pasado implica correr ciertos riesgos. Tú estás acostumbrado a tus autodefiniciones. En muchos casos funcionan como sistema de apoyo en tu vida cotidiana. He aquí algunas estrategias específicas que te servirán para eliminar esos «Yo soy»:

• Eliminar los «Yo soy» cada vez que te sea posible. Sustitúyelos con frases como: «Hasta ahora había escogido ser así», o «Yo solía clasificarme así...».
• Anuncia a tus seres más próximos que vas a tratar de eliminar algunos de tus «Yo soy». Decide cuáles son

los más importantes y pídeles que te lo recuerden cada vez que los saques a relucir.

• Ponte metas de conducta para comportarte de manera muy diferente de lo que has hecho hasta ahora. Por ejemplo, si consideras que eres tímido, preséntate tú solo a alguna persona a la que normalmente hubieras evitado.

• Habla con algún amigo de confianza que te ayude a combatir las poderosas influencias del pasado. Pídele que te haga alguna señal silenciosa, como darse un pequeño tirón de orejas cada vez que te vea caer en uno de tus viejos «Yo soy».

• Escribe un diario donde vayas anotando tus comportamientos autodestructivos, y apunta no sólo tus actos sino también lo que sentías cuando te comportabas de esa manera. Durante una semana apunta en una libreta la hora exacta, la fecha y la ocasión en que usas cualquiera de los «Yo soy» autodestructivos, y esfuérzate por disminuir el número de apuntes. Usa la lista que dimos al principio de este capítulo como guía para las anotaciones en tu diario.

• Está siempre alerta para notar cualquiera de estas cuatro frases neuróticas y cada vez que vuelvas a pensarlas corrígete en voz *alta* de la siguiente manera. Cambia.

«Así soy yo»... a... «Así era yo».

«No puedo evitarlo»... a... «Puedo cambiar si lo intento seriamente».

«Siempre he sido así»... a... «Voy a ser diferente».

«Es mi naturaleza»... a... «Así creía yo que era mi naturaleza».

Trata de concentrarte para eliminar un «Yo soy» en un día determinado. Si has usado el «Yo soy olvidadizo» para describirte a ti mismo, dedica el lunes para tomar conciencia de esa tendencia e intenta alterar uno o dos comportamientos olvidadizos. Igualmente si no te gusta tu «Yo soy tozudo», date un día específico para ser tolerante con las opiniones contrarias a la tuya; la cuestión es deshacerse de los «Yo soy» concentrándote en uno de ellos cada día.

• Puedes interrumpir tu propio «Círculo de "Yo soy"» entre los puntos 3 y 4 y decidir sacarte de encima esas viejas excusas que te servían para evadirte.

• Encuentra algo que no has hecho nunca y dedica una tarde para esa actividad. Después de haberte sumergido durante tres horas en una actividad completamente nueva, alguna actividad que siempre habías evitado, fíjate si aún puedes usar el mismo «Yo soy» que usaste esa mañana.

Todos tus «Yo soy» son fórmulas aprendidas de evasión y tú puedes aprender a hacer casi cualquier cosa si así lo decides.

ALGUNOS PENSAMIENTOS PARA TERMINAR

No existe algo que se pueda llamar naturaleza humana. La frase está diseñada para encasillar a la gente e inventar excusas. Tú eres producto de la suma total de tus elecciones, y cada uno de los «Yo soy» que tanto cuidas, podría ser rebautizado o reetiquetado: «He escogido ser». Vuelve a la pregunta que abre este capítulo. ¿Quién eres tú? y ¿Cómo te describes a ti mismo? Piensa en algunas etiquetas deliciosas que sean completamente nuevas y no estén relacionadas en absoluto con las cosas que los demás han elegido para ti, o con las que tú habías elegido para ti hasta ahora. Esas aburridas y viejas etiquetas pueden estar impidiendo que tengas una vida tan plena como quisieras.

Recuerda lo que dijo Merlin sobre la educación:

«Lo mejor para la tristeza —contestó Merlin, empezando a soplar y resoplar— es aprender algo. Es lo único que no falla nunca. Puedes envejecer y sentir toda tu anatomía temblorosa; puedes permanecer durante horas por la noche escuchando el desorden de tus venas; puedes echar de menos a tu único amor; puedes ver al mundo a tu alrededor devastado por locos perversos; o saber que tu honor es pisoteado por las cloacas de inteligencias inferiores. Entonces sólo hay una cosa posible: aprender. Aprender por qué se mueve el mundo y lo que hace que se mueva. Es lo único que la inteligencia no puede agotar, ni alienar, que nunca la torturará, que nunca le inspirará miedo ni desconfianza y que nunca soñará con lamentar, de la que nunca se arrepentirá. Aprender es lo que te conviene. Mira la cantidad de cosas que puedes aprender: la ciencia pura, la única pureza que existe. Entonces puedes aprender astronomía en el espacio de una vida, historia natural en tres, literatura en seis. Y entonces después de haber agotado un millón de vidas en biología y medicina y teología y geografía e historia y economía, pues, entonces puedes empezar a hacer una rueda de carreta con la madera apropiada, o pasar cincuenta años aprendiendo a empezar a vencer a tu contrincante en esgrima. Y después de eso, puedes empezar de nuevo con las matemáticas hasta que sea tiempo de aprender a arar la tierra.»[7]

Cualquier «Yo soy» que te impide el crecimiento es un demonio que hay que exorcisar. Y si forzosamente debes tener un «Yo soy», prueba éste a ver cómo te va. «Yo soy un "Yo soy" exorcista, y me gusta serlo.»

7. Terence White, *The Once and Future King*, Putnam's Sons, Nueva York.

5

LAS EMOCIONES INÚTILES: CULPABILIDAD Y PREOCUPACIÓN

Si tú crees que sentirte mal o preocuparte lo suficiente cambiará un hecho pasado o futuro, quiere decir que resides en otro planeta con un diferente sistema de realidad.

A lo largo de la vida, las dos emociones más inútiles son la culpabilidad por lo que se ha hecho y la preocupación por lo que se podría hacer. Son los grandes despilfarros: la preocupación y la culpabilidad; la culpabilidad y preocupación. Al examinar estas dos zonas erróneas, te irás dando cuenta de lo conectadas que están; en realidad pueden ser vistas como los extremos opuestos de la misma zona.

X_____ Presente _____ X

Culpabilidad (PASADO)   (FUTURO) Preocupación

Ahí lo tienes. La *culpabilidad* quiere decir que despilfarras tus momentos presentes al estar inmovilizado a causa de un comportamiento *pasado*, mientras que la *preocupación* es el mecanismo que te mantiene inmovilizado ahora por algo que está en el *futuro* y que a menudo es algo sobre lo que no tienes ningún control. Podrás ver esto con claridad si tratas de pensar en ti mismo como sintiéndote culpable de algo que aún no ha sucedido. Aunque una respuesta está dirigida al futuro y la otra al pasado, ambas sirven el mismo propósito inútil de mantenerte inquieto o inmóvil en tu momento presente. Robert Jones Burdette escribió en su obra *Golden Day* (*El día dorado*):

No es la experiencia del día de hoy lo que vuelve locos a los hombres. Es el remordimiento por algo que sucedió ayer, y el miedo a lo que nos pueda traer el mañana.

Es fácil ver ejemplos de culpabilidad y preocupación en todas partes, prácticamente en todas las personas que encontramos a nuestro paso. El mundo está poblado por personas que se sienten pésimamente por algo que no deberían haber hecho o asustados y consternados por cosas que pueden llegar a pasar. Y probablemente tú no eres una excepción. Si tienes zonas extensas de culpa y preocupación, hay que exterminarlas, limpiarlas y esterilizarlas para siempre. Sácate de encima esas pequeñas «c» y «p» que infestan tantos sectores de tu vida.

La culpabilidad y la preocupación son quizá las dos formas más comunes de angustia en nuestra cultura. Con la culpa, te fijas en sucesos pasados, te sientes abatido o molesto por algo que dijiste o hiciste y gastas tus momentos presentes afligido por comportamientos pasados. Con la preocupación gastas el valioso presente obsesionándote por algún suceso futuro. Ya mires atrás o adelante, el resultado es el mismo. Estás malgastando el momento presente. El *Golden Day* de Robert Burdette es realmente «hoy día» y él resume la insensatez de la culpabilidad y la preocupación con estas palabras:

Hay dos días en la semana que nunca me preocupan. Dos días despreocupados, mantenidos religiosamente libres de miedos y temores. Uno de esos días es ayer... y el otro día que no me preocupa es mañana.

EXAMINANDO LA CULPABILIDAD
CON MÁS ATENCIÓN

Somos muchos los que hemos sido sometidos a una verdadera conspiración de culpabilidad en nuestras vidas; una conspiración no premeditada pero muy eficiente destinada a convertirnos en verdaderas máquinas culpables. La máquina funciona de la siguiente manera. Alguien emite un mensaje destinado a recordarte que has sido una mala persona por algo que dijiste o no dijiste, sentiste o no sentiste, hiciste o no hiciste. Tú respondes sintiéndote mal e incómodo en tu momento presente. Tú eres la máquina de culpabilidad. Un aparato que respira, habla, camina y reacciona con cargas de culpabilidad cada vez que le echan el combustible apropiado. Y debes estar bien aceitado si has estado totalmente inmerso en nuestra cultura que es una cultura productora de culpas.

¿Por qué has recibido los mensajes de preocupación y culpabilidad que te han echado encima todos estos años? En gran parte porque se considera «incorrecto» que no te sientas culpable, e «inhumano» que no te preocupes. Todo está relacionado con la IMPORTANCIA que le des a los problemas. Si realmente te *importa* una persona o cosa, demuestras este interés sintiéndote culpable por las cosas terribles que has hecho al respecto, o dando muestras visibles de que su futuro te preocupa. Es casi como si tuvieras que demostrar tu neurosis para que te clasifiquen y consideren como a una persona a quien le importan los demás.

La culpabilidad es, de todas las zonas erróneas de comportamiento, la más inútil. Es de lejos la que despilfarra mayor cantidad de energía emocional. ¿Por qué? Porque, por definición, te estás sintiendo inmovilizado en el presente por algo que *ya pasó*. Y no existe culpabilidad por grande que sea, que pueda cambiar la historia.

LA DIFERENCIA ENTRE LA CULPABILIDAD Y LA POSIBILIDAD DE APRENDER LAS LECCIONES DEL PASADO

La culpabilidad no es sólo una preocupación por el pasado; es la inmovilización del momento presente en aras de un suceso del pasado. Y el grado de inmovilización puede abarcar desde una pequeña incomodidad hasta una severa depresión. Si simplemente estás aprendiendo lecciones de tu pasado, y prometiéndote evitar la repetición de algún comportamiento específico, eso no se llama culpa. Experimentas culpabilidad sólo cuando este sentimiento te impide actuar ahora porque antes te comportaste de una cierta manera. Aprender de tus equivocaciones es una parte sana y necesaria de tu crecimiento y desarrollo. La culpabilidad es malsana porque gastas inútilmente tu energía en el presente sintiéndote molesto y deprimido a causa de un acontecimiento ya histórico. Y eso es tan inútil como malsano. No hay culpabilidad por grande que sea, que pueda resolver un solo problema.

LOS ORÍGENES DE LA CULPABILIDAD

Son dos las formas básicas que toma la culpabilidad para convertirse en parte integrante del mecanismo emotivo de un individuo. La primera es la culpabilidad aprendida a muy temprana edad que queda como un residuo infantil en la personalidad adulta. La segunda es la culpabilidad que ha sido autoimpuesta por un adulto después de infringir un código al que se suscribe.

1. *La culpa residual*: Esta culpa es la reacción emocional que la gente lleva consigo desde sus memorias infantiles. Estos productores de culpa son numerosos y si funcionan en el caso de los niños, la gente mayor sigue cargando con ellos en su edad adulta. Algunos de estos residuos implican amonestaciones como las siguientes:

«Papá no te va a querer si haces eso otra vez.»

«Deberías sentirte *avergonzado* por lo que has hecho.» (Como si eso te fuera a ayudar.)

«Bueno, muy bien, a fin de cuentas, yo sólo soy tu madre.»

A la persona adulta las implicaciones subyacentes en este tipo de frases pueden seguir con vigencia cuando desagrada a su jefe o a otras personas que sirven como imágenes paternales y maternales.

El intento persistente de lograr el apoyo de estas figuras está presente y en consecuencia, lo mismo sucede con la culpa cuando los esfuerzos fracasan.

La culpa residual también aflora en el sexo y en el matrimonio. Es fácil verlo en los múltiples remordimientos y en las excusas por comportamientos pasados. Estas reacciones de culpa se producen porque en la infancia el niño aprende a ser manipulado por los adultos y estas mismas reacciones pueden seguir funcionando en el hombre que ha dejado de ser niño para convertirse en adulto.

2. *Culpa autoimpuesta*: Esta segunda categoría de reacción culpable cubre una zona mucho más molesta. Aquí el individuo se siente inmovilizado por cosas que ha hecho recientemente pero que no tienen necesariamente que estar conectadas con algo que pasó en su infancia. Es la culpabilidad impuesta por sí mismo cuando

se infringe una norma adulta o un código moral adulto. El individuo puede sentirse mal durante mucho tiempo aunque el dolor nada puede hacer para cambiar lo que ha sucedido. Entre las culpas autoimpuestas más típicas está la de haber reñido con alguien y luego detestarse por haberlo hecho; o el sentirse emocionalmente nulo debido a algo que se ha hecho como haberse ido sin pagar en un negocio, no haber asistido a la iglesia, o haber dicho algo indebido.

De este modo, puedes considerar la culpa como una reacción a residuos de normas que te fueron impuestas y por las que aún estás tratando de complacer a alguna ausente figura de autoridad, o como resultado de tus esfuerzos por vivir a la altura de normas autoimpuestas que realmente no te convencen, pero sientes que debes contemporizar con ellas. En ambos casos, se trata de un comportamiento estúpido y lo que es más importante, inútil. Puedes seguir lamentándote hasta el fin de tus días, pensando en lo malo que has sido, y lo culpable que te sientes, y ni la más pequeña tajada de culpa podrá hacer algo para rectificar ese comportamiento. ¡Se acabó! Tu culpabilidad es una tentativa de cambiar la historia, de desear que las cosas no fueran como son. Pero la historia es así y tú no puedes hacer nada al respecto.

Lo que sí puedes hacer es empezar a cambiar tu actitud respecto a las cosas que te producen culpa. En nuestra cultura hay muchas venas de pensamiento puritano que nos envían mensajes de este calibre: «Si te diviertes, tendrías que sentirte culpable por ello». Muchas de tus propias reacciones de culpa autoimpuestas podrían encontrar su origen en este tipo de pensamiento. Quizás has aprendido a que no debes satisfacer tus gustos, o que no debes disfrutar de un chiste verde, o que no debes participar en cierto tipo de comportamientos sexuales. Si bien los mensajes represores son muy comunes en nuestra cultura, la culpa que sientes cuando te estás divirtiendo es puramente autoimpuesta.

Puedes aprender a disfrutar del placer sin sentirte culpable. Puedes aprender a verte a ti mismo como una persona que es capaz de hacer cualquier cosa integrada en su propio sistema de valores sin perjudicar a los demás. Y hacerlo sin sentir culpa. Si haces algo y te disgustas contigo mismo luego de haberlo hecho, puedes proponerte evitar ese tipo de comportamiento en el futuro.

Pero soportar una sentencia de culpa autoimpuesta es un «viaje» neurótico que te puedes evitar. La culpabilidad no sirve de ayuda para nada. Por el contrario, no sólo sirve para inmovilizarte sino que aumenta las posibilidades de que repitas el mismo comportamiento indeseado en el futuro. La culpa puede servir de retribución en sí misma y también de permiso para repetir el mismo comportamiento. Mientras retengas la posibilidad de retribución que significa el absolverte a ti mismo por medio de la culpabilidad, podrás seguir dando vueltas como un burro atado a la noria sin lograr nada a no ser la infelicidad del momento-presente.

TÍPICAS CATEGORÍAS Y REACCIONES
PRODUCTORAS DE CULPA

Culpa filial en niños de todas las edades

Una de las maneras de manipular a un niño por medio de la culpa para que haga algo podría ser más o menos como la que se usa en el ejemplo siguiente:

MADRE: Donny, trae las sillas del sótano porque vamos a comer en un momento.

NIÑO: Bueno mamá, en seguida voy; estoy mirando el partido y lo haré cuando se acabe este tiempo.

MENSAJE MATERNO PRODUCTOR-DE-CULPA: No importa entonces. Yo lo haré... con lo que me duele la espalda. Tú sigue disfrutando el partido.

Donny se imagina a su madre cayéndose por las escaleras con seis sillas sobre las espaldas. Y él es el responsable.

El tipo de mentalidad de «Yo me sacrifiqué por ti» es un productor-de-culpa sumamente eficiente. Aquí el padre o la madre pueden recordar los momentos difíciles cuando sacrificaron su propia felicidad a fin de que tú tuvieras algo. Cuando te recuerdan tus deudas, tú naturalmente te preguntas cómo puedes ser tan egoísta. Las referencias a los dolores del parto son uno de los ejemplos de esta actitud productora-de-culpa. «Sufrí dieciocho horas seguidas sólo para traerte a este mundo.» Otra frase muy eficiente es: «Si seguí casada con tu padre, fue por ti». Están tratando de hacerte sentir culpable por la infelicidad matrimonial de tu madre.

La culpa es uno de los métodos más eficientes que tienen los padres para manipular las acciones de los niños. «Está muy bien. Nosotros nos quedaremos aquí solos. Tú ve y diviértete como siempre lo has hecho. No te preocupes por nosotros.» Este tipo de comentario sirve mucho para conseguir que llames por teléfono o vayas de visita a menudo a casa de tus padres. Si le das vuelta ligeramente podrás oír algo así como: «¿Qué diablos te pasa? ¿Acaso te has roto el dedo y no puedes marcar un número de teléfono?». Los padres enchufan la máquina de la culpa y tú te comportas de acuerdo con ella, vale decir con rencor.

La táctica de «Nos dejaste avergonzados» es también muy útil. O: «¿Qué dirán los vecinos?». Se recurre a las fuerzas externas para hacerte sentir mal por lo que has hecho y para evitar que pienses por ti mismo. La táctica de «Si llegas a fracasar en algo nos dejarás avergonzados» es un ataque de culpabilidad que puede hacer casi imposible tu vida normal después de haber experimentado el más leve fracaso.

La enfermedad de uno de los padres es un superfabricante de culpa. «Has hecho que me suba la presión.» Alusiones a que «me estás matando» o «provocando un ataque al corazón» son muy eficientes a la vez que te culpabilizan por todas las dolencias típicas de la vejez. Necesitas hombros muy anchos para poder llevar este tipo de culpa puesto que puede durar toda una vida, literalmente, y si eres muy vulnerable, puedes incluso llegar a sentirte culpable de la muerte de uno de tus padres.

La culpa sexual impuesta por los padres es muy común. Todos los pensamientos o comportamientos sexuales son como campos fértiles para el cultivo de la culpa. «Dios no permita que te masturbes. Eso es malo.» Por medio de la culpa te pueden manipular para que adoptes la actitud sexual apropiada. «Debería darte vergüenza leer esas revistas. Ni siquiera deberías tener esos pensamientos.»

La culpabilidad puede estimular ciertos comportamientos socialmente correctos. «¡Cómo puedes dejarme avergonzada ante la abuela hurgándote la nariz en público!» «Olvidaste darle las gracias. Debería darte vergüenza o ¿es que quieres que nuestros amigos piensen que yo no te enseño nada?» No obstante, es posible ayudar al niño a tener un comportamiento social adecuado sin cargarlo de culpa. Una simple y directa explicación del porqué ese comportamiento es indeseable es un método más eficiente. Por ejemplo, si se le dice a Donny que sus interrupciones constantes son molestas y no dejan conversar a los mayores se habrá plantado en él la primera semilla evitando la culpa que acompaña a una frase como la siguiente: «Tú siempre interrumpes, debería darte vergüenza, es imposible hablar cuando tú estás cerca».

Y el sólo hecho de alcanzar la madurez no logra poner fin a la manipulación filial por medio de la culpa. Yo tengo un amigo que tiene cincuenta y dos años. Es un pediatra de origen judío casado con una cristiana. Aún mantiene en secreto su matrimonio por miedo a que si se lo dice a su madre «podría matarla», lo que en realidad significa que él siente que podría matarla. Mantiene un apartamento aparte con todos los enseres necesarios en una casa con el único propósito de recibir allí todos los domingos a su madre que tiene ochenta y cinco años. Ella no sabe que él es dueño de otra casa donde vive seis días a la semana. Él hace este pequeño juego por miedo y por la culpa que siente al estar casado con una «shiksa». Aunque es un hombre maduro en todos los aspectos y que ha triunfado ampliamente en su propio mundo profesional, sigue bajo el control de su madre. Todos los días la llama desde su oficina y vive con ella la fantasía del hijo soltero.

La culpabilidad asociada a los padres o a la familia es una de las estrategias más comunes para mantener a raya a la gente. Los ejemplos que di más arriba sólo son una pequeña muestra de la infinidad de frases y técnicas que sirven para ayudar al hijo o la hija a escoger la culpa (inmovilidad del momento-presente por un suceso del pasado) como tributo a la genealogía.

LA CULPABILIDAD RELACIONADA
AL CÓNYUGE O AMANTE

La culpabilidad por el «Si tú me quisieras» es una de las maneras eficaces de manipular a un amante. Esta táctica es particularmente útil cuando uno quiere castigar a su pareja por algo que ha hecho. Es como si el amor dependiera de un tipo de comportamiento determinado. Cada vez que alguien no está a la altura de lo que se espera de él se puede usar la culpa para hacerlo volver al redil. Tiene que sentirse culpable de no amar al otro.

Los resentimientos, los silencios pronunciados y las miradas doloridas son métodos muy útiles para provocar la culpa en los demás. «Yo no te voy a hablar, así aprenderás.» O «Ni te me acerques ¿cómo pretendes que te quiera después de lo que has hecho?» Ésta es una táctica muy usada en los casos en que uno de los amantes empieza a descarriarse.

A menudo, años después de ocurrido un incidente, uno de los cónyuges se lo recuerda al otro para ayudarlo a escoger la culpa del momento-presente. «No te olvides de lo que hiciste en 1951.» O «¿Cómo puedo tener confianza en ti cuando me fallaste entonces?» De esta manera uno de los miembros de la pareja puede manipular el presente del otro refiriéndose al pasado. Si uno de ellos ha logrado finalmente olvidarlo, el otro puede recordárselo periódicamente y así mantener al día sus sentimientos de culpa por comportamientos pasados.

La culpa es muy útil para conseguir que el *partenaire* en el amor se adapte a las demandas y normas del otro. «Si tuvieras algo de sentido de responsabilidad, me hubieras llamado.» O «Ésta es la tercera vez que he tenido que vaciar la basura, me imagino que simplemente te niegas a hacer tu parte». ¿La meta? ¿El fin de todo esto? Lograr que uno haga lo que quiere el otro. ¿El método? La culpabilidad.

LA CULPABILIDAD INSPIRADA POR LOS NIÑOS

El juego de la culpabilidad filial puede ser invertido. La culpa es una calle de dos vías y los niños son tan capaces de usarla para manipular a sus padres como ellos a sus hijos.

Si un niño se da cuenta de que sus padres no pueden soportar el verlo sufrir y que se sienten culpables de ser malos padres, el niño usará a menudo esta culpa para manipularlos. Una pataleta en el supermercado puede lograr el caramelo deseado. «El papá de Sally le deja hacerlo.» O sea que el papá de Sally es un buen padre y tú no. «Tú no me quieres. Si me quisieras, no me tratarías así.» Y el extremo: «Seguro que soy adoptado. Mis verdaderos padres no me tratarían así». Todas estas afirmaciones llevan el mismo mensaje: tú, como padre, deberías sentirte culpable por tratarme a mí, tu hijo, de esta manera.

Los niños, por supuesto, aprenden a usar este comportamiento destinado a producir sentimientos de culpabilidad en sus padres al observar cómo los adultos en su mundo lo usan para conseguir las cosas que ellos quieren. La culpa no es una manera natural de comportarse. Es una reacción emocional aprendida que sólo puede ser usada si la víctima le muestra al explotador que es vulnerable a ella. Los niños saben cuándo es posible manipular a un adulto. Si constantemente te recuerdan las cosas que hiciste o no hiciste por ellos con el fin de lograr lo que quieren, quiere decir que han aprendido el truco de la culpa. Si tus niños usan esas tácticas es que las han aprendido en alguna parte. Y lo más probable es que observándote a ti.

LA CULPABILIDAD INSPIRADA POR EL COLEGIO

Los maestros son originadores superlativos de culpabilidad, y los niños, ya que son muy sugestionables, son también muy fáciles de manipular. Éstos son algunos de los mensajes de culpa que perturban la felicidad del momento presente de la gente joven:

«Qué desilusión se va a llevar de ti tu mamá.»
«Debería darte vergüenza... Sacar un insuficiente un niño inteligente como tú.»
«¿Cómo puedes hacer sufrir así a tus padres, después de todo lo que han hecho por ti? ¿No sabes la ilusión que tienen de que vayas a Harvard?»
«Fallaste el examen porque no estudiaste, ahora te fastidias.»

A menudo se usa la culpabilidad en los colegios para hacer que los niños aprendan ciertas cosas o se comporten de una manera especial. Y recuerda que aunque seas una persona mayor aún sigues siendo un producto de esos colegios.

OTRAS INSTITUCIONES
CAUSANTES DE CULPABILIDAD

La mayor parte de las prisiones operan sobre la teoría de la culpabilidad. Si una persona pasa bastante tiempo pensando en lo malo que ha sido, gracias a la culpa llegará a ser una persona mejor. Las sentencias de cárcel por delitos no violentos, como pueden ser las evasiones de impuestos, violaciones de tráfico, infracciones civiles y faltas por el estilo son ejemplos de este tipo de mentalidad. El hecho de que un gran porcentaje de los internados vuelva a cometer infracciones a la ley no ha hecho nada para modificar o poner en tela de juicio esta creencia.

Quédate encerrado en la cárcel y sufre lo que has hecho. Este procedimiento es tan caro e inútil que resulta difícil, casi imposible, explicarlo con lógica. La explicación ilógica por supuesto, es que la *culpa* es una parte tan integral de nuestra cultura que se ha convertido en la columna vertebral de nuestro código criminal. En vez de hacer que los infractores de la ley civil ayuden a la sociedad o paguen sus deudas, tratan de reformarlos por medio de encarcelamientos productores-de-culpa que no benefician a nadie y menos aún al culpable. No hay sentimiento de culpa por grande que sea que pueda alterar el comportamiento pasado. Peor aún, las cárceles no son los sitios más apropiados para aprender las diversas posibilidades legales de elección. Por el contrario, fomentan una repetición del delito al amargar al preso. (La práctica de encarcelar a los criminales peligrosos para proteger a los demás es otra cosa y aquí no trataremos ese tema.)

En nuestra sociedad, la práctica de dar propina ha venido a reflejar, no que el servicio o la atención es de buena calidad, sino el grado de culpabilidad de la persona beneficiaria del servicio. Los camareros y camareras eficientes, los chóferes de taxi, botones y otros empleados domésticos se han dado cuenta de que la mayoría de la gente no puede enfrentarse con el sentimiento de culpabilidad que les produce el no comportarse correctamente, y que darán la propina establecida sin que esto tenga relación alguna con la calidad del servicio recibido. Así pues el gesto ostentoso de la mano estirada, los comentarios desagradables y las miradas intencionadas están destinados a producir un sentimiento de culpabilidad y seguidamente, lo más rápido posible, la gran propina.

El ser desordenado, el fumar y otros comportamientos inaceptables por el estilo pueden ser motivos de culpa. Si por ejemplo dejaste caer un cigarrillo o un vaso de papel, la mirada severa de un extraño puede sumirte en paroxismos de culpabilidad por haberte comportado de una manera torpe. En vez de sentirte culpable por algo que ya hiciste, ¿por qué no decides más bien no volver a comportarte de una manera antisocial o torpe?

Los regímenes para adelgazar son una actividad cargada de culpa. El que está haciendo dieta, se come un caramelo y se siente culpable todo un día recordando su debilidad de un momento. Si estás tratando de perder peso y caes en comportamientos contraproducentes, puedes aprender de ellos y hacer lo posible para ser más eficiente en tu momento-presente. Pero el sentirse culpable y lleno de autorreproches es una pérdida de tiempo, pues si te sientes así durante mucho tiempo es muy probable que volverás a comer en exceso como una manera de salirte de tu dilema, una manera neurótica por cierto.

LA CULPABILIDAD EN LAS RELACIONES SEXUALES

Quizás el sexo sea la actividad que más culpa produce en nuestra sociedad. Ya hemos visto cómo los padres engendran culpa en los niños por hechos o pensamientos relacionados con el sexo. Y los adultos no se sienten menos culpables en los asuntos del sexo. La gente se introduce subrepticiamente en las salas en que se proyectan películas pornográficas para que los demás no vean lo depravados que son. Mucha gente no quiere reconocer que disfrutan con ciertas prácticas sexuales como puede ser el sexo oral y se sienten culpables de sólo pensar en ello. Las fantasías sexuales son también productoras muy eficientes de culpa. Muchas personas se sienten incómodas por tener tales pensamientos y niegan su existencia en privado, o incluso en sus sesiones de terapia. En efecto, si yo tuviese que localizar un centro para la culpabilidad en el cuerpo humano, lo pondría en el sexo.

Esta es sólo una pequeña lista de las influencias culturales que conspiran para impulsarte a escoger la culpa. Ahora echemos una mirada a las retribuciones psicológicas del sentimiento de culpabilidad. No te olvides que sea cual sea el dividendo éste será siempre autofrustrante y recuérdalo la próxima vez que prefieras la culpa a la libertad.

LAS RETRIBUCIONES PSICOLÓGICAS
DE LA ELECCIÓN DE LA CULPABILIDAD

He aquí las razones más básicas para escoger el desperdiciar tu presente sintiéndote culpable por cosas que hiciste o dejaste de hacer en el pasado.

• Si absorbes tus momentos presentes sintiéndote culpable por algo que ya sucedió, no tendrás que emplear tu momento actual en actividades eficientes y provechosas. Simplemente, como muchos comportamientos autofrustrantes, la culpa es una técnica de evasión que sirve para impedir que trabajes por ti mismo y en ti mismo en el momento presente. Así trasladas tu responsabilidad por lo que eres o no eres ahora a lo que eras o dejabas de ser en el pasado.

• Al trasladar tu responsabilidad hacia atrás, no sólo evitas el trabajo pesado que significa cambiarte a ti mismo ahora, sino también los riesgos que acompañan dicho cambio. Es más fácil inmovilizarse con sentimientos de culpa por los sucesos del pasado que emprender la senda llena de riesgos que lleva a crecer y desarrollarse en el presente.

• Existe la tendencia a creer que si te sientes lo suficientemente culpable, a la larga quedarás exonerado de tu mal comportamiento. Esta retribución de perdón es la base de la mentalidad carcelaria que describimos arriba, por lo cual el preso paga sus pecados sintiéndose terriblemente mal durante un largo período de tiempo. Cuando más grande haya sido el delito, más largo será el período que se necesite para lograr el perdón.

• La culpabilidad puede ser el medio de volver a la seguridad de la niñez; un período cómodo en el que otros tomaban las decisiones en tu nombre y se ocupaban de ti. En vez de hacerte cargo de ti mismo en el presente, confías en los valores de los otros en tu pasado. Y una vez más la retribución radica en sentirse protegido del peligro de hacerte cargo de tu propia vida.

• La culpa es una manera muy útil de transferir la responsabilidad de tu comportamiento hacia los demás. Es fácil enfurecerse con los demás por la manera en que te manipulan, y trasladar el enfoque de la culpa de ti mismo hacia esas otras personas terribles que son tan poderosas que pueden hacerte sentir lo que quieran, incluso culpable.

• A menudo puedes ganarte la aprobación de la gente, incluso cuando está de acuerdo con tu conducta, simplemente sintiendo culpa por ese comportamiento. Puedes haber hecho algo que transgreda las normas establecidas, pero al sentirte culpable estás demostrando que sabes muy bien cómo debes comportarte y que estás haciendo lo posible por adaptarte.

• La culpa es una espléndida manera de ganarse la compasión de la gente. Y no importa si el deseo de compasión demuestra claramente que tienes una pobre idea de ti mismo. En este caso prefieres que los demás sientan pena por ti en vez de amarte y respetarte a ti mismo

Ahí tienes los dividendos más notorios que podrás lograr si te aferras a la culpa. La culpa, como todas las emociones autoanulantes, es una elección, algo que puedes controlar. Si no te gusta y prefieres deshacerte de ella para quedarte completamente «libre-de-culpa» he aquí algunas estrategias que te servirán para borrar por completo el pizarrón de tu culpa.

ALGUNAS ESTRATEGIAS
PARA ELIMINAR LA CULPABILIDAD

• Empieza a mirar el pasado como algo que jamás puede modificarse, sientas lo que sientas respecto a él. ¡Se acabó! Y cualquiera que sea la culpa que escojas, no te servirá para cambiar el pasado. Graba esta frase en tu conciencia: «Mi sentimiento de culpabilidad no cambiará el pasado ni hará que yo sea una persona mejor». Este tipo de enfoque te ayudará a diferenciar la culpabilidad del conocimiento que puedas arrancar al pasado.

• Pregúntate a ti mismo lo que estás evitando en el presente por culpa del pasado. Al trabajar en este sentido, eliminarás la necesidad de la culpa.

Un paciente mío que llevaba un tiempo comprometido en una relación extramatrimonial nos brinda un buen ejemplo de esta clase de eliminación de culpa. El hombre decía que se sentía culpable de tener esta relación, pero seguía dejando a su mujer una vez por semana para ir a ver a su amante. Le hice notar que la culpa de la que hablaba era un sentimiento, completamente inútil. No hacía que su matrimonio mejorara y evitaba que disfrutara de la relación con su amante. Podía elegir una de dos cosas. Podía reconocer que dedicaba su presente a sentirse culpable porque le era más fácil que examinar de cerca su matrimonio y hacer algo por él y por sí mismo.

O podría aprender a aceptar su comportamiento. Podía reconocer que aceptaba las exploraciones sexuales extramatrimoniales y darse cuenta de que su sistema de valores incluía ciertos comportamientos que eran censurados por mucha gente. En cualquiera de los dos casos, él elegiría eliminar la culpa y cambiar o aceptarse a sí mismo.

• Empieza a aceptar en ti mismo cosas que tú has escogido pero que le pueden disgustar a cierta gente. Así, si tus padres, jefe, vecinos, o incluso tu cónyuge, toman una posición contraria a la tuya en algo puedes pensar que es muy natural, acuérdate lo que dijimos anteriormente respecto a la búsqueda-de-aprobación. Es necesario que te apruebes a ti mismo; la aprobación de los demás es agradable pero no viene al caso. Cuando logres no necesitar aprobación, desaparecerá la culpa que puedes sentir por el comportamiento que no obtiene la aprobación de los demás.

• Escribe un diario de culpas y apunta todas las ocasiones en que te sientes culpable, anotando cuidadosamente por qué, cuándo y con quién sucede y lo que estás perdiendo en el presente al angustiarte por el pasado. El diario te podrá dar sin duda algunas percepciones internas de tu zona de particular culpabilidad.

• Reconsidera tu sistema de valores. ¿Cuáles son los valores que realmente aceptas y cuáles los que solamente finges aceptar? Haz una lista de todos estos valores falsos y decide vivir según un código ético determinado por ti mismo y no por uno impuesto por otra gente.

• Haz una lista de todas las maldades que has hecho en tu vida. Impone clasificaciones de culpa para cada una en una escala de valores que vaya del uno al diez. Suma los resultados y constata si hoy te importa que la diferencia sea de cien o un millón. El momento presente sigue siendo el mismo y toda tu culpabilidad no es más que una actividad desperdiciada.

• Evalúa las verdaderas consecuencias de tu comportamiento. En vez de buscar sentimientos místicos para determinar las afirmaciones y las negaciones en tu vida, determina tú mismo si los resultados de tus actos han sido agradables y productivos para ti.

• Trata de enseñarle a las personas que tienen que ver con tu vida y que tratan de manipularte por medio de la culpa de que tú eres muy capaz de enfrentarte con las desilusiones que les provoque tu comportamiento. Si mamá empieza con su escena de culpa, «Tú no hiciste eso» o «Yo iré a buscar las sillas, tú quédate sentado ahí», aprende a contestarle de distinta manera, por ejemplo: «Muy bien mamá, si quieres lastimarte la espalda por unas sillas sólo porque no puedes esperar unos minutos, supongo que no puedo hacer nada para evitarlo». El resultado tardará en llegar pero el comportamiento de aquella gente empezará a cambiar cuando vean que no te pueden forzar a sentirte culpable. Una vez que logres desconectar la culpa, la posibilidad de manipularte y de controlarte emocionalmente habrá desaparecido para siempre.

• Haz algo que sabes muy bien que te hará sentir culpable. Cuando vayas a un hotel y te indican un botones para que te acompañe a una habitación que fácilmente podrás encontrar tú sólo con tu pequeña maleta, di que no lo necesitas. Si no te hace caso dile a este compañero indeseado que está perdiendo su tiempo y su energía ya que tú no le darás propina por un servicio que no deseas. O tómate una semana para estar sólo como siempre has querido hacerlo, a pesar de las protestas culpabilizantes de los demás miembros de la familia. Este tipo de comportamiento te ayudará a enfrentarte con la culpa omnipresente que tantos sectores de nuestro entorno te ayudan a elegir con tanta eficiencia.

• El diálogo siguiente representa un ejercicio de interpresentaciones en una sesión de psicoterapia de grupo que yo dirigía, en la que una chica joven (de 23 años) se enfrentaba con su madre (representada por otro miembro del grupo) porque quería irse de casa. La madre usaba todas las posibles respuestas productoras-de-culpa para evitarlo. Este diálogo fue el resultado final de una hora de enseñarle a la hija cómo capear las frases productoras-de-culpa de su madre.

HIJA: Mamá, me voy de casa.

MADRE: Si lo haces me dará un ataque al corazón; tú sabes lo delicada que estoy y cuánto te necesito para que me ayudes con la medicina y todo lo demás.

HIJA: Estás preocupada por tu salud y crees que no te las puedes arreglar sin mí.

MADRE: Claro que no. Mira, yo he sido buena contigo todos estos años y ahora me abandonas. Si eso es todo lo que te importa tu madre, hazlo, sigue adelante.

HIJA: Tú crees que porque me ayudaste de niña yo debería pagarte quedándome aquí y no ser independiente y vivir por mi cuenta.

MADRE: (Cogiéndose el pecho.) Ahora mismo estoy con taquicardia. Creo que me voy a morir. Me estás matando, eso es lo que estás haciendo.

HIJA: ¿Quieres decirme algo antes de irme?

En este diálogo la hija se niega a rendirse ante los evidentes productores de culpa que le ofrece su madre. Esta muchacha había sido una verdadera esclava de su madre y todos los esfuerzos que había hecho antes para irse de su casa y establecerse por su cuenta habían chocado con ese tipo de retórica culpabilizante. La madre estaba dispuesta a hacer cualquier cosa para conseguir a su hija y ésta tenía que aprender nuevas respuestas, o resignarse a ser la esclava de su madre y de su culpa por el resto de sus días. Toma nota cuidadosamente de las respuestas de la hija. Todas empiezan con referencias a su madre responsabilizándola por sus propios sentimientos. Al decir «Tú sientes» en vez de «Yo siento» se disminuye el potencial de culpa con mucho tino.

La culpabilidad en nuestra cultura es una herramienta útil para manipular a los demás y una inútil pérdida de tiempo. La preocupación, la otra cara de la moneda, es desde el punto de vista del diagnóstico, idéntica a la culpa, pero está enfocada exclusivamente hacia el futuro y a todas las cosas terribles que *podrían* llegar a suceder.

OBSERVACIONES RESPECTO A LA PREOCUPACIÓN

¡No hay de qué preocuparse! ¡Absolutamente nada! Puedes pasarte el resto de tu vida, empezando ahora mismo, preocupado por el futuro, y por mucho que te preocupes, no cambiarás nada. Recuerda que la preocupación ha sido definida como el sentimiento que te inmoviliza en el presente por cosas que pueden llegar a suceder en el futuro. Debes tener cuidado en no confundir la preocupación con el hacer planes para el futuro. Si estás haciendo planes para el futuro y la actividad del momento-presente puede contribuir a que ese futuro sea mejor esto no es preocupación. Sólo es preocupación cuando de alguna manera te encuentras inmovilizado en el presente por algún acontecimiento que puede suceder en el futuro.

Así como nuestra sociedad alienta y da alas a la culpa, también fomenta la preocupación. Una vez más todo empieza con la falacia de parangonar la preocupación con el amor. Si quieres a alguien, es el mensaje, debes preocuparte por él. Oirás frases como «Por supuesto que estoy preocupado por ella; es natural cuando quieres a alguien» o «No puedo dejar de preocuparme porque te quiero». Así pruebas tu amor preocupándote suficientemente en el momento apropiado.

La preocupación es endémica en nuestra cultura. Casi todo el mundo pierde una increíble cantidad de momentos presentes preocupándose por el futuro. Y todo ello no sirve para nada. Ni un solo momento de preocupación logrará mejorar las cosas. Peor aún, es muy posible que la preocupación anule tu eficacia en el presente. Más aún, la preocupación no tiene nada que ver con el amor que debe ser una relación en la que cada persona tiene el derecho de ser lo que elige ser sin condiciones impuestas por la otra persona.

Imagínate que estás en el año 1860 al principio de la Guerra de Secesión. El país se moviliza para la guerra y hay aproximadamente treinta y dos millones de personas en los Estados Unidos. Cada una de estos treinta y dos millones de personas tiene miles de cosas en que preocuparse y pasan muchos momentos presentes angustiados por el futuro. Se preocupan por la guerra, el precio de los alimentos, las inundaciones, la economía, por las mismas cosas que siguen preocupándote hoy en día. En 1975, unos 115 años más tarde, todos esos que tanto se preocupaban están muertos y si sumamos todas sus preocupaciones, veremos que ni esa inmensa cantidad de preocupación logró cambiar ni un momento de lo que ahora es historia. Lo mismo es cierto en lo que respecta a los momentos en que más te has preocupado por el futuro. Cuando la tierra esté poblada por un personal completamente diferente, ¿crees que alguno de tus momentos de preocupación habrán logrado cambiar algo, hacer que algo sea distinto a lo que fue? No. ¿Y alguno de esos momentos de preocupación hacen que las cosas sean distintas hoy en día, en el sentido de cambiar las cosas que te preocupan? Otra vez, no. Entonces ésta es una de las zonas que debes ordenar, puesto que estás desperdiciando esos preciosos momentos presentes en comportamientos que no te brindan retribuciones positivas.

Gran parte de tu preocupación se refiere a cosas sobre las que no tienes absolutamente ningún control. Puedes preocuparte todo lo que quieras sobre la guerra, o la economía, o posiblemente las enfermedades, pero la preocupación no nos traerá la paz ni la prosperidad ni buena salud. Como individuo, tienes muy poco control sobre cualquiera de esas cosas. Además, la catástrofe que tanto te preocupa a menudo resulta ser menos horrible en la realidad de lo que fue en tu imaginación.

Yo traté a Harold, que tenía cuarenta y siete años, durante varios meses. Estaba preocupado porque podían despedirlo de su trabajo y entonces no podría mantener a su familia. Era un ser compulsivo que se preocupaba compulsivamente. Empezó a perder peso, no podía dormir y enfermaba a menudo. En las sesiones de terapia, hablamos sobre la inutilidad de la preocupación y sobre el modo que podía elegir para estar contento. Pero Harold era un preocupado de verdad y sentía que era su diaria responsabilidad el preocuparse por los desastres que podían ocurrir. Finalmente, después de angustiarse durante meses, recibió su notificación de despido y se quedó sin empleo por primera vez en su vida. Al cabo de tres días, encontró otro trabajo que no sólo era mejor pagado sino que le brindaba muchas más satisfacciones. Había usado su fuerza compulsiva para encontrar el nuevo empleo. La búsqueda fue rápida y sin tregua. Y toda su preocupación anterior resultó inútil. Su familia no se murió de hambre y Harold no se desplomó. Como la mayor parte de los cuadros sombríos de nuestra imaginación, el cambio resultó más beneficioso que terrible. Harold experimentó en carne propia la inutilidad de la preocupación, aprendió de primera mano lo inútil que resulta preocuparse y ha empezado a adoptar una actitud más despreocupada para su vida.

En un ensayo muy inteligente y divertido publicado por *The New Yorker*, titulado «Busca lo Imbuscable», Ralph Shoenstein hace una sátira de la preocupación:

¡Menuda lista! ¡Algo viejo y algo nuevo, algo cósmico y sin embargo algo trivial también, pues el preocupado creativo debe siempre combinar lo pedestre con lo inmemorial. Si se apaga el sol, ¿podrán los METS[8] cumplir todos sus compromisos nocturnos?

Si reviven algún día a los seres humanos que han sido congelados criogénicamente, ¿tendrán que volver a inscribirse en el registro electoral?

Y si desaparece el dedo pequeño del pie, ¿valdrán menos los goles en la Liga Nacional de Fútbol?[9]

8. Se refiere a un equipo de béisbol. (*N. de la T.*)
9. Ralph Shoenstein, «Busca lo Imbuscable», *The New Yorker*, 3 de febrero 1975.

Puede que seas de los que se preocupan como profesionales de la preocupación, produciendo todo tipo de *stress* innecesario y de ansiedad en tu vida a consecuencia de las opciones que haces por el hecho de preocuparte por todo tipo de cosas. O puede que seas uno de los angustiados de talla menor que se preocupa sólo de sus propios problemas. La lista siguiente presenta las respuestas más comunes a la pregunta «¿Qué es lo que te preocupa?»

TÍPICOS COMPORTAMIENTOS DE PREOCUPACIÓN EN NUESTRA CULTURA

Reuní los datos siguientes de un grupo de unas doscientas personas que asistieron a una conferencia una tarde. Los denomino «la hoja de la preocupación», y puedes darte «puntajes de preocupación» parecidos a los «puntajes de culpa» de los que hablamos antes. No están colocados en orden de frecuencia o importancia. Las oraciones entre paréntesis representan los tipos de frases que justifican la preocupación.

TU LISTA DE PREOCUPACIONES

Yo me preocupo de...

1. *Mis hijos.* («Todo el mundo se preocupa de sus hijos, no sería muy buen padre si no me preocupara de mis hijos, ¿no es verdad?»)
2. *Mi salud.* («Si no te preocupa tu salud, te puedes morir en cualquier momento.»)
3. *La muerte.* («Nadie quiere morirse. La muerte preocupa a todos.»)

4. *Mi trabajo.* («Si no te preocupa tu trabajo, puedes perderlo.»)

5. *La economía.* («Alguien tiene que preocuparse; al presidente parece que no le importa nada.»)

6. *Un ataque al corazón.* («A todo el mundo le da un ataque al corazón, ¿no es cierto?» «El corazón se te puede detener en cualquier momento».)

7. *La seguridad.* («Si no te preocupa la seguridad puedes terminar en un asilo o viviendo de la caridad pública.»)

8. *La felicidad de mi marido o mujer.* («Dios sabe lo que me preocupa su felicidad, aunque no me lo reconozcan.»)

9. *¿Estaré haciendo bien las cosas?* («Siempre me preocupa hacer las cosas bien, y así estoy tranquilo.»)

10. *Tener un niño sano si estás embarazada.* («Todas las futuras mamás se preocupan de eso.»)

11. *Precios.* («Alguien se tiene que preocupar por los precios antes que suban tanto que desaparezcan de nuestra vista.»)

12. *Accidentes.* («A mí siempre me preocupa que mi mujer/marido o mis hijos puedan sufrir un accidente; es natural ¿no es cierto?»)

13. *Lo que piensan los demás.* («Me preocupa que mis amigos no me quieran.»)

14. *Mi peso.* («Nadie quiere ser gordo; por tanto es natural que me preocupe la posibilidad de recuperar el peso que perdí.»)

15. *Dinero.* («Nunca nos alcanza el dinero, y me preocupa que algún día no tendremos nada y tendremos que vivir de la caridad o del estado.»)

16. *Que se me estropee el coche.* («Es un cacharro viejo y voy en él por la autopista y por supuesto que me preocupa pensar que puede tener una avería y lo que pasaría si la tuviera.»)
17. *Mis cuentas.* («Todo el mundo se preocupa de pagar sus cuentas. Uno no sería humano si no se preocupara de pagar sus cuentas.»)
18. *La muerte de mis padres.* («No sé qué haría si se murieran mis padres; me enfermo de sólo pensarlo. Me preocupa quedarme solo y creo que no podría arreglármelas.»)
19. *Irme al Cielo o ¿qué pasa si no hay Dios?* («No puedo soportar la idea de que no haya nada.»)
20. *La meteorología.* («Hago planes para salir de picnic y de repente llueve. Me preocupa que no haya nieve si vamos a esquiar.»)
21. *Envejecer.* («Nadie quiere envejecer y, no me tomes el pelo, a todo el mundo le preocupa.»)
22. *Viajar en avión.* («Se oye hablar de tantos accidentes.»)
23. *La virginidad de mi hija.* («A todo padre que quiere a su hija le preocupa que puedan hacerla sufrir o que se meta en algún lío.»)
24. *Hablar en público.* («Me paralizo cuando tengo que hablar ante mucha gente y me muero de preocupación antes de hacerlo.»)
25. *Cuando mi cónyuge no me llama.* («A mí me parece normal preocuparse cuando uno no sabe dónde está la persona que ama, o de si tiene algún problema.»)
26. *Ir a la ciudad.* («Quién sabe lo que va a pasar cada vez que uno va a esa jungla. A mí me preocupa cada vez que voy» «Siempre me preocupa conseguir un sitio para el coche.»)

Y quizás el más neurótico de todos...

27. *No tener nada de qué preocuparse.* («Simplemente no me puedo quedar tranquilo cuando todo parece andar sobre ruedas. Me preocupa no saber lo que va a pasar.»)

Ésta es la hoja de preocupaciones colectiva en nuestra cultura. Puedes darle puntajes de preocupación a los que te parecen más aplicables a tu caso, sumar el total, y no importa cuál sea el resultado, siempre será cero. El párrafo siguiente ilustra el alcance de la preocupación en nuestro mundo. Está sacado de un artículo del *Newsday* (3 de mayo, 1975) que trataba sobre el seguro de accidentes hospitalarios.

West Islip.— Dos funcionarios del Consejo del Hospital de Nassau-Suffolk advirtieron ayer al público que los que están *preocupados* por los problemas que puede crear la crisis del seguro de accidentes (si los médicos dejan de atender a los pacientes totalmente o atienden sólo los casos de emergencia) no se han *preocupado* lo suficiente.

Esto es un llamamiento para que la gente pase más tiempo preocupada por un problema determinado. ¿Cómo es posible que siquiera se publique una nota de este tipo? La respuesta es que nuestra cultura da más importancia a la preocupación que a la acción. Si todos los que tienen algo que ver con el asunto se preocuparan mucho más, quizá podría llegar a solucionarse el problema.

Para eliminar la preocupación es necesario comprender la razón que la respalda. Si la preocupación tiene importancia en tu vida, puedes estar seguro que tiene muchos antecedentes históricos en que apoyarse. Pero

¿cuáles son las retribuciones? Las retribuciones son muy similares a los dividendos neuróticos que te proporciona la culpa, ya que tanto la culpa como la preocupación son comportamientos autoanulantes que únicamente varían en un sentido temporal. La culpa está enfocada en el pasado; la preocupación en el futuro.

LAS RETRIBUCIONES PSICOLÓGICAS
DE LA PREOCUPACIÓN

• La preocupación es una actividad del momento presente. De este modo, si gastas tu vida actual inmovilizado por la preocupación que te inspira el futuro, puedes evitar el presente y lo que en él haya de amenaza. Por ejemplo, yo pasé el verano de 1974, en Karamursel, Turquía, dando clases y escribiendo un libro sobre psicoterapia. Mi hija, que tenía siete años en aquel entonces, se había quedado en Estados Unidos con su madre. Y a pesar de que me encanta escribir, encuentro que es una labor difícil y muy solitaria que requiere mucha autodisciplina. Cuando me sentaba frente a mi máquina de escribir con el papel en su sitio y los márgenes puestos, me daba cuenta de pronto que mis pensamientos habían volado hacia la pequeña Tracy Lynn. ¿Qué pasará si sale a andar en bicicleta por la calle y no mira por dónde va? Espero que la estarán vigilando si está en la piscina porque ella es bastante descuidada. Sin darme cuenta había pasado una hora y yo la había gastado preocupándome. Y todo en vano por supuesto. Pero ¿era realmente en vano? Mientras pudiese gastar todos mis momentos presentes preocupándome, no tenía que luchar con las dificultades que se me presentaban cuando trataba de escribir. Y ésta era una retribución estupenda realmente.

- Puedes evitar tener que correr riesgos usando tus preocupaciones como excusa para inmovilizarte. ¿Cómo vas a poder actuar si estás preocupado con tu problema del momento presente? «No puedo hacer absolutamente nada; estoy tan preocupado.» Ésta es una queja muy común que te mantiene inmóvil evitando el riesgo que significa la acción.

- Puedes autodenominarte como una *persona cariñosa o amante* porque te preocupas por los demás. La preocupación demuestra que eres un buen padre, una buena esposa o lo que seas. Es un dividendo estupendo pero malsano y que carece de lógica.

- Las preocupaciones son muy útiles para justificar ciertos comportamientos autofrustrantes. Si eres gordo, seguro que comes de más cuando estás preocupado, por lo que tienes una razón estupenda para aferrarte al comportamiento angustioso producido por las preocupaciones. Igualmente, verás que fumas más en situaciones difíciles y puedes usar tu angustia y tu preocupación para no dejar de fumar. Este mismo sistema de retribución neurótica es aplicable a otras zonas como el matrimonio, el dinero, la salud y cosas por el estilo. La preocupación te ayuda a evitar el cambio. Es más fácil preocuparse por los dolores que tienes en el pecho que correr el riesgo de averiguar la verdad y consecuentemente tener que habértelas contigo mismo.

- Las preocupaciones impiden que vivas tu vida. Los angustiados se quedan quietos preocupándose por todo mientras las personas activas y positivas tienen la necesidad de moverse. La preocupación es un recurso muy hábil que sirve para mantenerte inactivo y ciertamente es mucho más fácil angustiarse aunque menos estimulante y agradable, que ser una persona activa comprometida con las cosas.

- Las preocupaciones pueden provocar úlceras, hipertensión, calambres, dolores de cabeza, dolores de espalda y muchas dolencias por el estilo. Y aunque éstas no parecen retribuciones, obtienen como resultado mucha atención de parte de la demás gente y también mucha autocompasión. Y mucha gente prefiere ser compadecida que realizarse.

Ahora que comprendes cuál es el sistema psicológico de apoyo que está detrás de tu preocupación, podrás empezar a proyectar algunos esfuerzos estratégicos que te servirán para deshacerte de los molestos microbios de la preocupación que se incuban en esta zona errónea.

ALGUNAS ESTRATEGIAS PARA ELIMINAR LA PREOCUPACIÓN

• Empieza a ver tus momentos presentes como un tiempo para vivir en vez de obsesionarte por el futuro. Cuando te pilles angustiándote, pregúntate a ti mismo: «¿De qué me estoy evadiendo al gastar este momento en preocupaciones?». Entonces empieza a atacar lo que estás evitando o lo que sea que te impulsa a evadirte. El mejor antídoto para la preocupación es la acción. Un paciente mío muy propenso a la angustia, me relató uno de sus últimos triunfos al respecto. Durante su estadía en un lugar de veraneo, entró en una sauna una tarde. Allí se encontró con un señor que simplemente no podía tomarse unas vacaciones y olvidarse de sus problemas. Este señor habló largo y tendido sobre todas las cosas que debían preocupar a mi paciente. Habló de la Bolsa, pero dijo que no había que preocuparse de las fluctuaciones de corto alcance. Dentro de seis meses habría un colapso total y eso sí que era para preocuparse. Mi paciente se enteró bien de cuáles eran las cosas de las que tendría que preocuparse y se fue. Jugó al tenis durante una hora, disfrutó jugando al fútbol con unos niños un rato, participó con su esposa en un campeonato de ping pong en el que ambos se divirtieron muchísimo y finalmente unas tres horas más tarde volvió al vestuario a ducharse. Su nuevo amigo seguía allí angustiándose, y empezó inmediatamente a enumerar una serie de cosas más que merecían preocupación. Mientras tanto mi cliente había pasado sus momentos presentes estimulantemente vivo, mientras que el otro había consumido los suyos preocupado por diferentes asuntos. Y ninguno de los dos tuvo ninguna influencia sobre los valores de la Bolsa.

• Reconoce lo absurdo que resulta la preocupación. Pregúntate a ti mismo una y otra vez: «¿Habrá algo que llegue a cambiar como resultado de mi preocupación?».

• Date a ti mismo períodos cada vez más cortos de «tiempos-de-preocupación». Dedica diez minutos por la mañana y diez por la tarde para preocuparte; considéralos como tus segmentos de preocupación. Usa esos períodos para angustiarte por todos los posibles desastres que te quepan en ese espacio de tiempo. Entonces, usando tu habilidad para controlar tus propios pensamientos, posterga cualquier posible preocupación hasta que te llegue el próximo «tiempo-de-preocupación». Rápidamente te darás cuenta de lo disparatado que es emplear el tiempo de esta manera y a la larga eliminarás totalmente tu zona de preocupación.

• Haz una lista de preocupaciones anotando todas las cosas que te preocupaban ayer, la semana pasada e incluso el año pasado. Verifica si tus preocupaciones hicieron algo por ti. Averigua también si algunas de las cosas que te preocupaban llegaron a suceder. Pronto te darás cuenta de que la preocupación es una actividad doblemente inútil y vana. No hace nada para modificar el futuro. Y la posible catástrofe resulta a menudo muy inferior a lo esperado e incluso un hecho beneficioso cuando sucede.

- *¡Preocúpate sin más!* Trata de demostrarlo cuando sientas que estás a punto de preocuparte. Esto es, detente, dirígete a alguna persona y le dices: «Míreme, estoy a punto de preocuparme». La otra persona no sabrá qué decir, se sentirá completamente confundida ya que tú probablemente no sabrás cómo demostrar eso que haces tan bien.

- Hazte a ti mismo esta pregunta eliminadora-de-preocupaciones: «¿Qué es lo peor que me puede pasar a mí (o a ellos) y qué posibilidades hay de que ocurran?». Descubrirás de esta manera el absurdo de las preocupaciones.

- Escoge deliberadamente un comportamiento que esté en conflicto con tus zonas habituales de preocupación. Si eres de los que ahorra compulsivamente para el futuro, preocupándole siempre de si tendrá suficiente dinero para el día de mañana, empieza a usar tu dinero hoy mismo. Haz como el tío rico que escribió en su testamento: «Gozando de excelente salud física y mental, gasté todo mi dinero en vida».

- Empieza a abordar tus miedos con pensamientos y comportamientos productivos. Hace poco una amiga mía pasó una semana en una isla cerca de la costa de Connecticut. A esta mujer le encanta hacer largos paseos y muy pronto descubrió que la isla estaba llena de perros que habían dejado en libertad. Decidió que lucharía con su miedo y preocupación de que la mordieran o incluso de que la hicieran pedazos, el desastre total y definitivo. Llevaba una piedra en el bolsillo (seguro contra accidentes) y decidió no dar muestras de miedo cuando se le acercaran los perros. Incluso rehusó disminuir la marcha cuando los perros empezaban a gruñir y se dirigían hacia ella. Y los perros al ver que alguien rehusaba asustarse ante sus embates, desistían y se alejaban corriendo. Yo no estoy abogando por una conducta que puede resultar peligrosa, pero creo que plantar cara en forma positiva al miedo o la preocupación puede ser la mejor manera de hacerla desaparecer de tu vida.

Ésas son algunas técnicas que te pueden servir para eliminar la preocupación de tu vida. Pero el arma más eficiente que puedes tener para terminar con la preocupación es tu propia determinación de borrar este comportamiento neurótico de tu vida.

ÚLTIMOS PENSAMIENTOS SOBRE LA CULPA Y LA PREOCUPACIÓN

El momento presente es la clave para comprender tus actividades de culpa y preocupación. Aprende a vivir ahora, en el presente, y a no desperdiciar tus momentos actuales en pensamientos inmovilizantes sobre el pasado o el futuro. No hay otro momento en el que sea posible vivir más que el presente, el ahora, y todas tus preocupaciones y culpas tan inútiles se hacen en el ilusivo momento presente.

En *Alicia en el país de las maravillas*, Lewis Carroll habló de la vida en el presente.

«La regla es, mermelada mañana, y mermelada ayer... pero nunca mermelada hoy.»

«Alguna vez tiene que ser "mermelada hoy día"», objetó Alicia.

Y tú ¿qué me dices? Puesto que tiene que llegar a ser algún día, ¿por qué no hoy?

6

EXPLORANDO LO DESCONOCIDO

Sólo los inseguros ansían la seguridad.

Puede que seas un experto de la seguridad, un individuo que evita lo desconocido en aras de saber siempre dónde va y qué puede esperar al llegar allí. La educación en nuestra sociedad tiende a entrenarnos desde muy temprana edad para que seamos cautelosos estimulando la prudencia y la precaución a expensas de la curiosidad; la seguridad a expensas de la aventura. Evita lo dudoso, permanece en las áreas que conoces; no te aventures jamás en lo desconocido. Estos mensajes tempranos pueden convertirse en barreras psicológicas que entorpecen de mil maneras diferentes tu realización personal y tu felicidad en los momentos presentes.

Albert Einstein, un hombre que dedicó su vida a la exploración de lo desconocido, dijo en un artículo titulado «Lo que yo creo» en *Forum* (octubre 1930).

La experiencia más hermosa es la de lo misterioso.
Ésa es la verdadera fuente de todo arte y toda ciencia.

Podía también haber dicho que es la fuente de todo crecimiento, animación y estímulo.

Pero demasiada gente identifica lo desconocido con

el peligro. Piensan que el propósito de la vida es ir siempre a lo seguro y saber siempre dónde van. Sólo los temerarios se arriesgan a explorar las áreas borrosas de la vida, y cuando lo hacen, acaban muy sorprendidos, heridos y lo que es peor, mal preparados. Cuando de pequeño eras miembro de las Brigadas de Exploradores (Scouts) te decían «tienes que *estar preparado*». Pero ¿cómo puedes prepararte para lo desconocido? ¡Obviamente no puedes hacerlo! O sea, que evítalo y así nunca acabarás pegándote un chasco. Anda a lo seguro, no corras riesgos, sigue los caminos trazados en el mapa, aunque sea aburrido.

Puede que te estés empezando a aburrir de tanta seguridad, de saber cómo será cada día aun antes de que lo vivas. No puedes crecer y desarrollarte si sabes las contestaciones antes de que siquiera te hayan hecho las preguntas.

Probablemente los tiempos que más recuerdas son aquellos en los que estabas espontáneamente vivo, haciendo lo que querías, y esperando con una deliciosa anticipación lo que pudiera haber de misterioso en el futuro.

Durante toda nuestra vida, escuchamos los mensajes culturales de la seguridad. Empiezan en la familia y luego los educadores los refuerzan. El niño aprende a evitar todo lo que sea experimentación y la sociedad le apoya en todo lo que pueda hacer para evitar lo desconocido. No te pierdas. Conoce las respuestas apropiadas. Quédate con la gente como tú. Si todavía sigues aferrado a estos incentivos de seguridad, piensa que ha llegado el momento de liberarte de ellos. Desecha la idea de que no puedes intentar nuevas y dudosas maneras de comportarte. Puedes si eliges hacerlo. Empieza con la comprensión de los reflejos condicionados que te sirven para evitar nuevas experiencias.

Si crees totalmente en ti mismo, no habrá nada que esté fuera de tus posibilidades. Toda la gama de la experiencia humana es tuya y puedes disfrutarla si decides aventurarte en territorios que no te ofrecen garantías. Piensa en las personas que son consideradas como genios y que fueron espectacularmente eficientes y positivas durante su vida. No eran personas que sólo podían hacer bien una cosa. No eran de los que evitan lo desconocido. Benjamín Franklin, Ludwing van Beethoven, Leonardo da Vinci, Jesucristo, Albert Einstein, Galileo, Bertrand Russell, George Bernard Shaw, Winston Churchill, estos y muchos como ellos fueron pioneros que se aventuraron en nuevos e inciertos territorios. Eran personas como tú, apartadas de los demás mortales sólo porque estaban dispuestos a atravesar áreas donde los demás no se atrevían a poner el pie. Albert Schweitzer, otro hombre del renacimiento, dijo una vez: «Nada de lo humano me es extraño». Puedes mirarte a ti mismo con ojos nuevos y abrirte a nuevas experiencias que nunca llegaste a pensar que podrían estar dentro de tus posibilidades como ser humano, o puedes seguir haciendo las mismas cosas, de la misma manera, hasta que te entierren. Es un hecho que los grandes hombres no recuerdan a ningún otro, no hacen pensar en ningún otro, y su grandeza generalmente es perceptible por la calidad de sus exploraciones y por la temeridad con que exploraron lo desconocido.

El abrirte a nuevas experiencias implica abandonar totalmente la noción de que es mejor tolerar lo que nos es familiar que trabajar para cambiarlo porque el cambio está cargado de inseguridades. Quizás hayas adoptado la postura de que el ser (tú mismo) es frágil, y que es fácil que se rompa si penetra en áreas en las que nunca ha estado antes. Éste es uno de tantos mitos. Tienes la fuerza de un coloso. No te vas a desmoronar o deshacer si te encuentras con algo nuevo. De hecho tienes mejores posibilidades de evitar colapsos psicológicos si eliminas parte de la rutina cotidiana de tu vida. El aburrimiento es debilitante y malsano psicológicamente. Una vez que pierdes interés en la vida no será difícil quebrantarte. No sufrirás ese mitológico colapso nervioso si le agregas a tu vida el condimento de la incertidumbre.

También puede que hayas adoptado la mentalidad de «si es algo fuera de lo común tengo que evitarlo», que inhibe tu disponibilidad ante nuevas experiencias. De ese modo, cuando ves a unos sordos usando su lenguaje de señas para conversar, los mirarás con curiosidad pero no tratarás de hablar con ellos. Igualmente, cuando te encuentras con gente que habla un idioma extranjero, en vez de hacer lo posible y tratar de comunicarte con ellos de alguna manera, lo más probable es que te alejes de ellos y evites la gran incógnita que significa la comunicación en un idioma que no es el tuyo. Hay un sinfín de actividades y de gente que son consideradas tabú simplemente porque se desconoce lo que son. Así, los homosexuales, los travestís, los minusválidos, los retardados, los nudistas, están dentro de la categoría de lo oscuro. Tú no estás muy seguro de cómo hay que comportarse con ellos y por ello evitas su trato.

Quizá también pienses que siempre tienes que tener una razón para hacer algo; si no, ¿qué sentido tiene hacerlo? Puedes hacer cualquier cosa simplemente porque quieres hacerla y por ningún otro motivo. No necesitas tener un motivo o una razón para hacer lo que quieras hacer. El buscar motivos para todo es el tipo de pensamiento que te aleja de las experiencias nuevas y estimulantes. Cuando eras niño, podías jugar con un saltamontes una hora entera sin más motivo que tu placer. Podías subir un cerro o hacer una excursión por el bosque. ¿Por qué? Porque querías hacerlo. Pero como eres una persona adulta sientes que tienes que tener una buena razón para hacer las cosas. Esta pasión por las razones evita que te abras y que crezcas. Qué libertad da el saber que no tienes que justificarte ante nadie, ni ante ti mismo, nunca más.

Emerson, en su *Diario* el día 11 de abril de 1834, escribió la siguiente observación:

> Cuatro serpientes deslizándose de arriba abajo por una cueva sin ningún motivo aparente. No para comer. No para hacer el amor... Deslizándose, simplemente.

Puedes hacer cualquier cosa que quieras hacer porque lo deseas y por ningún otro motivo. Esta manera de pensar te abrirá nuevas perspectivas de experiencia y te ayudará a eliminar el miedo a lo desconocido que puede ser la actitud que hayas adoptado hasta ahora como estilo de vida.

RIGIDEZ CONTRA ESPONTANEIDAD

Observa atentamente tu espontaneidad. ¿Puedes abrirte a algo nuevo o te aferras con rigidez a tu comportamiento habitual? La espontaneidad quiere decir ser capaz de ensayar cualquier cosa de repente, tomando la decisión de hacerlo en un momento, simplemente porque es algo que te gusta y de lo que puedes disfrutar. Puedes incluso descubrir que no disfrutaste haciéndolo pero sí disfrutaste con el hecho de probarlo. Es muy probable que te ataquen diciendo que eres un irresponsable y un imprudente, pero, ¿qué importa la opinión de los demás si lo estás pasando maravillosamente bien descubriendo lo desconocido? Hay mucha gente que por ocupar puestos importantes encuentra que es muy difícil ser espontáneo. Viven su vida sometidos a cánones rígidos sin fijarse en lo absurdas que son muchas de las normas que respetan ciegamente. Los demócratas y los republicanos apoyan las declaraciones de los líderes de sus partidos y votan por los postulados del partido. Los miembros del gabinete que hablan honesta y espontáneamente se convierten a menudo en ex miembros del gabinete. Hay pautas oficiales para hablar y pensar y cualquier pensamiento que se aleje de éstas no es bien recibido. Los hombres que siempre dicen sí, no son hombres espontáneos. Sienten un terrible miedo a lo desconocido. Se adaptan. Ellos hacen lo que se les dice. Nunca discuten lo que se les dice sino que más bien se aplican con rigidez a hacer lo que se espera de ellos. ¿Dónde estás tú en esta dimensión? ¿Puedes ser tú mismo en esta área? ¿Puedes coger con espontaneidad las avenidas que no siempre llevan a lo seguro?

La gente rígida nunca crece. Tienen la tendencia de volver a hacer las cosas de la misma manera que las han hecho siempre. Un colega mío que da clases para maestros graduados a menudo les pregunta a los mayores, los que han pasado treinta o más años dando clases en un aula: «¿Han estado ustedes realmente enseñando durante treinta años o han estado enseñando un año treinta veces?». ¿Y tú, querido lector, has vivido realmente 1 0.000 o más días o has vivido un día 10.000 o más veces? Ésta es una buena pregunta que te puedes hacer mientras trabajas para conseguir una mayor espontaneidad en tu vida.

La rigidez es la base del prejuicio, que quiere decir prejuzgar. El prejuicio se basa no tanto en lo que uno odia o le desagrada, ya sean ideas, actividades o gente, sino en el hecho de que es más fácil y más seguro quedarse con lo conocido. Esto es, con gente que es como tú. Pareciera que tus prejuicios trabajaran a tu favor. Te mantienen alejado de gente, cosas e ideas desconocidas, y además potencialmente perturbadoras. En realidad trabajan en contra tuya al evitar que explores lo desconocido. El ser espontáneo quiere decir que eliminas tus prejuicios y que te permites a ti mismo conocer y tratar con gente e ideas nuevas. Los prejuicios son válvulas de seguridad que sirven para evitar las regiones oscuras o dudosas y para anular el crecimiento. Si no confías en nadie que no te sea completamente familiar es porque no tienes confianza en ti mismo cuando andas en terreno desconocido.

LA TRAMPA DE
«SIEMPRE HAY QUE TENER UN PLAN»

La espontaneidad planificada no existe. Son términos que se contradicen entre sí. Todos conocemos a gente que va por la vida con un mapa de carreteras y una lista, incapaces de modificar su vida ni en una coma de su proyecto original. Hacer un proyecto no es necesariamente una actitud malsana, pero enamorarse del proyecto es lo realmente neurótico. Puede que tengas planeado lo que harás a los 25, 30, 40, 50, 70 años y así sucesivamente, y entonces simplemente consultas a tu agenda para ver dónde deberías estar, en vez de tomar una decisión cada día y creer lo suficiente en ti mismo como para poder cambiar tus planes. No permitas que los planes o el proyecto sean más importantes que tú mismo.

Yo tenía un paciente de veintitantos años llamado Henry. Sufría terriblemente de la neurosis de hay-que-tener-un-plan y, en consecuencia, perdía muchísimas oportunidades estimulantes y divertidas. A los veintidós años, le ofrecieron un trabajo en otro estado. La idea del cambio le aterrorizó. ¿Podría arreglárselas en Georgia? ¿Dónde viviría? Y ¿qué pasaría con sus padres y sus amigos? El miedo a lo desconocido inmovilizó literalmente a Henry, y rechazó lo que podía haber sido una buena oportunidad de progresar haciendo un trabajo nuevo y estimulante y de vivir en un sitio nuevo, para quedarse donde estaba. Fue esta experiencia la que impulsó a Henry a venir a mi consulta. Sintió que la rigidez con que se sujetaba al plan de vida que se había hecho estaba anulando su crecimiento; sin embargo tenía miedo de romper con lo cotidiano y probar algo nuevo. Al cabo de una sesión exploratoria, descubrimos que Henry era un verdadero obseso de la planificación. Siempre tomaba el mismo desayuno, planeaba lo que se iba a poner con días de anticipación, tenía los cajones de su cómoda ordenados perfectamente por tamaño y color. Y además le imponía este plan a su familia. Pretendía que sus hijos tuviesen las cosas en su lugar y que su mujer se adaptara a una serie de normas rígidas que él había elaborado. Resumiendo, Henry era un ser muy infeliz aunque sumamente organizado. Le faltaba creatividad, sentido de innovación y calidez. En realidad, era un plan hecho persona y su meta en la vida era lograr que cada cosa estuviese en su sitio. A raíz de su tratamiento de psicoterapia, Henry empezó a tratar de vivir con un poco de espontaneidad. Se dio cuenta de que sus planes eran formas de manipular a los demás y que le servían además para evitar la tentación de correr riesgos con lo desconocido. Muy pronto fue más dúctil con su familia dejando que fueran diferentes de lo que él esperaba de ellos. Al cabo de varios meses, Henry llegó a postularse para un cargo en una empresa que requería que viajase con frecuencia. Lo que él había temido se convirtió en algo apetecible. Aunque Henry no es, ni mucho menos, una persona espontánea, ha logrado hacerle frente positivamente a una parte al menos de su pensamiento neurótico que fomentaba su antigua forma de existencia completamente planificada. Sigue trabajando en ese sentido, aprendiendo a gozar de la vida en vez de vivirla en forma ritualizada.

LA SEGURIDAD: VARIACIONES INTERNAS Y EXTERNAS

En el colegio, hace mucho tiempo, aprendiste a escribir una composición o un ensayo. Te enseñaron que necesitabas una buena introducción, parte media de desarrollo bien organizada, y una conclusión. Desgraciadamente, puede que hayas aplicado el mismo tipo de lógica a tu vida llegando a considerar todo el asunto de vivir como una composición escolar. La introducción fue tu niñez en la que te estabas preparando para ser una persona. El cuerpo es tu vida adulta, que está organizada y planificada como preparación para la conclusión que sería la jubilación y un final feliz. El vivir de acuerdo con este plan implica una garantía de que todo estará bien para siempre. La seguridad, el proyecto final es para los cadáveres. La seguridad quiere decir saber lo que va a pasar. La seguridad quiere decir nada de riesgos, nada de excitaciones, nada de desafíos. La seguridad significa nada de crecimiento y nada de crecimiento significa la muerte. Además, la seguridad es un mito.

Mientras seas una persona que vive en esta Tierra, y si el sistema sigue siendo el mismo, nunca podrás tener seguridad. Y aunque no fuera un mito sería una horrible manera de vivir. La certeza elimina la excitación y la emoción... y el crecimiento.

La palabra seguridad en el sentido que la hemos usado aquí se refiere a las garantías externas, a las posesiones como el dinero, una casa y un coche, a baluartes como un buen empleo o una elevada posición en la sociedad. Pero hay un tipo de seguridad diferente que sí vale la pena buscar; y es la seguridad interior que te brinda el tener confianza en ti mismo y en tu capacidad de solucionar cualquier problema que se te presente. Ésta es la única seguridad duradera, la única verdadera seguridad. Las cosas se pueden deshacer; una depresión económica dejarte sin dinero; quedarte sin casa, pero tú, puedes ser una roca de autoestima. Puedes creer tanto en ti mismo y en tu fuerza interior que las cosas y los demás te parecerán simples accesorios de tu vida, agradables pero superfluos.

Haz la prueba con este pequeño ejercicio. Imagínate que ahora mismo, mientras estás leyendo este libro, alguien desciende violentamente sobre ti, te desnuda y te raptan en un helicóptero. Sin previo aviso, sin dinero, nada más que tú mismo. Supongamos que te llevan hasta un lugar de la China Roja y te dejan caer en un campo. Te las tendrías que haber con un idioma nuevo, costumbres nuevas, un clima nuevo y lo único que tendrías sería a ti mismo. ¿Sobrevivirías o te derrumbarías? ¿Podrías hacerte amigos, conseguir alimentos, vivienda y otras cosas? ¿O te quedarías simplemente echado en medio del campo lamentándote sobre lo desgraciado que eres por lo que te sucedió? Si necesitaras seguridad exterior, te morirías porque te habrían quitado todas tus posesiones. Pero si tienes seguridad interior y no le tienes miedo a lo desconocido, entonces sobrevivirías. O sea, que podemos redefinir el concepto de seguridad diciendo que es el saber que puedes enfrentarte con cualquier cosa, incluso con el hecho de no tener seguridad exterior. No caigas en la trampa de ese tipo de seguridad exterior puesto que te despoja de tu capacidad para vivir y crecer y realizarte. Echa una mirada a aquella gente que no tiene seguridad externa, gente que no lo tiene todo planificado. Puede que se pasen de listos. Pero por lo menos pueden probar cosas nuevas y evitar la trampa de tener que quedarse siempre con lo seguro.

Jame Kavanaugh, en *¿Quieres ser mi amigo? (Will you be my friend?)*, escribe sobre la seguridad en su pequeño poema titulado *Algún día (Some Day)*.

Algún día yo me iré
Y seré libre
Y dejaré tras de mí a los estériles
A su segura esterilidad
Me iré sin decir dónde voy
Y caminaré a través de un campo baldío
Para allí dejar el mundo
Y alejarme luego despreocupado
Como un Atlas sin empleo.[10]

LOS LOGROS COMO SEGURIDAD

Pero «irse» para «ser libre», como dice Kavanaugh puede ser difícil mientras estés convencido de que tienes que lograr cosas en la vida. El miedo al fracaso es poderoso en nuestra sociedad, un miedo que nos fue inculcado en la niñez y que llevamos a menudo por la vida.

10. Nash Publishing Co., Los Ángeles, 1971.

Puede que te sorprenda oír esto, pero el fracaso no existe. El fracaso es simplemente la opinión que alguien tiene sobre cómo se deberían hacer ciertas cosas. Cuando te convenzas de que no hay ningún acto que deba hacerse de una manera específica, según el criterio de otras personas, entonces el fracaso será imposible.

Sin embargo, puede haber ocasiones en las que, según tus propias reglas y medidas, fallarás en la ejecución de una tarea dada. Lo importante aquí es no parangonar el acto con el valor de tu persona. El no triunfar en algo que trataste de hacer no implica tu fracaso como persona. Se trata simplemente de no haber logrado el éxito en esa tarea específica y en ese momento presente.

Trata de imaginarte que usamos el fracaso como descripción de la conducta de algún animal. Supongamos que un perro ha estado ladrando quince minutos, y que alguien dice: «Realmente no ladra muy bien. No pasa el examen». ¡Qué absurdo! Los animales no pueden fracasar porque no hay reglas para valorar el comportamiento natural. Las arañas tejen redes, no redes bien hechas o mal hechas. Los gatos persiguen a los ratones: si les falla uno, simplemente se van detrás de otro. No se quedan echados quejándose porque uno se les escapó; ni tienen un colapso nervioso porque fracasaron. ¡El comportamiento natural simplemente es! ¿Por qué no aplicas la misma lógica a tu propio comportamiento y te libras del miedo al fracaso?

El empuje para lograr cosas y triunfar proviene de las palabras más autodestructivas de nuestra cultura. Tú las has oído y las has usado mil veces: ¡hazlo lo mejor que puedas! Ésta es la piedra de toque de la neurosis del éxito y el logro. Hazlo lo mejor posible en todo lo que hagas. ¿Qué hay de malo en darse un mediocre paseo en bicicleta o en pasear simplemente por el parque? ¿Por qué no te buscas unas actividades que simplemente haces en vez de hacerlas lo mejor que puedas? La neurosis haz-lo-mejor-que-puedas puede impedirte el probar actividades nuevas y disfrutar de las viejas.

En cierta oportunidad, traté a una estudiante de dieciocho años llamada Louann, que estaba completamente poseída por las normas del logro y el éxito. Louann era una alumna excelente, que desde el primer día que puso el pie en el colegio, siempre consiguió las mejores notas. Dedicaba largas horas a sus deberes y entonces no tenía tiempo para ser una persona. Era una verdadera computadora de conocimientos académicos. Sin embargo, era angustiosamente tímida cuando estaba con amigos, nunca había flirteado con un chico ni tenido una cita con nadie. Había desarrollado un tic nervioso que se ponía en funcionamiento cada vez que hablábamos de esta parte de su personalidad. Louann había puesto todo su énfasis en ser una alumna exitosa en menoscabo de su desarrollo total. Al trabajar con Louann, le pregunté: «¿Qué es más importante para ti, lo que sabes o lo que sientes?». Y aunque era la mejor alumna del curso, sufría de falta de paz interior y era en realidad muy infeliz. Empezó a concederle algo de importancia a sus sentimientos, y como era una excelente estudiante, aplicó a su aprendizaje del nuevo comportamiento social las mismas normas rigurosas que había aplicado a sus estudios académicos. La madre de Louann me llamó un año más tarde y me dijo que estaba muy preocupada porque por primera vez en su vida Louann había sacado una nota mediocre, un cinco en su primer año de universidad. Yo le recomendé que hiciera una gran alharaca al respecto y que la llevaran a cenar a un buen restaurante para celebrarlo.

¿Por qué vas a tener que hacer todo bien? ¿Quién te está marcando los tantos? Las famosas líneas de Winston Churchill con respecto al perfeccionismo indican lo inmovilizante que puede llegar a ser la búsqueda constante del éxito.

La máxima «nada vale aparte de la perfección» podría deletrearse como PARÁLISIS.

Uno se puede paralizar con la tontería de «hacerlo-lo-mejor-posible». Quizá puedes asignarte unas zonas significativas en tu vida en las que realmente quieres hacerlo lo mejor posible. Pero en la gran mayoría de las actividades, tener que hacerlo lo mejor posible, o incluso, tener que hacerlo bien, significa poner un verdadero obstáculo a la mera posibilidad de hacer. No dejes que el perfeccionismo te deje a un lado evitando que tomes parte en actividades que te pueden resultar placenteras. Trata de cambiar «haz lo mejor que puedas» por simplemente «hazlo».

Perfección quiere decir inmovilidad. Si tienes cánones de perfección para ti mismo, nunca tratarás de hacer nada y no harás mucho porque la perfección no es un concepto que se pueda aplicar a los seres humanos. Dios puede ser perfecto, pero tú, como persona, no tienes ninguna necesidad de aplicar esas normas y esos cánones ridículos de perfección a ti mismo y a tu comportamiento.

Si tienes hijos, no cultives su parálisis y su resentimiento insistiéndoles que hagan lo más que puedan. Más bien habla con ellos sobre lo que parece que les gusta más y trata de estimularlos para que se esfuercen más en esos campos. Pero en otras actividades, el hacer es más importante que el triunfar. Enséñales a jugar al balonvolea en vez de quedarse a un lado mirando y diciendo: «Yo no valgo para esto». Estimúlalos para que practiquen el esquí, o que canten, o dibujen, o bailen o lo que sea, porque quieren hacerlo, y que no eviten algo porque quizá no lo hagan tan bien. A nadie se le debería enseñar a ser competitivo, a tratar siquiera de hacerlo bien. Más bien, trata de enseñarles la lección de la autoestima y el orgullo y el placer en las actividades consideradas importantes por el individuo.

Los niños aprenden fácilmente el mensaje de confundir su propio valor con sus fracasos. Y por ello empiezan a evitar las actividades en las que no logran sobresalir. Y lo que es más peligroso aún, podría ser que desarrollen poco aprecio de sí mismos, búsqueda-de-aprobación, culpabilidad y todas las zonas erróneas de comportamiento que acompañan al autorrechazo.

Si equiparas lo que tú vales a tus fracasos y tus éxitos, estarás condenado a sentirte indigno sin valores. Piensa en Thomas Edison. Si hubiera usado sus fracasos en cualquiera de las tareas que emprendió como indicativo de su autoestima después de su primer intento fallido, se hubiera abandonado a sí mismo, hubiera anunciado que era un fracasado y renunciado a sus esfuerzos por iluminar el mundo. El fracaso puede ser productivo. Puede servir de incentivo al trabajo y a la exploración. Y puede incluso tildársele de éxito si muestra el camino que lleva a nuevos descubrimientos. Como dijo Kenneth Boulding:

Acabo de revisar algunos dichos de sabiduría popular; uno de los proverbios que estudié es *Nada falla tanto como el éxito* porque no aprendemos nada de él. Lo único que nos sirve para aprender algo es el fracaso. El éxito sólo confirma nuestras supersticiones.

Piensa en ello. Sin fracasos no podemos aprender nada, y sin embargo hemos aprendido a considerar el éxito como un tesoro y como la única meta posible. Tenemos la tendencia de esquivar todas las experiencias que pueden acabar en fracasos. El miedo al fracaso es parte importante del miedo a lo desconocido. Todo lo que no dé la impresión de que será un éxito inmediato, debe ser evitado. Y el tenerle miedo al fracaso significa temer tanto a lo desconocido como a la desaprobación que te puede acarrear el no hacerlo lo mejor posible.

ALGUNOS COMPORTAMIENTOS TÍPICOS
DEL «MIEDO A LO DESCONOCIDO»
EN NUESTRA CULTURA

Ya hemos hablado de algunos comportamientos producidos por el miedo a lo desconocido. La resistencia a probar nuevas experiencias, la rigidez, los prejuicios, el miedo al fracaso y el perfeccionismo son subtítulos normales en esta zona de autolimitación. A continuación, hay ejemplos específicos más comunes en esta categoría. Puedes usarla como una lista de control para valorar tu propio comportamiento.

• Comer el mismo tipo de comida durante toda la vida. Evitar probar platos nuevos de gustos exóticos limitándose a los platos tradicionales y describiéndose a sí mismo con frases como: «Yo soy de los que sólo comen carne y patatas» o «Yo siempre pido pollo». Si bien toda la gente tiene predilecciones y prefiere ciertas cosas, la resistencia a probar comidas desconocidas es simplemente una señal de rigidez. Muchas personas no han probado jamás un taco mexicano, o comido en un restaurante griego o hindú simplemente porque se quedan en el terreno familiar de lo que están acostumbrados. Abandonar estos terrenos familiares puede abrirnos un mundo gastronómico nuevo y estimulante.

• Usar siempre el mismo estilo de ropa. No probar jamás un estilo nuevo o usar algo diferente. Clasificarte a ti mismo como un «conservador en el vestir» o un «amante de la moda» sin cambiar jamás de estilo.

• Leer los mismos diarios y las mismas revistas que mantienen la misma posición editorial día tras día sin admitir jamás un punto de vista contrario. En un estudio reciente, se le pidió a un lector, cuya postura política era bien conocida, que leyera un editorial que empezaba apoyando una postura idéntica a la suya. En medio del editorial, el punto de vista cambió y una cámara fotográfica escondida reveló que los ojos del lector se trasladaron inmediatamente a otra parte de la página. El lector rígido que se usó en este experimento no podía ni siquiera considerar la posibilidad de leer una opinión distinta a la suya.

• Ver las mismas películas (con distintos títulos) durante toda una vida. Rehusar ver cualquier cosa que pueda apoyar una creencia filosófica o política distinta, porque lo desconocido es desconcertante y debe ser excluido.

• Vivir en el mismo barrio, o ciudad, o estado, simplemente porque tus padres y sus padres escogieron esa localidad. Tenerle miedo a los sitios nuevos porque la gente, el clima, la política, el lenguaje, las costumbres, o lo que sea, son diferentes.

• Rehusar oír opiniones e ideas que no compartes. En vez de considerar el punto de vista del otro interlocutor —«Ejem, nunca pensé en eso»—, inmediatamente decides que está loco o mal informado. Éste es un método para evadirse de lo diferente o de lo desconocido rehusando comunicarse.

• Tener miedo a probar una nueva actividad porque no la puedes hacer bien. «No creo que lo haría bien; me quedaré mirando.»

• Logros compulsivos en el colegio o en el trabajo. Las calificaciones son lo más importante. El informe elogioso importa más que el trabajo bien hecho. Usar las retribuciones del éxito y los logros en vez de probar algo nuevo y desconocido sustituyendo lo uno por lo otro. Quedarse en las zonas seguras porque «Sé que saco buenas notas, un "notable" seguro» en vez de arriesgarme a conseguir una nota mediocre embarcándose en una nueva disciplina.

• Aceptar el empleo seguro donde sabes que vas a tener éxito y te va a ir bien en vez de apuntarte a una nueva carrera o empresa corriendo el posible riesgo de fracasar.

• Evitar cualquier persona que clasifiques como desviada, incluyendo a «maricas», «rojos», «raros», «negros», «extranjeros», «hippies», «judíos», etc., y usar cualquier etiqueta peyorativa que te sirva como defensa y protección del miedo a lo desconocido. En vez de tratar de aprender algo sobre esta gente, les pones una etiqueta con un epíteto difamatorio y hablas de ellos en vez de hablar con ellos.

• Quedarse en el mismo trabajo aunque no te guste, no porque tengas que hacerlo sino por miedo a la gran incógnita que significa un nuevo trabajo.

• Mantener un matrimonio que obviamente no funciona por temor a lo desconocido, a la soledad. No puedes recordar cómo es vivir solo y, en consecuencia, no sabes con qué te encontrarás. Piensas que es mejor seguir con lo habitual desagradable que adentrarse en un territorio que potencialmente es solitario.

• Tomar tus vacaciones en el mismo lugar, en el mismo hotel, en la misma época cada año. En este caso sabes a qué atenerte y no tienes que arriesgarte a probar nuevos lugares que tal vez pueden brindarte experiencias agradables.

• Hacer que el criterio para todo lo que haces sea el de la eficiencia, y el resultado obtenido y no el placer que te brinda el hacerlo. Sólo haces lo que sabes hacer bien y evitas lo que no puedes hacer en absoluto o no hacer muy bien.

• Medir las cosas en términos monetarios. Si cuesta más, quiere decir que vale más; y en consecuencia, es una indicación de tu éxito personal. Lo conocido se puede medir en dólares, mientras que lo desconocido no se puede calcular desde un punto de vista monetario.

• Tratar de lograr títulos y rangos importantes, de tener coches caros y vistosos, ropa de lujo y otros símbolos de «status», incluso si no te gustan estas cosas y el tipo de vida que conllevan.

• Incapacidad de alterar un plan cuando se presenta una alternativa interesante. Si te alejas del mapa que está en tu cabeza pierdes el camino y también tu sitio en la vida.

• Estar pendiente de la hora dejando que el reloj domine tu vida. Vivir de acuerdo a un horario que te aleja de la posibilidad de probar cosas nuevas y desconocidas en tu vida. Llevar siempre reloj (incluso en la cama) y vivir controlado por éste. Dormir, comer y hacer el amor según la hora, sin tener en cuenta el cansancio, el hambre o el deseo.

• Desechar ciertas clases de actividades sin haberlas probado jamás. Éstas pueden incluir cosas tan «raras» como la meditación, el yoga, la astrología, el backgammon, el Mah-jongg, la isometría o cualquier cosa que no conozcas.

• Enfocar el sexo sin imaginación, haciendo siempre

lo mismo en la misma posición. No probar jamás algo nuevo y exótico porque es diferente y, por tanto, puede ser inaceptable.

• Esconderse detrás del mismo grupo de amigos sin buscar o aceptar gente diferente que represente mundos nuevos y desconocidos. Juntarse regularmente con el mismo grupo y seguir con ese mismo grupo durante toda la vida.

• En una fiesta a la que asistes con tu esposa o una amiga, quedarte a su lado, con ella toda la noche no porque así lo desees sino porque de esa manera te sientes seguro.

• No atreverse a participar en una conversación con gente extraña o sobre temas desconocidos por miedo a lo que pasaría si lo hicieras. Pensar para tus adentros que ellos deben ser más inteligentes, más capaces, más hábiles o mejores conversadores, y usar esto como razón para evitar una nueva experiencia.

• Culparte a ti mismo si no triunfas en todas tus empresas.

Éstos son sólo unos cuantos ejemplos de comportamiento malsano engendrado por el miedo a lo desconocido. Tú probablemente podrás componer tu propia lista. Pero en vez de hacer listas, ¿por qué no empiezas a hacerle frente a tu tendencia a vivir cada día de la misma manera que viviste el día anterior, sin ninguna posibilidad de crecimiento y desarrollo?

EL SISTEMA PSICOLÓGICO DE APOYO PARA RETENER ESTOS COMPORTAMIENTOS

He aquí algunas de las retribuciones más usuales que sirven para evitar el delicioso mundo de lo desconocido.

• Si eres siempre igual, no tienes que molestarte en usar tu imaginación. Cuando tienes un buen proyecto, consultas tu guión y no tu imaginación.

• El permanecer alejado de todo lo desconocido tiene su propio sistema interior de retribuciones. El miedo a lo misterioso es muy fuerte y mientras actúes en terreno familiar, puedes mantener ese miedo a distancia, aunque esto signifique una gran traba para tu crecimiento y tu realización personal. Es más seguro no aventurarse por zonas que no están bien marcadas en nuestros mapas personales. Piensa en Colón. Todo el mundo le advirtió que podía caerse por el camino. Es mucho más fácil ser de los que van por caminos conocidos y no de los exploradores que lo arriesgan todo. Lo desconocido es un desafío y los desafíos pueden resultar peligrosos.

• Puedes decir que estás postergando tu gratificación, actitud que has oído clasificar como «comportamiento-adulto», quedándote así con lo familiar y justificándolo con esa actitud. De este modo, la postergación de la acción es una actitud «adulta» y «madura», aunque en realidad te quedas como eres por miedo y desconfianza, y por ello evitas lo desconocido.

• Puedes sentirte importante pensando que has hecho bien las cosas. Que has sido un buen niño o una buena niña. Siempre que consideres tu propio valor en términos de éxito-fracaso podrás equipararlo con el resultado de tu actuación y sentirte satisfecho por ello. Pero en estos casos, lo que está bien, lo que debe ser, es sólo cuestión de opiniones, en realidad de la opinión controladora de otra persona.

ALGUNAS ESTRATEGIAS PARA ENFRENTARSE CON LO MISTERIOSO Y LO DESCONOCIDO Y PARA LOGRAR COMPRENDERLOS

• Hacer esfuerzos selectivos por probar cosas nuevas aunque sientas la tentación de quedarte en lo conocido. Por ejemplo, en un restaurante pide un plato nuevo. ¿Por qué? Porque puede ser diferente y podría gustarte.

• Invita a tu casa a un grupo de gente que represente puntos de vista diversos y divergentes. Frecuenta lo desconocido en vez de seguir con tu grupito típico de relaciones con los que puedes predecir todo lo que te va a suceder.

• Deja de sentirte obligado a tener un motivo o razón para todo lo que haces. Cuando alguien te pregunte el porqué de algo, recuerda que no tienes por qué tener una respuesta razonable que los satisfaga. Puedes hacer lo que has decidido hacer simplemente porque así lo deseas.

• Empieza a arriesgarte a hacer ciertas cosas que te sacarán de la rutina diaria. Podría ser unas vacaciones que no hayas planeado con antelación, por ejemplo, y para lo cual no lleves ningún mapa, y donde sólo puedas confiar en ti mismo para solucionar cualquier problema que se te presente. Solicita un nuevo empleo presentándote a la entrevista que para ello se requiera o habla con alguna persona que hayas estado esquivando por miedo a lo que podría pasar en esa conversación. Toma un camino distinto para ir a tu trabajo y cena a medianoche. ¿Por qué? Simplemente porque es diferente y tienes ganas de hacerlo.

• Diviértete elucubrando una fantasía en la que te permites tener todo lo que quieras. Todo está permitido. Tienes todo el dinero que desees por un período de dos semanas. Quizá te des cuenta de que todas tus divagaciones mentales en realidad están a tu alcance, que lo que anhelas no es como pretender la luna o lo imposible, sino que son cosas que puedes lograr si eliminas el miedo a lo desconocido y simplemente vas detrás de ellas.

• Corre algún riesgo que puede implicar una tormenta emocional pero que también puede significar una experiencia intensamente gratificante para ti. Uno de mis colegas pasó largos años hablándoles tanto a sus alumnos como a sus clientes de la necesidad de probar lo desconocido en la vida. Pero en muchos sentidos sus consejos eran insinceros puesto que seguía trabajando en la misma universidad, en la misma consulta y llevando el mismo tipo cómodo de vida. Él sostenía que cualquier persona podía habérselas con situaciones nuevas y diferentes, pero él seguía firmemente instalado en las situaciones que le eran familiares. En 1974 decidió vivir en Europa seis meses porque era algo que siempre había querido hacer. Allí dio dos cursos en un programa para graduados y comprobó de primera mano (experimentalmente en vez de verbalmente) que podía habérselas con lo dudoso. Al cabo de tres semanas en Alemania, gracias a su seguridad interior en sí mismo, contaba ya con la misma cantidad de oportunidades de dirigir seminarios, trabajar con clientes y dar conferencias que en Nueva York donde se encontraba en su ambiente y en un entorno familiar. Incluso en un pueblecito perdido de Turquía donde vivió durante dos meses, estuvo más ocupado que en Nueva York. Por lo menos, gracias a esta experiencia, se convenció que podía enfrentarse con lo desconocido, exactamente como antes lo había hecho con lo conocido, con su propia fuerza interior y con su capacidad profesional.

• Cada vez que te des cuenta de que estás evitando lo desconocido, dirígete a ti mismo la siguiente pregunta: «¿Qué es lo peor que me puede pasar?». Verás probablemente que el miedo a lo desconocido es completamente desproporcionado con la realidad de las consecuencias.

• Haz la prueba de hacer algo tonto, como ir descalzo por el parque o zambullirte desnudo en el mar. Haz la prueba de hacer algunas de las cosas que siempre has evitado porque «No debes hacer esas cosas». Abre tu propio horizonte personal a nuevas experiencias. Haz cosas que antes evitabas por encontrarlas tontas o vanas.

• Recuerda que el miedo al fracaso es a menudo el miedo al ridículo, o a la desaprobación de los demás o de alguien en particular. Si dejas que ellos tengan sus propias opiniones, que nada tienen que ver contigo, podrás empezar a valorar tu comportamiento en tus propios términos en vez de apoyarte en los de los demás. Empezarás a considerar que tus capacidades no son ni mejores ni peores, sino simplemente diferentes a las de los demás.

• Haz la prueba de hacer algunas de las cosas que siempre has rechazado con la frase «Simplemente yo no valgo para esto». Por ejemplo, puedes pasarte la tarde pintando un cuadro y pasándolo maravillosamente bien. Si el resultado final no es una obra maestra, no has fracasado: has tenido medio día de placer. En la pared de mi cuarto de estar, hay un cuadro que es horrible desde el punto de vista estético. Pero en un rincón del lado izquierdo del cuadro hay una inscripción que reza: «A usted doctor Dyer le doy lo que no es lo mejor que puedo hacer». Es de una antigua estudiante que había evitado pintar toda su vida porque había aprendido hacía mucho tiempo que lo hacía mal. Se pasó todo un fin de semana pintando y es uno de los regalos que yo aprecio más.

• Recuerda que lo opuesto al crecimiento es la igualdad o monotonía y la muerte. Así pues, si quieres, puedes tomar la decisión de vivir cada día de una manera diferente, siendo espontáneo y vital, o puedes temer a lo desconocido y permanecer igual, siendo el mismo de siempre, psicológicamente muerto.

• Mantén una conversación con la gente que sientes es la responsable de tu miedo a lo desconocido: anúnciales con tono decidido que piensas hacer cosas nuevas y anota sus reacciones.

• Puede que te des cuenta de que su incredulidad era una de las cosas que más te preocupaban en el pasado, y como resultado de esto escogías la inmovilidad en vez de enfrentarte con sus miradas reprobatorias. Ahora que puedes enfrentarte con esas miradas, haz tu Declaración de Independencia para acabar con ese control.

• En vez de que tu credo y el de tus hijos sea: «Haz todo lo mejor posible», prueba este otro: «Selecciona las cosas que más te importan en la vida y haz un esfuerzo grande en ese sentido y el resto de las cosas, hazlas simplemente». Está muy bien no hacer siempre las cosas lo mejor que puedas. En realidad todo el síndrome de «Hacer las cosas lo mejor posible» es un mito. Nadie hace las cosas lo absolutamente mejor que se puede. Siempre hay posibilidades de hacerlas mejor, ya que la perfección no es un atributo de la naturaleza humana.

• No dejes que tus convicciones te paralicen. El creer algo a raíz de una experiencia pasada y aferrarse a esa creencia es evadirse de la realidad. Sólo existe el ahora, y la verdad del presente puede muy bien no ser la verdad del pasado. Sopesa tu comportamiento no tomando en cuenta lo que crees, sino lo que es y lo que experimentas en el presente. Al abrirte a la experiencia en vez de colorear tu realidad con tus convicciones, encontrarás que lo desconocido es un lugar fantástico para estar.

- Recuerda que nada humano te es ajeno. Puedes ser lo que escojas ser. Grábalo en tu cabeza y recuérdatelo cuando caigas en tu comportamiento inseguro y típicamente evasivo.

- Ten conciencia de que estás evitando lo desconocido en el momento que lo estás haciendo. En ese mismo momento inicia un diálogo contigo mismo. Dite a ti mismo que no importa que no sepas adónde vas en cada momento de tu vida. El tener conciencia de la rutina es dar el primer paso para cambiarla.

- Haz algo mal deliberadamente. ¿Eres menos persona porque has perdido un partido de tenis o pintado un cuadro feo o sigues siendo un individuo que vale la pena y que simplemente ha pasado un rato agradable?

- Mantén una conversación con alguien que hayas evitado en el pasado. Muy pronto te darás cuenta de que tus prejuicios son los que te mantienen en un estado estacionario y sin interés. Si prejuzgas a la gente, no podrás tratar con ella honradamente puesto que tu punto de vista ha sido establecido de antemano. Mientras más grande sea el número de gente distinta que conozcas, más probabilidades tendrás de darte cuenta de lo mucho que has perdido y de lo tontas e infundadas que eran tus aprensiones y temores. Con estos conceptos, lo desconocido se convertirá en un área cada vez más digna de explorar en vez de algo que es mejor evitar.

ALGUNAS IDEAS FINALES SOBRE EL MIEDO A LO DESCONOCIDO

Las sugerencias que anotamos anteriormente representan algunas medidas constructivas para combatir el miedo a lo desconocido. Todo el proceso empieza con estas nuevas percepciones de lo que constituye el comportamiento evasivo, seguidas de un enfrentamiento activo con el comportamiento pasado para empezar a moverse en nuevas direcciones. Imagínate cómo hubieran sido las cosas si los grandes exploradores y los grandes inventores del pasado hubieran tenido miedo a lo desconocido. Toda la población del mundo estaría aún concentrada en el valle del Tigris y del Éufrates. Lo desconocido es el lugar donde se produce el crecimiento. Tanto para la civilización como para el individuo.

Piensa en la encrucijada de un camino. En una dirección está la seguridad, en la otra, el gran mundo desconocido e inexplorado. ¿Qué camino tomarías tú?

Robert Frost contestó esta pregunta en *The Road Not Taken* (*El camino no tomado*).

> Dos caminos divergían en el bosque;
> y yo fui por el menos transitado,
> Y eso hizo que todo fuese diferente.

Todo depende de ti. Tu zona errónea de miedo a lo desconocido está esperando ser reemplazada por nuevas actividades estimulantes y llenas de interés que aportarán placer a tu vida. No tienes que saber hacia dónde vas; lo importante es estar en camino.

7

ROMPIENDO LA BARRERA DE LOS CONVENCIONALISMOS

*No hay reglas ni leyes ni tradiciones que se puedan aplicar
universalmente... incluyendo ésta.*

El mundo está lleno de «debes hacer esto» que la gente aplica a su comportamiento sin previa evaluación; y la suma total de todos estos «debes» componen una gran zona errónea. Es muy posible que te dejes guiar por una serie de normas y principios con los que ni siquiera estás de acuerdo, y que sin embargo, seas incapaz de romper con ello y decidir por ti mismo lo que te va bien o no te va bien a ti personalmente. No hay nada absoluto. No hay normas ni leyes que siempre tengan sentido, o que sean beneficiosas para todos en todas las ocasiones. La flexibilidad es una virtud mayor y sin embargo, puede que te sea difícil, e incluso imposible, quebrantar una ley inútil o violar una tradición absurda. El condicionamiento a la sociedad o medio cultural puede ser muy útil a veces, pero si esto es llevado a un punto extremo, puede convertirse en una neurosis, particularmente si el resultado de esta adaptación a los «debes hacer esto o aquello» es la infelicidad, la depresión o la ansiedad.

De todo esto no se puede deducir ni tampoco se trata de sugerir de manera alguna que tu actitud debe ser la del desprecio a la ley o de romper las reglas simplemente porque te parece lo apropiado en un momento dado. Las leyes son necesarias y el orden es parte importante de la sociedad civilizada. Pero la obediencia ciega a los convencionalismos es algo completamente distinto, algo que puede ser mucho más destructivo para el individuo que el hecho de violar las leyes. A menudo estas leyes son absurdas y las tradiciones dejan de tener sentido. Cuando éste es el caso y tú dejas de funcionar eficientemente porque sientes que debes obedecer estas leyes sin sentido, quiere decir que ha llegado el momento de reconsiderar tanto las normas como tu comportamiento.

Como dijo una vez Abraham Lincoln: «Nunca tuve una política que pudiese aplicar siempre. Simplemente trataba de hacer lo que me parecía sensato en el momento preciso». No fue nunca esclavo de una política determinada que tuviera que ser aplicada en cada caso, aunque ésta hubiese sido concebida con esa intención.

Un «debe» es malsano sólo cuando se cruza por el camino de los comportamientos sanos y eficientes. Así, cuando descubras que estás haciendo cosas desagradables y que no son productivas debido a algún «debe», quiere decir que has renunciado a tu libertad de elección y estás permitiendo que te controle alguna fuerza exterior. Un examen más profundo y detallado de este control interno en comparación con el control externo de ti mismo será muy útil antes de seguir observando estos «debes» erróneos que pueden estropearte tu vida.

LOCUS DE CONTROL INTERNOS, FRENTE A LOCUS DE CONTROL EXTERNOS

Se ha calculado que un buen setenta y cinco por ciento de la gente en nuestra cultura tienen una orientación de personalidad más externa que interna. Esto quiere decir que es muy probable que tú encajes en esta categoría con mayor frecuencia que en la otra. ¿Qué quiere decir ser «externo» en tu locus de control? En esencia ser «externo» quiere decir que tú responsabilizas de tu estado emocional en tus momentos presentes a alguien o algo externo, o sea algo que está fuera de ti mismo. Si te preguntaran: «¿Por qué te sientes mal?» y tú contestaras con respuestas como: «Mis padres me tratan mal», «Ella me ofendió», «Mis amigos no me quieren», «No tengo suerte» o «Las cosas no van bien», ello significaría que estás dentro de esta categoría externa. Y por lo mismo, si te preguntaran por qué eres tan feliz y tú contestaras: «Mis amigos me tratan bien», «Mi suerte ha cambiado», «Nadie me está fastidiando» o «Ella se arriesgó por mí», querría decir que aún estás dentro de un marco de referencia externo, atribuyéndole la responsabilidad de lo que tú sientes a alguien o algo que está fuera de ti.

La persona que tiene un «locus» de control interno es la que coloca firmemente sobre sus propios hombros toda la responsabilidad por lo que él mismo siente, y este tipo de persona es muy rara dentro de nuestra cultura. Al contestar ese tipo de preguntas contesta con respuestas interiormente dirigidas como ser: «Lo que me digo a mí mismo es un error», «Le doy demasiada importancia a lo que dicen los demás», «Me preocupa lo que pueda decir la demás gente», «No soy lo suficientemente fuerte para evitar ser desgraciado» y «No tengo habilidad suficiente para impedirme a mí mismo el no ser desdichado». Del mismo modo, cuando la persona con coherencia interior está en buena situación, contesta con referencias que empiezan con un «Yo» o «A mí», como por ejemplo: «Yo trabajé duro para ser feliz», «Yo he logrado que las cosas me funcionen», «Me estoy diciendo a mí mismo cosas positivas», «Yo soy responsable de mí mismo y es aquí donde quiero estar». Así pues hay una cuarta parte de la gente que asume la responsabilidad de sus propios sentimientos y el resto le echa la culpa de los mismos a causas externas. ¿Dónde encajas tú? Virtualmente todas las normas y las tradiciones son impuestas por fuerzas externas; es decir, que provienen de algo o alguien que se encuentra fuera de ti mismo. Si estás recargado de «debes» y eres incapaz de romper con los convencionalismos prescritos por los demás, entonces quiere decir que estás en el grupo de los «externos».

La actitud de una paciente que vino a verme hace poco es un excelente ejemplo de este tipo de pensamiento externamente dirigido. La llamaremos Bárbara. Su mayor problema era la obesidad, pero también tenía una cantidad de pequeñas carencias y conflictos. Cuando empezamos a hablar de su problema de exceso de peso, ella me dijo que siempre había sido demasiado gorda porque tenía un problema de metabolismo y porque su mamá la había obligado a comer cuando pequeña. El cuadro de sobrealimentación continuaba en la actualidad, me dijo ella, porque su marido no se ocupaba de ella y sus niños eran muy desconsiderados. Ella lo había probado todo, dijo («Vigilantes del Peso», píldoras, una serie de médicos especialistas en dietética, incluso la astrología). El tratamiento conmigo de psicoterapia sería su última tentativa. Si yo no lograba hacerla perder peso, me dijo, nadie lo lograría.

Tal como Bárbara contaba su historia y analizaba su propio dilema, no me sorprendió que no pudiera perder aquellos kilos indeseables. Todo y todos conspiraban contra ella: su madre, su marido, sus niños, incluso su propio cuerpo y las estrellas. El «Vigilante del Peso» y los médicos especialistas podían ayudar a personas menos problemáticas, pero en el caso de Bárbara, las desventajas eran demasiado grandes.

Bárbara era un ejemplo clásico de pensamiento externo. Su madre, su marido, sus hijos y una parte incontrolable de su propio cuerpo eran los responsables de su gordura. Ésta nada tenía que ver con sus propias elecciones de comida, de comer demasiado ciertos alimentos y en ciertos momentos. Además, sus tentativas para aliviar esta situación eran dirigidas hacia el exterior así como también lo eran sus percepciones del problema en sí. En vez de reconocer que era ella la que había elegido comer demasiado en el pasado y que tendría que aprender a hacer nuevas elecciones si quería perder peso, Bárbara recurría a otra gente u otras cosas, las convenciones aceptadas por la sociedad para los casos de necesidad de pérdida de peso. Cuando todos sus amigos optaron por ir a los «Vigilantes del Peso», Bárbara fue también. Cada vez que uno de sus amigos descubría un nuevo médico especialista en problemas de obesidad, Bárbara era la primera en acudir a él para pedirle ayuda.

Al cabo de varias semanas de tratamiento, Bárbara empezó a reconocer que su infelicidad y sus problemas eran producto de sus propias elecciones y no de las actitudes de los demás. Empezó reconociendo que simplemente comía demasiado, más de lo que realmente quería algunas veces y que no hacía suficiente ejercicio. Como primera medida, decidió cambiar sus hábitos alimenticios exclusivamente con autodisciplina. Aprendió que podía manipular su propia mente y eligió hacerlo. Decidió que la próxima vez que tuviera hambre se gratificaría a sí misma con pensamientos sobre su propia fuerza interior en vez de comerse una galleta. En vez de echarles la culpa a su marido e hijos por comer demasiado, impulsada a ello por lo mal que la trataban, empezó a ver que se había estado haciendo la mártir durante años, implorándoles virtualmente para que la explotaran. Desde que Bárbara empezó a exigir que la trataran bien, descubrió que su familia estaba deseando hacerlo, y en vez de buscar consuelo en la comida, encontró gratificación y plenitud en relaciones basadas en amor y respeto mutuos.

Bárbara decidió incluso pasar menos tiempo con su madre quien, a su entender, dominaba su vida arruinándola con un exceso de comida. Cuando Bárbara reconoció que su madre no la dominaba y que podía verla cuando quisiera, no cuando su madre decía que debía hacerlo, e igualmente que ella no tenía que comerse ese trozo de pastel de chocolate simplemente porque su madre decía que debía comérselo, empezó a disfrutar de los momentos que pasaban juntas en vez de molestarse.

Finalmente Bárbara se dio cuenta de que la terapia no tenía nada que ver con nada que estuviera fuera de ella misma. Yo no podía cambiarla. Ella tenía que cambiarse a sí misma. Esto tomaría su tiempo, pero gradualmente, con gran esfuerzo, Bárbara cambió sus «debes» externos por normas internas basadas en su propio criterio. Ahora no sólo está más delgada, sino que es también más feliz. Ella sabe que no es feliz por su marido, ni por sus hijos, ni por su madre ni por las influencias astrales. Sabe que se lo debe a sí misma pues ahora es ella quien controla su propia mente.

Los fatalistas, los deterministas y la gente que cree en la suerte están en el grupo de los externos. Si tú crees que tu vida ha sido planificada para ti de antemano, y que sólo necesitas caminar por los caminos adecuados, quiere decir que estás bien provisto de todos los «debes» que sirven para mantenerte dentro de tu mapa de caminos previamente trazados.

Nunca lograrás tu propia realización si persistes en dejarte controlar por fuerzas externas o si persistes en pensar que eres controlado por fuerzas externas. El ser eficiente y positivo no implica la eliminación de todos los problemas que se te presentan en la vida. Lo que sí implica e importa es el mover el locus de control del exterior al interior. De esa manera te responsabilizas tú mismo personalmente de todo lo que experimentas emocionalmente. Tú no eres un robot que manejas tu vida por control remoto, un control lleno de reglas impuestas por otras personas y por reglamentos que no tienen sentido para ti. Tú puedes analizar más detenidamente estas «reglas» y empezar a ejercitar un control interno sobre tu propio pensamiento, tus propios sentimientos y tu propio comportamiento.

LA CULPABILIDAD Y EL «CULTO AL HÉROE»: PUNTOS EXTREMOS DEL COMPORTAMIENTO ORIENTADO HACIA EL EXTERIOR

Echar la culpa a los demás es una artimaña muy práctica cuando no quieres asumir la responsabilidad de algo que pasa en tu propia vida. Es el refugio de la gente orientada hacia el exterior.

Todo tipo de culpabilización es una pérdida de tiempo. Por más fallas que tenga el otro y por más culpa que tenga de lo que a ti te sucede, tú mismo no cambiarás. Lo único que hace la culpabilización es alejar la atención de ti cuando buscas razones externas para explicar tu infelicidad o frustración. Pero la culpa en sí misma es una necedad. E incluso si algún efecto puede tener la culpabilización no será sobre ti. Puedes lograr que la otra persona se sienta culpable por algo al echarle la culpa de ello, pero no lograrás cambiar lo que hay en ti que te está haciendo infeliz. Puedes lograr no pensar en ello, pero no lograrás cambiarlo.

La tendencia a situar en los demás los propios problemas puede conducir al extremo opuesto cuando sale a la superficie como el culto al héroe; o sea una exagerada admiración por otra persona. En este caso, te puedes encontrar mirando a los demás para determinar tus propios valores. Si fulanito-de-tal lo hace, pues yo también debo hacerlo. El culto al héroe es una forma de autorrepudio. Hace que los otros sean más importantes que tú y condiciona tu propia realización a algo exterior a ti. Si bien no hay nada autofrustrante en apreciar y admirar a los demás y sus logros y talentos, esta actitud se puede convertir en una zona errónea cuando tú modelas tu comportamiento en el patrón de los demás.

Tus héroes son seres humanos. Todos son seres humanos. Cada día hacen las mismas cosas que tú. Les pica donde a ti te pica; por la mañana tienen mal aliento igual que tú. (El único héroe bueno es un bocadillo de jamón y queso o posiblemente unas berenjenas a la parmesana.) Con los demás malgastas tus esfuerzos.

Ninguno de los grandes héroes de tu vida te han enseñado nada. Y no son mejores que tú en nada. Políticos, actores, atletas, estrellas de rock, el jefe, el terapeuta, el profesor, tu cónyuge o cualquier otro, son simplemente muy capaces en lo que hacen, nada más. Y si tú los conviertes en héroes y los encumbras a posiciones que están por encima tuyo, es porque estás dentro de la «bolsa externa» de los que les atribuyen a los demás la responsabilidad de las cosas buenas que les pasan y sienten.

Si en un extremo, echas la culpa a los demás, y por el otro, practicas el culto al héroe, quiere decir que te encuentras situado en alguna parte de la línea que podríamos llamar la-línea-del-enfocar-en-los-demás.

Culpar   L.L.D.E.E.L.D.

Te estás portando como un tonto si buscas fuera de ti mismo la explicación de cómo te debes sentir o qué cosas debes hacer. Darte el crédito de lo que haces y asumir su responsabilidad representa dar el primer paso para eliminar esta zona errónea. Sé tú mismo tu propio héroe. Cuando logres salir del comportamiento culpabilizador o del culto al héroe, entonces empezarás a trasladarte del lado exterior del andamio al interior. Y en el lado interior, no existen «debes» universales, ni para ti ni para los otros.

LA TRAMPA DE LO CORRECTO
CONTRA LO INCORRECTO

En este caso, la cuestión de lo correcto contra lo incorrecto no tiene nada que ver con la religión, ni con planteamientos filosóficos o morales de un bien o un mal *apriorístico*. Ése es un tema que debe discutirse en otro contexto. Aquí, lo que importa eres tú, el tema de la discusión eres tú y cómo tus conceptos del bien y del mal se interponen en tu propia felicidad. Tus bien y mal son tus «debes» universales. Quizás has adoptado posturas no sanas como por ejemplo que lo correcto incluye lo bueno y lo justo, mientras que lo incorrecto es malo e injusto. Esto es una tontería. El bien y el mal en este sentido no existen. La palabra correcto implica una seguridad, una garantía, de que si haces algo de cierta manera el resultado será necesariamente positivo. Pero no hay garantías. Puedes empezar a pensar en el sentido de que cualquier decisión que tomes puede traerte algo diferente, o más efectivo o legal, pero en el momento en que empieza a ser una cuestión de bien contra mal, caes en la trampa de «Yo siempre tengo que hacerlo bien o tener razón y cuando no me van bien las cosas o no me va bien con la gente, me deprimo y soy infeliz».

Quizá parte de tu necesidad de encontrar la respuesta apropiada tenga que ver con la búsqueda de la seguridad que tratamos en el capítulo sobre el miedo a lo desconocido. Ésta puede ser una parte de tu tendencia general a dicotomizar, o a dividir el mundo ordenadamente en extremos como blanco/negro, sí/no, bueno/malo y bien/mal. Son pocas las cosas que caben dentro de estas categorías y la mayoría de la gente inteligente ambula por zonas grises, posándose rara vez en la zona blanca o en la negra. Esta proclividad a tener la razón, a estar bien, es muy evidente en el matrimonio y en otras relaciones adultas. Las discusiones se convierten casi inevitablemente en competiciones que dan como resultado que uno de los involucrados tenga la razón y sea el correcto y que el otro esté equivocado y sea incorrecto. Es muy común escuchar frases como: «Tú siempre crees que tienes la razón» o «Nunca reconocerás que estás equivocado». Pero aquí no se trata de razón o sinrazón, de bien o mal. Las personas son diferentes y ven las cosas desde perspectivas diferentes. Si una persona tiene forzosamente que tener la razón, el único resultado posible de su relación con los demás es de crisis o ruptura en la comunicación.

La única manera de salirse de esta trampa es dejar de pensar de esa manera errónea de bien contra mal. Como le expliqué a Clifford, que discutía a diario sobre todos los temas posibles con su mujer: «En vez de tratar de convencer a tu mujer de lo equivocada que está, ¿por qué no conversas simplemente sobre temas que no impliquen "debes" de parte de ella o que esté de acuerdo contigo desde tu punto de vista? Si le permites ser diferente a ti, eliminarás las discusiones incesantes en las que porfiadamente, vale decir frustradamente, pretendes tener la razón». Clifford logró deshacerse de esta necesidad neurótica y al mismo tiempo, el amor y la comunicación volvieron a su matrimonio. Todos los bien y los mal de cualquier índole representan otros tantos «debes» de una u otra especie. Y los debes se entrometen en tu camino, especialmente cuando entran en conflicto con las necesidades de las demás personas de tener los suyos también.

LA INDECISIÓN COMO FACTOR DESENCADENANTE DEL PENSAMIENTO EN TÉRMINOS DE BIEN Y MAL

Una vez le pregunté a un paciente si le costaba tomar decisiones y él dijo: «Bueno, sí y no». Quizás a ti te cueste tomar decisiones incluso para asuntos triviales. Ésta es una consecuencia directa de la tendencia a dividir las cosas en categorías de bien y de mal. La indecisión proviene de querer tener razón, de hacerlo bien; y el posponer la elección te impide enfrentarte con la ansiedad que escoges sentir cada vez que te equivocas. Cuando hayas logrado eliminar el bien y el mal, lo correcto y lo incorrecto de cada decisión (porque el tener razón o estar bien implica una garantía) entonces te será facilísimo tomar decisiones. Si estás tratando de decidir a qué universidad irás a estudiar, corres el riesgo de quedarte inmovilizado para siempre, incluso después de haber tomado la decisión, porque quizá no era la correcta. Más bien opta por: «No hay universidades perfectas. Si escojo A, tales serán las consecuencias más probables, mientras que B, posiblemente, me brindará estas otras». Ninguna de las dos es la justa, la perfecta, simplemente una es distinta de la otra y ninguna de las dos te ofrece garantías totales, como tampoco si la elección está entre A, B o Z. Igualmente puedes disminuir tu tendencia neurótica a la indecisión pensando que los posibles resultados no serán ni buenos ni malos, ni correctos o incorrectos, ni siquiera mejores o peores. Simplemente serán diferentes. Si te compras este vestido que te gusta, es así como te verás, lo que sólo es diferente de (no mejor que) el ponerte ese otro vestido. Cuando logres abandonar esos equivocados y autodestructivos bien y mal, te darás cuenta de que tomar una decisión es simplemente una cuestión de pensar cuáles son las consecuencias que prefieres en un momento presente determinado. Y si empiezas a optar por arrepentirte en vez de tomar una decisión, en vez de decidir que el arrepentimiento es una pérdida de tiempo (porque te mantiene viviendo en el pasado), simplemente habrás podido tomar una decisión distinta en tu próximo momento presente, decisión que tendrá consecuencias que la decisión anterior no logró aportar. Pero todo esto debe hacerse sin tratar de enmarcar esas decisiones dentro de las categorías de bien y de mal.

Nada es más importante que cualquier otra cosa. El niño que en la playa recoge conchas de mar para su colección no hace nada ni mejor ni peor que lo que hace el presidente de General Motors cuando toma una decisión importante para la marcha de la compañía. Son cosas diferentes y nada más.

Tal vez creas que las ideas equivocadas son malas y que no se deben expresar, mientras que se deben apoyar y alentar las ideas que se consideren buenas o correctas. Tal vez, con tus amigos, con tu cónyuge o con tus niños, digas: «Si algo no se expresa correctamente o no se hace bien, no vale la pena expresarlo o hacerlo». Pero es aquí donde acecha el peligro. Esta actitud autoritaria puede conducir a la formación de un estado totalitario cuando alcanza proporciones nacionales e internacionales. ¿Quién decide lo que está bien? Ésta es la pregunta que nunca se puede contestar satisfactoriamente. La ley no decide si algo está mal, sólo si es legal. Hace más de un siglo John Stuart Mill en *On Liberty* (*Sobre la libertad*), declaró:

> Nunca podemos estar seguros de que la opinión que tratamos de acallar sea una opinión falsa; y si estuviéramos seguros, también sería incorrecto acallarla.

Tu eficacia no se mide por tu capacidad de elección. La manera en que te manejas emocionalmente después de haber hecho cualquier elección es el mejor barómetro de tu entereza en el momento presente ya que una elección apropiada implica esos «debes» que estás tratando de eliminar. El pensar de una manera nueva será útil en dos sentidos: uno, eliminarás esos «debes» inútiles y te convertirás en una persona más volcada hacia el interior; y dos, encontrarás que es menos dificultoso tomar decisiones sin esas categorías erróneas de bien y de mal.

LA INSENSATEZ DE LOS «DEBES» Y «DEBERÍAS»

Albert Ellis acuñó una palabra muy precisa para designar la tendencia de incorporar los «debes» a tu vida. Es la «deberización» («musterbation»).[11] Deberizas siempre que actúas como sientes que debes hacerlo aunque prefieras otra forma de comportamiento. Karen

---

11. Juego de palabras entre «must» (deber) y «masturbation» (masturbación); imposible de trasladar al castellano. (*N. de la T.*)

Horney, la brillante psiquiatra, ha dedicado a este tema todo un capítulo de su libro *Neurosis y desarrollo humano* (*Neurosis and Human Growth*) y lo titula «La tiranía del deberías». («The Tyranny of the Should»). Ella comenta:

> Los debes y deberías siempre producen una sensación de tensión que aumenta a medida que la persona trata de actualizar sus «debes» dentro de su comportamiento... Más aún, debido a la externalización del proceso, los «debes» siempre contribuyen a *perturbaciones en las relaciones humanas* de una u otra manera.[12]

¿Acaso los «debes» determinan gran parte de tu vida? ¿Sientes que debes ser amable con tus colegas, apoyar a tu cónyuge, ayudar a tus niños y trabajar mucho siempre? ¿Y si alguna vez fallas en alguno de estos «debes» te enfadas contigo mismo y por ello asumes las molestias y la tensión o tirantez a la que alude Karen Horney? Pero quizás éstos no son tus «debes». Si, de hecho, pertenecen a otros y tú simplemente los has tomado prestados, entonces te estás «deberizando».

Existe la misma cantidad de «debes» que de «no debes». Éstos incluyen los: no debes ser grosero, tonto, necio, infantil, lascivo, sombrío, agresivo, malhumorado, y muchos más. Pero no tienes que «deberizarte». Nunca jamás. No pasa nada si no guardas la compostura o no entiendes. Te es permitido no tener dignidad si así lo escoges. Nadie te está llevando la cuenta ni nadie te va a castigar por no ser algo que otra persona dijo que deberías ser. Por lo demás, nunca puedes ser nada que no quieras ser, todo el tiempo. Simplemente no es posi-

---

12. Karen Horney, *Neurosis and Human Growth*, W.W. Norton & Co., Nueva York, 1950, pág. 81.

ble. O sea que cualquier «debe» te producirá tensiones puesto que no podrás realizar tus expectativas erróneas. Lo que produce tensión no es tu comportamiento indiscreto, indigno, intolerante o lo que sea, sino la imposición de los «debes».

LA ETIQUETA COMO UN «DEBES»

La etiqueta es un buen ejemplo de enculturización inútil y malsana. Piensa en todas esas pequeñas normas absurdas que te han impulsado a aceptar simplemente porque unos especialistas en buenos modales así lo decidieron. Coma el pollo de esta manera; espere siempre a que la anfitriona empiece a comer antes de empezar; al hacer las presentaciones presente el hombre a la mujer y no al revés; en las bodas, siéntese en tal sitio determinado en la iglesia; dé tal propina; vístase así; exprésese de tal manera. No se consulte a sí mismo; búsquelo en el libro. Si bien los buenos modales son muy convenientes (significan consideración por la demás gente), como el noventa por ciento de todas las normas de etiqueta, en realidad son reglas sin sentido que fueron pensadas arbitrariamente en un momento dado. No existe una manera apropiada para ti; sólo lo que tú decides es lo apropiado para ti, siempre que no les compliques las cosas a los demás o se las dificultes. Puedes ser tú quien escoja cómo vas a presentar a la gente, qué propina vas a dar, qué es lo que te vas a poner, cómo vas a hablar, dónde te vas a sentar, cómo vas a comer, basándote estrictamente en lo que tú quieras. Cada vez que caigas en la trampa del «¿Cómo me *debo* vestir para esta ocasión?» o «¿Cómo *tendré* que hacerlo?» estarás cediendo una parte de ti mismo. Yo no trato aquí de impulsarte a ser un rebelde social ya que ésa sería una de las formas de búsqueda-de-aprobación por medio de un comportamiento inconformista. Estoy tratando más bien de pedirte que el desarrollo cotidiano de tu vida sea dirigido y orientado por ti mismo y no por los demás. Ser leal a ti mismo quiere decir que no tienes necesidad de un sistema exterior de apoyo.

LA OBEDIENCIA CIEGA A LAS NORMAS Y LAS REGLAS

Algunos de los comportamientos humanos más despreciables de que se tenga conocimiento tuvieron como pretexto la obediencia a órdenes superiores. Los nazis ejecutaron a seis millones de judíos y asesinaron y maltrataron a varios otros millones de ellos porque así lo mandaba la «Ley». Más tarde, después de la guerra, la responsabilidad por estos actos de barbarismo fue siendo trasladada rápidamente hacia la cúspide de la jerarquía del poder nazi hasta llegar al punto en que en toda Alemania, la única gente a la que se le podía achacar estos horribles crímenes eran Hitler y sus principales secuaces. Los demás, todos los demás, simplemente habían obedecido las órdenes y la ley del Tercer Reich.

En Suffolk, Nueva York, un portavoz del distrito explicó hace no mucho tiempo por qué la gente a la que equivocadamente se le había cobrado de más en el rubro de Impuestos a la Propiedad no podría recuperar su dinero. «La ley dice que las facturas de Impuestos pasados no pueden ser revaluadas después de que se han pagado. Esa es la ley. Yo no puedo evitarlo. Yo estoy aquí, en este cargo, para hacer cumplir la ley, no para interpretarla.» Realmente, en otro tiempo y en otro lugar, este señor hubiera sido un excelente verdugo. Pero ya conoces el refrán. Lo oyes todos los días. No pienses, obedece los reglamentos incluso si son absurdos.

La mayoría de las normas que se imponen en las piscinas públicas, canchas de tenis y otros sitios públicos por el estilo, no tienen sentido. Hace poco, una tarde en que hacía mucho calor, le pregunté a un grupo de niños que estaban sentados alrededor de una piscina obviamente deseando bañarse, por qué se quedaban en el borde si en la piscina no había nadie. Me contestaron que estaba reservada para los adultos entre las 6 :00 y las 8 :00. Tal era el reglamento y a pesar del hecho de que en ese momento no había ningún adulto que quisiera bañarse, el reglamento que les prohibía usarla seguía en vigor. Simplemente se trataba de la obediencia ciega a los reglamentos, que en esos momentos no tienen una razón lógica sin flexibilidad, sin la posibilidad o habilidad para cambiarlos cuando las circunstancias lo justificaran. Cuando yo los animé a que trataran de modificar el reglamento, recibí una llamada de la dirección diciendo que yo estaba fomentando una insurrección.

Uno de los mejores ejemplos de este tipo de acatamiento ciego a los reglamentos (por más tontos que éstos sean), puede encontrarse en la vida castrense. Un colega mío relata un ejemplo excelente de este tipo de mentalidad. Cuando estuvo de servicio con las Fuerzas Armadas en Guam, en el Pacífico Sur, le llamó mucho la atención la facilidad y voluntad con que muchos de los soldados y oficiales cumplen muchos reglamentos absurdos. En el recinto donde se llevaban a cabo las funciones de cine al aire libre había una zona bajo techo con bancos rojos reservada a los oficiales. Durante las sesiones de medianoche, a las que nunca iban los oficiales, había siempre un soldado de guardia para vigilar que nadie se sentara en esos bancos rojos. Todas las noches se podían ver grupos de soldados sentados a la intemperie, a veces mojándose bajo la lluvia, mientras que uno de sus compañeros vigilaba los bancos rojos vacíos para garantizar el cumplimiento de esta regla. Cuando mi colega preguntó por qué se mantenía esa absurda política, recibió la respuesta de siempre: «Yo no he hecho las reglas; yo sólo me ocupo de que se cumplan».

Herman Hesse dijo en *Demian*:

> Los que son demasiado perezosos o comodones como para pensar por sí mismos y ser sus propios jueces, obedecen las leyes. Otros sienten sus propias leyes dentro de ellos mismos; éstas les prohíben cosas que cualquier hombre honesto haría cualquier día del año y les permiten otras cosas que suelen considerarse despreciables. Cada persona debe pararse sobre sus propios pies.

Tu destino será vivir una vida de servidumbre emocional si tienes que acatar las leyes y las reglas todo el tiempo. Pero nuestra cultura nos enseña que es malo desobedecer, que no debes hacer nada que vaya en contra de los reglamentos. Lo importante es determinar por ti mismo cuáles son las normas que funcionan, y cuáles pueden romperse sin perjudicar a los demás ni a ti mismo. El rebelarse por rebelarse no produce beneficios pero son muchas las recompensas que se derivan de ser tu propia persona, tú mismo y de vivir tu vida de acuerdo a tus propias normas.

SOBRE LA CONVENIENCIA DE NEGARTE A SEGUIR LAS TRADICIONES Y ACEPTAR LA ENCULTURIZACIÓN CUANDO ÉSTAS TIENEN UN EFECTO NEGATIVO SOBRE TU PERSONA

El progreso, tanto el tuyo propio como del mundo, depende de la gente irracional y no de la gente que se adapta a la sociedad y acepta todo lo que se pone en su camino. El progreso depende de seres que son innovadores, que rechazan los convencionalismos y modelan sus propios mundos. A fin de pasar de la aceptación a la acción, tendrás que aprender a resistirte a la enculturización y a las influencias que te presionan para que te sometas. Para poder funcionar plenamente, la resistencia a la enculturización es una condición casi indispensable. Puede que algunos te consideren un insubordinado y ése es el precio que tendrás que pagar por el hecho de pensar por ti mismo. Es muy posible que piensen que eres diferente, que te consideren un egoísta o un rebelde, que mucha gente considerada «normal» te critique, o incluso, que a veces te aíslen y excluyan. Mucha gente no aceptará de buen grado tu resistencia a las normas que ellos han adoptado para sí mismos. Tendrás que oír el viejo argumento: «¿Qué pasaría si toda la gente decidiera obedecer únicamente lo que se les antoje? ¿Qué sociedad tendríamos entonces?». La contestación a esto, muy simple por cierto, es que la mayor parte de la gente no lo hará. La propensión de la gente a confiar en apoyos externos y en «debes» impuestos prohíbe este tipo de actitud generalizada.

Lo que aquí discutimos no tiene nada que ver con la anarquía. Nadie quiere destruir la sociedad, pero muchos de nosotros quisiéramos darle al individuo más libertad dentro de ella, liberarla de «debes» sin sentido y de tontos «deberías».

Incluso las leyes y reglas más sensatas no son aplicables en todo tipo de circunstancias. Lo que estamos tratando de lograr es la posibilidad de elección, esto es, la posibilidad de liberarse de la mentalidad servil que impulsa a acomodarse constantemente a los «debes». Uno no tiene que ser siempre como espera que uno sea el ambiente cultural que nos rodea. Si tú eres así y te sientes incapaz de ser de otra manera, quiere decir que eres de veras un «seguidor», uno de los del rebaño que permite que los demás determinen su camino. Vivir tu propia vida implica flexibilidad y repetidas evaluaciones personales acerca del funcionamiento apropiado de las normas en algún momento presente específico. Es cierto que a menudo es más fácil seguir, más fácil hacer ciegamente lo que te mandan, pero cuando te das cuenta de que la ley está para servirte a ti, y no para hacer de ti un sirviente, entonces podrás empezar a eliminar el comportamiento «deberizador».

Si quieres aprender a oponer resistencia a la enculturización, tendrás que aprender a ignorar muchas cosas. Otros seguirán eligiendo obedecer aunque esto les perjudique; y tú tendrás que aprender a respetar su elección sin irritarte. Uno de mis colegas estaba en la Marina, de servicio en un acorazado portaaviones estacionado en San Francisco en la época en que el presidente Eisenhower estaba en una gira política por el norte de California. Se ordenó a la tripulación que formara de manera tal que desde el helicóptero donde viajaba el presidente se pudiera leer la frase HI (hola) IKE como mensaje de saludo. Mi amigo decidió que la idea era delirante, y decidió no hacerlo, porque el hecho iba en contra de todo lo que él creía y de su actitud ante la vida. Pero en vez de organizar una revuelta, simplemente se fue aquella tarde, y dejó que todos los demás participaran en este humillante ritual. Pasó por alto su oportunidad de ponerle un punto a la i en HI. No hizo sentirse mal ni trató de humillar a los que habían escogido otra actitud, no se embarcó en peleas inútiles. Simplemente se encogió de hombros y dejó que los demás siguieran su camino.

La resistencia a la enculturización significa tomar tus propias decisiones y llevarlas a cabo lo más eficiente y serenamente posible. Nada de bombos y platillos o demostraciones hostiles que no surtirán ningún efecto. Los reglamentos tontos, las tradiciones y políticas necias no desaparecerán jamás, pero tú no tienes forzosamente que ser parte de ellas. Simplemente encógete de hombros mientras los otros siguen a las ovejas del rebaño. Si ellos quieren comportarse de esa manera, está muy bien para ellos, pero no para ti. Armar un lío es casi siempre la mejor manera de atraer la ira y crearte obstáculos. Todos los días te encontrarás con muchas oportunidades en que será más fácil evitar sencillamente las reglas en vez de organizar un movimiento de protesta. Tú puedes decidir el tipo de persona que tú quieres ser, o la que los demás quieren que seas. Esto depende de ti.

Virtualmente todas las ideas que han producido cambios en nuestra sociedad fueron en uno u otro momento rechazadas desdeñosamente y muchas de ellas fueron también ilegales. Todo progreso implica una oposición violenta, pues es un insulto a los viejos reglamentos que ya no tienen vigencia. La gente ridiculizó a los Edison, Henry Ford, Einstein y Wright, hasta que éstos triunfaron. Tú tendrás también que enfrentarte con desprecios y desdenes cuando empieces a oponerte a las reglas y políticas sin sentido.

ALGUNOS TÍPICOS COMPORTAMIENTOS
DEL «DEBERÍA»

Si pasáramos lista a los comportamientos del «debería», en nuestra cultura, podríamos llenar libros enteros. He aquí un muestrario de los ejemplos más comunes:

• Creer que hay un lugar para cada cosa y que cada cosa debe estar en su lugar. El síndrome de la organización significa que te sientes incómodo cuando las cosas no están en el lugar que les han asignado.

• Preguntar: «¿Cómo debo vestirme para esta ocasión?» de forma regular, como si hubiera una sola manera apropiada de vestirse y ésta fuera determinada por otra gente. Los pantalones blancos y los colores pasteles se llevan *sólo* en el verano; la lana es *siempre* un material invernal. Hay muchos otros *debes* similares «controlados por las estaciones» que se infiltran en tu vida. (En *Hawai*, James Michener describe a los nativos de Nueva Inglaterra que se iban a vivir a Hawai que tiene un clima tropical y cuando llegaba el mes de octubre, aunque aún hiciera 40 °C de calor, sacaban su ropa de invierno y andaban incómodamente vestidos durante seis meses... ¿Por qué? Porque así debía ser.) Ser esclavo de los dictados de los críticos de la moda y usar sólo lo que «Se usa», porque, después de todo, *tienes* que estar a tono.

• Aceptar las afirmaciones de que ciertas bebidas van con ciertas comidas; que con el pescado y las aves hay que beber vino blanco; que el vino tinto es apropiado sólo para la carne. Estar encerrado en las reglas de alguna persona que ha decidido qué hay que comer y con qué.

• Trasladar la culpa de tus actos a otras personas. «En realidad la culpa es de ella; por ella llegamos tarde.» «No me culpes a mí, él es quien lo hizo.»

• Tener que asistir a una boda a la que te han invitado y enviar un regalo aunque no te gusten los novios. Simplemente no desechar las invitaciones aunque quisieras hacerlo. Puede fastidiarte el hecho de comprar el regalo pero lo haces de todos modos porque así es como deben ser las cosas. Del mismo modo, asistir a un entierro al que preferirías no ir, pero lo haces porque eso se espera de ti. Tienes que concurrir a estas funciones formales para demostrar que compartes un sufrimiento, o sientes respeto o cualquiera de las emociones apropiadas.

• Asistir a servicios religiosos que te disgustan y en los que no crees porque es lo que se espera de ti y tú quieres hacer lo que se considera apropiado.

• Darles títulos a los que te sirven, lo que por implicación los encumbra a una posición más elevada que la tuya. ¿Cómo llamas a tu dentista? Si le llamas doctor, ¿se trata sólo de un título vocacional? ¿Acaso dices carpintero Jones, o fontanero Smith? Si es por respeto a su posición, ¿qué es lo que te hace pensar que su posición es más elevada que la tuya? Si se le paga para que te sirva, ¿por qué te diriges a él por un título y él a ti por tu nombre?

• Irte a la cama cuando es hora de dormir y no cuando estás cansado.

• Tener relaciones sexuales de sólo una o dos maneras, porque ésas son las únicas formas aceptables, o participar en actividades sexuales sólo cuando las circunstancias son apropiadas, como por ejemplo que los niños estén dormidos, que no estés cansado, que la habitación esté oscura, que estés en tu propia cama y así por el estilo.

• Seleccionar roles en el diario vivir porque la cultura lo impone o demanda. Las mujeres friegan los platos, los hombres sacan la basura. El trabajo de la casa es para la esposa; el trabajo afuera es para el marido. Los niños hacen esto; las niñas lo otro.

• Obedecer una serie de tontas reglas y tradiciones domésticas que no funcionan para tu familia, como pedir permiso para levantarse de la mesa, el que todos coman al mismo tiempo o a la misma hora cuando en realidad es más incómodo hacerlo de esa manera; irse a dormir con un horario injustificado.

• Seguir las normas impuestas por todos los carteles

de señales aunque no tengan sentido. ¡No hablar! ¡No pasar! ¡No a cualquier cosa! Sin jamás desafiar los dictados de una señal, o siquiera atreverse a pensar que esa señal no tiene por qué estar allí en primer lugar. La gente hace las señales y la gente también se equivoca.

• Por ley.

• Comer todos los domingos en casa de mamá, aunque preferirías no hacerlo. Después de todo, es una tradición y si a todos no les gusta, incluyendo a mamá, hay que preservar la tradición.

• Al leer un libro, empezar siempre por la primera página y leerlo entero hasta el final, a pesar de que gran parte de él no te interese o no te sirva. Terminar un libro que no te gusta simplemente porque has llegado a la mitad, y, si has leído la mitad, tienes que leerlo todo.

• Que las mujeres no inviten nunca a los hombres a salir. Después de todo, ése es el papel del hombre. O no empezar nunca una conversación telefónica, o abrirle la puerta a un hombre, o pagar la cuenta, o seguir muchas tradiciones absurdas por el estilo que no sirven para nada en realidad.

• Mandar tarjetas de felicitación por Navidades y Fiestas cuando te molesta hacerlo. Hacerlo porque siempre lo has hecho y porque es lo que se espera de ti.

• Tratar de sacar buenas notas en los estudios o forzar a tus hijos a que las saquen. Aprender y estudiar no para tu propia satisfacción sino por los símbolos que eventualmente aparecerán en el diploma.

• Preguntarse siempre «¿Será ella/él la persona apropiada para mí?» y andar siempre atormentado en busca de la persona adecuada.

• Ir a todas partes con tu pareja porque así se supone que tiene que ser aunque ambos prefieran estar en sitios diferentes en un momento dado.

• Consultar siempre con uno de esos libros que explican cómo hacer las cosas, porque cada cosa, cada trabajo debe hacerse de cierta manera. No poder diferenciar entre los manuales que proporcionan información útil y los que simplemente te dicen cómo tendrían que ser las cosas.

• Si será éste el vestido apropiado, el sombrero, el automóvil, el aliño de ensalada, canapé, libro, universidad, trabajo, etc. Buscar siempre ansiosamente el elemento apropiado cayendo atrapado en esa bolsa de indecisión y duda.

• Darle mayor importancia a las recompensas, títulos, honores y a todos los emblemas honoríficos que a tu propia evaluación de lo que has logrado y haces.

• Decir: «¡Yo no podría ser nunca tan grande como...!»

• Aplaudir en un teatro cuando no te gustó la función.

• Dar propina cuando has sido mal atendido.

• Comportamientos del tipo de los fanáticos del deporte, enloqueciéndote por el triunfo o fracaso de tu equipo favorito, y vivir como de prestado a través de los logros o falta de logros de los atletas.

UNA OJEADA A ALGUNAS DE LAS RETRIBUCIONES
MÁS COMUNES DE LA «DEBERIZACIÓN»

Algunas de las razones que tienes para aferrarte a tus «deberías» van detalladas más abajo. Estas retribuciones o compensaciones, como todas las que brindan las zonas erróneas, fundamentalmente son autodestructivas pero también es cierto que constituyen en sí mismas un cierto tipo de sistema de apoyo.

• Puedes disfrutar el hecho de ser «un buen chico» o

«una buena chica» cuando aceptas todos los «deberías». Puedes darte palmaditas en la espalda a ti misma por ser obediente. Este dividendo es regresivo ya que por su intermedio, regresas a un período anterior de desarrollo cuando se te recompensaba con unas buenas dosis de aprobación cada vez que te portabas bien, lo que significaba depender de que otra persona establezca tus normas de conducta.

• Tu sumisión y obediencia al «deberías» exterior te permite atribuirle toda la responsabilidad de tu inacción al «deberías» en vez de asumirla tú mismo. Mientras el «debería» sea la razón fundamental de lo que eres (o no eres), podrás evitar los riesgos que implica el confiar en ti mismo para cambiar. Así pues, tus «deberías» evitan tu crecimiento. Por ejemplo, Marjorie tiene un «debería» en su cabeza, el que las relaciones sexuales prematrimoniales son tabú. Ella tiene treinta y cuatro años y hasta la fecha nunca ha tenido ninguna experiencia sexual debido a este tabú impuesto desde el exterior. Pero Marjorie no tiene paz interior. A ella le gustaría tener una relación sexual y se siente muy insatisfecha consigo misma al respecto. Mas aún, es muy posible que Marjorie no llegue a casarse nunca, y su «debería» (en este caso «no deberías») le impedirá participar en actividades sexuales durante toda su vida. Cuando se la enfrenta con esta posibilidad, se estremece y sin embargo su «no-deberías» sigue allí. Las actitudes de Marjorie están marcadas por su «debería». Ni siquiera puede pasar la noche en la misma casa que su acompañante por miedo a la crítica de la gente. Así constantemente tiene que incomodarse, volviendo a la casa de su mamá por la noche por culpa de sus «deberías». Aferrándose a este tabú evita el riesgo de probarse a sí misma en una relación de tipo sexual que la asusta. Pero su respuesta es siempre: «No debo hacerlo». Está claro que sus «deberías» actúan en contra de su felicidad.

• Tus «deberías» te permiten maniobrar a los demás. Al decirle a un tercero que las cosas se deben hacer de una forma determinada, puedes lograr que lo haga como tú quieres.

• Es más fácil sacar a relucir un «debería» cuando te falta confianza en ti mismo. Al palidecer tu propia imagen, el «debería» te sirve de baluarte.

• Te es posible seguir estando satisfecho con tu propio comportamiento y mantener vivos tus sentimientos hostiles cuando los demás no encajan en los «deberías» que tienes para ti mismo y para el resto del mundo. De ese modo, mejoras la opinión de ti mismo en tu propia mente a expensas de los demás porque éstos no obedecen las normas establecidas.

• Puedes ganarte la aprobación de los demás adaptándote a lo establecido. Te sientes bien porque te integras, que es lo que siempre te han dicho que *debes* hacer. La vieja necesidad de búsqueda-de-aprobación aparece aquí también.

• Mientras tus pensamientos estén enfocados en los demás y mientras vivas a través de tus éxitos y fracasos, no tendrás que trabajar contigo mismo. El tener héroes puede reforzar la pobre opinión que tienes de ti mismo y permitirte evitar el esfuerzo de elaborar tu personalidad. Mientras los responsables de tus buenos momentos sean los héroes, y también de los malos, no hay razón para que seas tú quien asuma las responsabilidades. Tu propia valía es, en este caso, la valía de un tercero; o sea, que es momentánea y transitoria. Depende completamente de esos grandes hombres y mujeres y de cómo actúan para ti.

ALGUNAS ESTRATEGIAS PARA ELIMINAR ALGUNOS
DE TUS «DEBERÍAS»

Básicamente tu trabajo de limpieza en esta zona implica correr riesgos. ¡Hacer cosas! Decidirte a ser diferente de lo que te han enseñado a ser es lo que te conviene cuando esas reglas ya no funcionan. He aquí algunas tácticas que te serán útiles para salirte de tus hábitos «deberizadores».

• Empieza echando una ojeada indagatoria y profunda a tu comportamiento. Estudia los dividendos neuróticos de los que hablamos anteriormente. Entonces pregúntate a ti mismo por qué te estás cargando con tantos «deberías». Pregúntate a ti mismo si realmente crees en ellos, o si simplemente te has acostumbrado a comportarte de esa manera.

• Haz una lista de todas las normas que cumples y respetas y que no te parecen pertinentes. Esos estúpidos comportamientos convencionales de los que tanto te quejas y de los que no te puedes liberar. Luego, haz tus propias «normas de conducta» escogiendo las que tengan más sentido para ti. Anótalas aunque en este momento no te sientas capaz de vivirlas.

• Empieza a crear tus propias tradiciones. Por ejemplo, si siempre has decorado tu árbol de Navidad la víspera de Navidad y prefieres hacerlo tres días antes, empieza una nueva tradición, una tradición que tenga sentido para ti.

• Organiza una reunión de consulta con tus parientes y amigos para discutir las múltiples normas de conducta que todos seguís y que no os gustan o encontráis desagradables. Quizás entonces, podréis formular unas nuevas normas que a todos os parezcan más razonables. Te darás cuenta de que las viejas normas siguen vigentes porque nadie ha pensado seriamente en desafiarlas o en poner en duda su eficacia y actualidad.

• Haz un diario externo/interno. Anota tus referencias «externas» en las que confieres a otros la responsabilidad de lo que tú estás sintiendo. Comprueba si puedes trasladarte al lado «interno» con algunos actos de valor. Apunta cuidadosamente tus logros en el esfuerzo de trasladarte al lado «interior».

• Comprueba cuántas normas les impones a los demás. Pregúntales si realmente necesitan esas directivas o si se comportarían de la misma manera sin ellas. Puede que incluso te des cuenta de que ellos pueden proponer pautas más eficientes y flexibles que las tuyas.

• Corre el riesgo de enfrentarte u oponerte a alguna regla o política que quisieras eliminar. Por ejemplo, si eres mujer y siempre has pensado que una mujer no debe llamar a un hombre para invitarlo a salir y te encuentras sin nada que hacer un fin de semana, llama a algún amigo y ve que pasa. O, lleva de vuelta a la tienda alguna prenda de vestir que no resultó bien aunque la norma del establecimiento sea *no se admiten devoluciones o no se reembolsará el dinero* y enfréntate con esta política lo más eficientemente que puedas, alegando que te quejarás a los jefes si fuera necesario. No te dejes guiar por las normas de otros que terminan convirtiéndote en víctima como resultado final.

• Piensa en las decisiones como en actos que provocarán diferentes resultados en vez de actos que están bien o están mal. Al tomar decisiones, elimina la noción de bien y mal y di que cualquiera está bien, sólo que cada una traerá distintas consecuencias. Confía en ti mismo al tomar una decisión en vez de buscar un apoyo externo que te ofrezca alguna garantía. Complácete a ti mismo en vez de acatar normas externas.

• Trata de vivir tus momentos presentes y haz tus

normas y tus «debería» para esa ocasión solamente. En vez de asumirlos como universales, reconócelos como pertinentes y aplicables sólo a este momento.

• Rehúsa compartir con nadie tu comportamiento antinormativo. Es sólo para ti, y no quieres caer en una posición de búsqueda-de-aprobación, en la que la razón para resistirse a la enculturización es la de llamar la atención y, por ende, la adulación de los demás.

• Rechaza los roles que tú (y otros) están asumiendo en tu vida. Sé lo que quieres ser, sea lo que sea, en vez de lo que crees que se espera de ti porque eres hombre, mujer, un ser maduro, o lo que sea.

• Niégate en un momento dado de la conversación a hablar de los demás. Practica durante períodos cada vez más extensos a no proyectar sentimientos de culpa sobre los demás, o hablar de otra persona, hecho, o idea de modo quejumbroso o culpabilizador.

• Deja de esperar que cambien los demás. Pregúntate a ti mismo por qué han de cambiar simplemente porque a ti te gustaría que así fuera. Reconoce que todas las personas tienen derecho a ser lo que escogen ser, incluso si te irritan siendo así.

• Haz una lista de culpas, detallando todo lo que te disgusta en ti mismo. Puede parecerse a la siguiente:

Qué es lo que me disgusta de mí y de mi vida	Qué, quién tiene la culpa
Soy demasiado gordo/a	Sara Lee, mi metabolismo, los restaurantes, mamá, la genética.
Tengo mala vista	Mis padres, abuelos, Dios, la genética, los estudios.
Soy fatal para las matemáticas	Mis profesores primarios, hermana, genes matemáticos deficientes, mamá.
No tengo novio/novia	La fortuna, todos en la escuela son unos monstruos, no me dejan maquillarme.

Soy demasiado alto/a	Los genes, Dios, mamá.
Soy desgraciado/a	La situación económica, el divorcio, mis hijos me odian, mi mala salud.
Mi pecho es demasiado pequeño .	Mamá, la genética, los genes, nutrición deficiente de pequeña, Dios, el Diablo.
El color de mi pelo	Helena Rubinstein, los genes, mis amigas, el sol.
La situación mundial me preocupa	Los presidentes Ford, Nixon, Johnson, etc.; el comunismo, la humanidad.
Mis vecinos son odiosos	El vecindario, «Esa calaña de gente», las normativas del barrio.
Mis fracasos en el tenis	El viento, el sol, la red está demasiado alta/baja, me distraen, me dan calambres, me duele el brazo/pierna, etcétera.
No me siento bien	Mi metabolismo, la regla, mi médico, la comida, el calor, el frío, el viento, la lluvia, el polen. Lo que sea.

Suma el total de tu cuenta de culpas y constata si eres diferente ahora que has repartido cuidadosamente las faltas y la culpa entre la gente y las cosas que son responsables de tus sentimientos. ¿No es eso ya algo? Sigues siendo exactamente el mismo. Le eches o no la culpa a alguien o a algo, sigues siendo el mismo a menos que *hagas* algo constructivo para corregir lo que no te gusta. Esto te puede servir como un ejercicio para darte cuenta de lo inútil que resulta culpar a los demás por lo que a ti te pasa.

• Declara en voz alta que acabas de culpar a alguien por algo y que estás trabajando contigo mismo para eliminar este tipo de comportamiento. Al formularlo como una meta a alcanzar estarás atento a los síntomas que demuestren tu tendencia a continuar en esta dirección.

• Decide que toda la infelicidad que escojas será el resultado de tu propio esfuerzo y de tu propio comportamiento y nunca el resultado de las acciones de otra persona. Recuérdate a ti mismo constantemente que cualquier infelicidad proveniente del exterior refuerza tu propia esclavitud, ya que implica que tú no ejerces control sobre ti mismo ni sobre ellos, sino que más bien son ellos los que tienen control sobre ti.

• Cuando alguien te está culpabilizando pregúntale amablemente: «¿Te gustaría saber si yo quiero oír lo que ahora me estás diciendo?». Esto es, enseña a los otros a no usarte como un receptáculo de culpa, y empieza a clasificar las actitudes culpabilizadoras y echadoras-de-culpa en la demás gente de modo que puedas aprender a reconocerlas en ti mismo. Puedes hacerlo de una manera que no ofenda como por ejemplo: «Acabas de echarle la culpa a George de lo que sientes. ¿En serio crees que la tiene?». O: «Siempre dices que si subieran las cotizaciones de la Bolsa, tú serías mucho más feliz. Le das realmente mucha importancia si dejas que controle de ese modo tu vida». El reconocer en los demás los comportamientos culpabilizadores, las culpas y los «deberías», te ayudará a eliminar ese comportamiento en ti mismo.

• Consulta las listas de «deberías» que discutimos anteriormente en este capítulo. Trata de cambiar estos viejos hábitos por actitudes y comportamientos nuevos y distintos; quizás una cena a medianoche; cambiando tu posición sexual o poniéndote el vestido que te gusta. Empieza a tener confianza en ti mismo dándoles menos importancia a esos «deberías» externos.

• Trata de recordar que lo que hace la otra gente no es lo que te molesta, sino tu reacción. En vez de decir: «No deben hacer eso», di: «Me pregunto por qué me molesto con lo que están haciendo».

En 1838, Ralph Waldo Emerson escribió en *Éticas literarias*:

> Los hombres muelen y muelen en el molino de un axioma y lo único que sale es lo que allí se puso. Pero en el momento mismo que abandonan la tradición por un pensamiento espontáneo, entonces la poesía, el ingenio, la esperanza, la virtud, la anécdota ilustrativa, todo se precipita en su ayuda.

¡Qué pensamiento más hermoso! Sigue con la tradición y siempre serás el mismo, pero tírala por la borda y el mundo será tuyo y podrás usarlo tan creativamente como lo desees, como escojas.

Conviértete en el juez de tu propia conducta y aprende a confiar en ti mismo para tomar las decisiones del momento presente. Deja de buscar en las tradiciones y las normativas de toda la vida la respuesta adecuada. Canta tu propia canción de felicidad de la manera que escojas cantarla, sin preocuparte ni importarte cómo se supone que debe ser.

8

LA TRAMPA DE LA JUSTICIA

Si el mundo estuviera tan organizado que todo tuviera que ser justo, no habría criatura viviente que pudiera sobrevivir ni un solo día. A los pájaros se les prohibiría comer gusanos, y habría que atender a los intereses personales de todos los seres humanos.

E stamos condicionados a buscar justicia en esta vida; y cuando no lo conseguimos sentimos enfado, ansiedad o frustración. En realidad sería igualmente productivo que buscáramos la fuente de la eterna juventud o algún otro mito por el estilo. La justicia no existe. Nunca ha existido y jamás existirá. Simplemente el mundo no ha sido organizado de esa manera. Los gorriones comen gusanos. Eso no es justo para los gusanos. Las arañas comen moscas, lo que no es justo para las moscas. Los cuguares matan coyotes. Los coyotes matan tejones. Los tejones matan ratones. Los ratones matan insectos. Los insectos... No tienes más que observar la naturaleza para darte cuenta de que no hay justicia en este mundo. Los tornados, las inundaciones, los maremotos, las sequías, todas esas cosas son injustas. Este asunto de la justicia es un concepto mitológico. El mundo y la gente que vive en él son injustos todos los días. Tú puedes escoger ser feliz o ser desgraciado, pero esta elección nada tiene que ver con la falta de justicia que veas a tu alrededor.

Éste no es un punto de vista amargado de la humanidad y del mundo sino que más bien un informe realista sobre lo que es el mundo. La justicia es un mero concepto casi imposible de aplicar, en especial, en lo que se refiere a tus propias opciones de realización y felicidad personales. Pero muchos de nosotros tendemos a exigir que la justicia y equidad sea parte inherente de sus relaciones con los demás. «No es justo.» «Tú no tienes derecho a hacer eso si yo no puedo hacerlo» y «¿Te haría yo una cosa así a ti?». Éstas son las frases que usamos. Queremos justicia y usamos su carencia como justificación para la infelicidad. La exigencia de justicia no es un comportamiento neurótico. Sólo se convierte en zona errónea cuando te castigas a ti mismo con una emoción negativa al no poder ver la justicia que exiges. En este caso el comportamiento autofrustrante no es la exigencia de justicia, sino la inmovilización que puede generar esa realidad sin justicia.

Nuestra cultura promete justicia. Los políticos se refieren a ella en todos sus discursos. «Necesitamos igualdad y justicia para todos.» Sin embargo día tras día, más aún, siglo tras siglo, la falta de justicia continúa. Pobreza, guerras, pestes, crímenes, prostitución, drogas y asesinatos siguen sucediendo generación tras generación tanto en la vida pública como en la privada. Y si la historia de la humanidad puede servirnos de guía, seguirán sucediéndose.

La injusticia es una constante en la vida, pero con la infinita sabiduría, que acabas de adquirir, puedes decidirte a luchar contra esa injusticia y a negarte a quedar inmovilizado emocionalmente por ello. Puedes trabajar para ayudar a extirpar la injusticia y puedes decidir que no te dejarás vencer psicológicamente por ella.

El sistema legal promete justicia. «La gente exige justicia», y hay personas que incluso trabajan para que así sea, para que haya justicia. Pero generalmente no sucede. Los que tienen dinero no son condenados. A menudo, los jueces y los policías se venden a los poderosos. Un presidente y un vicepresidente de los Estados Unidos son perdonados o despedidos con una leve reprimenda después de haberse demostrado que eran culpables de actividades delictivas. Los pobres llenan las cárceles y no tienen casi la menor posibilidad de golpear al sistema. No es justo. Pero es cierto. Spiro Agnew se hace rico después de no pagar sus impuestos sobre la renta. Richard Nixon es exonerado y sus cómplices pasan unos pocos meses en las mejores prisiones mientras que los pobres y los miembros de grupos minoritarios se pudren en las cárceles esperando la vista de su causa, esperando una oportunidad. La visita a cualquier tribunal de justicia, o cuartelillo de policía nos demostrará que para los poderosos e influyentes hay reglamentos especiales aunque las autoridades lo nieguen empecinadamente. ¿Dónde está la justicia? ¡En ninguna parte! Tu decisión de luchar contra ella puede ser admirable, sin duda, pero tu elección de dejarte perturbar por ello es tan neurótica como la culpa, como la búsqueda de aprobación o cualesquiera de los otros comportamientos autoflagelantes que constituyen tus zonas erróneas.

«¡NO ES JUSTO!»:
EL LEMA DE LAS RELACIONES INEFICACES

La sed de justicia puede llegar a infiltrarse en tus relaciones personales y evitar que te comuniques eficientemente con las demás personas. El conocido lema «¡No es justo!» es una de las quejas más comunes (y destructivas). Para poder considerar que algo es injusto tienes que compararte con otro individuo o con otro grupo de individuos. Tu mente funciona más o menos así: «Si ellos pueden hacerlo, yo también». «¡No es justo que tú tengas más que yo!» «Pero si yo no pude hacer eso, ¿por qué lo vas a hacer tú?» En estos casos determinas lo que es bueno para ti basándote en la conducta de otros. Ellos, no tú, están a cargo de tus emociones. Si te sientes perturbado porque no puedes hacer algo que otra gente puede hacer o ha hecho, es porque has dejado que sean ellos los que te controlen. Cada vez que te comparas a ti mismo con cualquier otra persona, estás jugando el juego del «No es justo» y trasladándote desde tu postura de confianza en ti mismo al pensamiento externo dirigido por terceros.

Una de mis pacientes, una joven muy atractiva llamada Judy, es un buen ejemplo de este tipo de pensamiento autodestructivo. Judy llevaba cinco años de casada y se quejaba de que no era feliz en su matrimonio. En una sesión de terapia de grupo, ella hizo una dramatización de una discusión conyugal. Cuando el joven que hacía de marido de Judy, que era agente de seguros, le dijo algo desagradable, Judy inmediatamente le contestó diciendo: «¿Por qué dices eso? Yo nunca te digo cosas así». Cuando él le mencionó a sus hijos, Judy dijo, «Eso no es justo. Yo nunca mezclo a los niños en nuestras discusiones». Cuando la interpretación de roles se dirigió hacia los proyectos de una salida nocturna, el razonamiento de Judy fue nuevamente: «Eso no es justo. Tú sales siempre y yo me tengo que quedar en casa con los niños».

Para Judy, su matrimonio debía funcionar según una lista de comparaciones. Una para ti, otra para mí. Todo tenía que ser parejo y justo. Si yo hago esto de esta manera, tú tienes que hacerlo igual. No es extraño que se sintiera herida y llena de rencores todo el tiempo, más preocupada de ajustar cuentas y reparar injusticias imaginarias que de examinar y quizá mejorar su vida conyugal.

La búsqueda de justicia de Judy era un neurótico callejón sin salida. Ella evaluaba el comportamiento de su marido basándose en su propio comportamiento y su felicidad en base al comportamiento de su marido. Si ella dejara de buscar equidad y hacer cuentas y empezara a tratar de obtener las cosas que quiere sin pretender que sean los demás los que se las brinden, o sea sin tener que depender de los demás, entonces es seguro que sus relaciones podrán mejorar.

El concepto de justicia es un concepto externo; una manera de evitar el hacerte cargo de tu propia vida. En vez de pensar en que las cosas son injustas, puedes decidir lo que realmente quieres, y ponerte a buscar los modos para lograrlo, independientemente de lo que el resto del mundo quiere o hace. El simple hecho es que todas las personas son distintas, y no importa cuánto te quejes y reclames porque los demás tienen más que tú, ya que así no lograrás ningún cambio positivo. Necesitarás eliminar las referencias venidas de fuera y tirar los prismáticos que enfocan lo que hacen los demás. Algunas personas trabajan menos y ganan más dinero. Otras personas mejoran sus posiciones por favoritismos mientras que tú eres más hábil y eficiente. Tu esposo/a y tus niños seguirán haciendo las cosas de una manera diferente a la tuya. Pero si te enfocas a ti mismo en vez de compararte con los demás, te darás cuenta de que no vale la pena molestarte por la falta de equidad y justicia.

El telón de fondo de casi todas las neurosis es dejar que el comportamiento de los demás sea más significativo, más importante que el tuyo propio. Si te cargas con frases como «Si él puede hacerlo, yo también...», vivirás tu vida según lo que piensan los demás y no creándola tú mismo a tu manera.

LOS CELOS: UNA RAMA
DE LA «EXIGENCIA DE JUSTICIA»

John Dryden decía que los celos eran «la ictericia del alma». Si los celos interfieren en tu vida y te producen una inmovilidad emocional, lo que debes hacer es proponerte como meta eliminar este tipo de pensamiento inútil y perjudicial. Los celos son en realidad una manera de exigirle a alguien que te quiera de cierto modo específico y tú dices «No es justo», cuando no lo hacen. Esto proviene de una falta de confianza en ti mismo, simplemente porque se trata de una actividad dirigida a los otros. Permites que el comportamiento de otra persona te produzca incomodidad emocional. La gente que realmente se quiere a sí misma no opta por los celos ni se deja perturbar cuando alguna otra persona no actúa con justicia.

Nunca podrás predecir cómo reaccionará el ser que amas ante otro ser humano, pero si escoge ser afectuoso o amable, tú sólo puedes experimentar la inmovilidad de los celos si consideras que sus decisiones tienen algo que ver contigo. Eso depende de ti; es tu elección. Si un miembro de una pareja se enamora de un tercero, no es que sea «injusto», simplemente es. Si le consideras injusto, probablemente terminarás tratando de imaginarte por qué. Un ejemplo perfecto nos lo proporciona una paciente mía que estaba furiosa porque su marido tenía un *affaire*. La obsesionaba el pensar por qué lo hacía. Se preguntaba constantemente: «¿En qué me equivoqué?», «¿Qué me pasa?», «¿No soy yo suficientemente buena para él?» y toda una retahíla de preguntas llenas de dudas respecto a sí misma. Helen pensaba constantemente en la injusticia de la infidelidad de su marido. Pensó incluso en tener un *affaire* ella para equilibrar la balanza. Lloraba mucho y oscilaba entre la tristeza y la ira.

La equivocada manera de pensar de Helen, que la conduce a la infelicidad, reside en una demanda de justicia que abruma su relación. Esto hace también que la elección de su marido de tener relaciones sexuales fuera del matrimonio sea el motivo de su perturbación. Al mismo tiempo, está usando el comportamiento de su marido como justificativo para hacer algo que probablemente hacía mucho tiempo que quería hacer. Y no lo hacía porque no era justo. La insistencia de Helen en que las cosas tienen que ser justas implica que si fuese ella la primera en tener un *affaire*, entonces su marido tendría que tomar represalias. El estado emocional de Helen no va a mejorar hasta que ella decida que la decisión de su marido fue independiente de ella, y que él puede tener mil motivos particulares, y ninguno de ellos relacionados con Helen, para embarcarse en su aventura sexual. Quizá simplemente haya querido hacer algo distinto; quizá sintió amor por otra persona además de su mujer, o quizá quiso probar su virilidad o mantener a raya la vejez. Sea cual fuere el motivo, éste nada tiene que ver con Helen. Ella puede ver el *affaire* de su marido como algo que pasa entre dos personas y no como algo dirigido contra ella. La perturbación reside únicamente en Helen. Puede seguir hiriéndose a sí misma con esos celos autoflagelantes porque se considera menos importante que su marido o la amante de éste, o puede llegar a reconocer que el *affaire* de otra persona nada tiene que ver con su propia valía.

ALGUNOS COMPORTAMIENTOS TÍPICOS
DE «DEMANDA DE JUSTICIA»

El comportamiento de «búsqueda-de-equidad» es muy evidente en casi todas las áreas de la vida. Por poco perceptivo que seas, te podrás dar cuenta de que surge constantemente en tu comportamiento y en el de los demás. He aquí algunos de los ejemplos más comunes de este tipo de comportamiento.

• Quejarse de que otros ganan más dinero por hacer el mismo trabajo que haces tú.

• Decir que no es justo que Frank Sinatra, Sammy Davis, Barbra Streisand, Catfish Hunter o Joe Namath ganen unos sueldos tan altos y molestarte por ello.

• Molestarte porque otros cometan infracciones impunemente mientras que a ti siempre te cogen. Desde los que violan las normas de velocidad vial hasta el perdón de Nixon, tú insistes en que la justicia *debe* prevalecer.

• Todas las frases del tipo de «¿Acaso yo te haría algo así?», con la pretensión de que todo el mundo tiene que ser exactamente igual a ti.

• Corresponder siempre cuando alguien te hace un favor. Si tú me invitas a cenar, yo te debo una cena a ti o por lo menos una botella de vino. Este tipo de comportamiento a menudo se justifica como amabilidad o buena educación, pero en realidad es simplemente una manera de mantener equilibrada la balanza de la justicia.

• Corresponder al beso que se te da o decir «Yo también te quiero», en vez de aceptarlo y expresar tus propios pensamientos cuando escojas hacerlo. Implica que no es justo recibir un «Yo te quiero», o un beso sin devolverlo.

• Sentirte obligado a tener relaciones sexuales con alguien aunque no quieras hacerlo porque simplemente no es justo no cooperar. De ese modo, funcionas debido a una motivación de justicia en vez de hacer lo que realmente deseas en ese momento presente.

• Insistir siempre en que las cosas tienen que ser

consecuentes. Recuerda la frase de Emerson que a menudo se cita equivocadamente:

> La tonta consecuencia es el duende de las mentes pequeñas. Si pretendes que las cosas siempre sean «apropiadas» y «justas», estás dentro de esta categoría de «mentes-pequeñas».

- En las discusiones insistir en una decisión clara y nítida en que los vencedores tienen razón y los perdedores están equivocados.
- Usar el argumento de la justicia para conseguir lo que quieres. «Tú saliste anoche; no es justo que yo me tenga que quedar en casa.» Y molestarte por la falta de igualdad.
- Decir que algo no es justo ante los *niños*, los *padres* o los *vecinos* y, en consecuencia, hacer cosas que preferirías no hacer, resintiéndote por ello. En vez de echarle la culpa de todo lo que pasa a la falta de equidad, trata de observar seriamente tu propio comportamiento que te inhabilita a decidir por ti mismo qué es lo más apropiado para ti.
- El jueguecito de «Si él/ella puede hacerlo, pues yo también» es una manera de justificar algo que tú haces por medio del comportamiento de otra persona. Ésta puede ser la racionalización neurótica que te sirve para hacer trampas, robar, flirtear, mentir, llegar siempre tarde, o para cualquier cosa que prefieres no admitir en tu propio sistema de valores. Por ejemplo, en la carretera, fastidias a otro conductor porque él te lo hizo a ti, o te apresuras a adelantar a uno que va lento para demorarlo más porque él te lo hizo antes a ti; o dejas las luces largas al cruzarte con otro coche porque los coches que vienen en dirección contraria lo están haciendo y pones literal-

mente en juego tu vida porque tu sentido de justicia ha sido violado. Éste es el tipo de comportamiento de «él me pegó, así que yo le pego a él» tan común en los niños que lo han visto en sus padres miles de veces. Es la causa de muchas guerras cuando esto es llevado a extremos ridículos.

• Gastar la misma cantidad de dinero en un regalo que el que gastó en ti la persona a quien regalas. Pagar cada favor con un favor del mismo valor. Mantener tu libro de cuentas equilibrado, en vez de hacer lo que te gustaría hacer. Después de todo: «Hay que ser justos».

Allí están las pequeñas excursiones por el callejón de la justicia, donde tú y los que están cerca de ti se encuentran conmovidos interiormente, a menudo muy poco pero conmovidos de cualquier manera, por esa absurda afirmación que tienes grabada en la cabeza de que las cosas tienen que ser justas.

ALGUNAS DE LAS RECOMPENSAS PSICOLÓGICAS
QUE TE IMPULSAN A AFERRARTE
A TUS «DEMANDAS DE JUSTICIA»

Las recompensas para este tipo de comportamiento son generalmente autofrustrantes en el sentido que mantienen la percepción fuera de la realidad y en una especie de mundo onírico que nunca existirá. Las razones más comunes para conservar tus «demandas de justicia» en pensamiento y comportamiento son las siguientes:

• Puedes sentirte satisfecho de ti mismo porque eres una persona honorable. Ésta es una de las formas que tienes de sentirte mejor y superior. Mientras sigas insistiendo en un sistema mitológico de justicia y te preocupes más de tener tu libro de cuentas en orden y bien equilibrado, seguirás aferrado a esa sensación de «Yo soy mejor que tú» y gastarás tus momentos presentes en sentirte satisfecho de ti mismo en vez de vivir de forma efectiva.

• Puedes ignorar la responsabilidad por ti mismo y justificar tu inmovilidad transfiriendo la responsabilidad a aquella gente o aquellos hechos que no son justos. Esto te sirve para excusar tu falta de capacidad para ser y sentir lo que quieres y escoges. De esta manera puedes evitar los riesgos y el trabajo que implica tratar de cambiar. Mientras la injusticia sea la causa de tus problemas, no puedes cambiar. Lo harás cuando desaparezca esta injusticia, lo que, por supuesto, no sucederá nunca, jamás.

• La injusticia puede hacerte llamar la atención, la compasión y la autocompasión. El mundo ha sido injusto contigo, así es que ahora tú y todos los que están a tu alrededor deben sentir pena por ti y compadecerte. Ésta es otra de las grandes técnicas para evitar el cambio. La atención, la compasión, la autocompasión son tus retribuciones y las usas para sostenerte en vez de hacerte cargo de ti mismo y evitar los comportamientos inspirados en las comparaciones.

• Puedes justificar todo tipo de comportamientos inmorales, ilegales e impropios haciendo que la responsabilidad de tus actos recaiga sobre otro. Si él puede hacerlo, yo también puedo. Éste es un espléndido sistema de racionalización para justificar cualquier comportamiento.

• Te proporciona una excusa estupenda para ser ineficiente. «Si ellos no hacen nada, yo tampoco lo haré.» Es una estratagema hábil e ingeniosa para justificar tu pereza, tu cansancio o tus temores.

• Te brinda un buen tema de conversación que te

ayuda a evitar hablar de ti mismo con la gente que te rodea. Si te quejas de todas las injusticias que se hacen en el mundo, no realizarás nada, pero por lo menos habrás pasado el tiempo y logrado escapar, quizá, de la necesidad de tratar más honestamente e íntimamente también con la demás gente.

• Si tienes un concepto claro de la justicia, tus decisiones serán siempre justas.

• Podrás manipular a los demás, especialmente a tus hijos, recordándoles que son injustos contigo porque no son exactamente iguales a ti y no mantienen una cuenta exacta de todo el dar-y-recibir de tu relación con ellos. Esta es una manera muy hábil de conseguir que se hagan las cosas a tu manera.

• Puedes justificar un comportamiento vengativo diciendo que las cosas tienen que ser justas. Ésta es una maniobra que sirve para justificar todo tipo de actividades manipuladoras y desagradables. La venganza se justifica porque todo tiene que ser parejo y ecuánime. Y si tienes que pagar un favor, del mismo modo tendrás que pagar una maldad.

He aquí el sistema psicológico de apoyo que justifica tus demandas de justicia. Pero este sistema de apoyo no es invulnerable. A continuación, he anotado algunos métodos estratégicos para deshacerte de este tipo de pensamiento y limpiar esta zona errónea de la demanda-de-justicia.

ALGUNAS ESTRATEGIAS PARA RENUNCIAR A LA SANA DEMANDA DE JUSTICIA

• Confecciona una lista de todo lo que en tu mundo te parece injusto. Usa tu lista como guía para una acción personal eficiente. Hazte a ti mismo esta pregunta importante: «¿Desaparecerán las desigualdades porque a mí me perturban?». Obviamente que no. Atacar el pensamiento erróneo que te produce el malestar es una buena manera de empezar a huir de la trampa de la justicia.

• Cuando te descubras a ti mismo diciendo: «¿Acaso te haría yo eso a ti?» o cualquiera de las frases de ese tipo, cámbiala a «Tú eres distinto a mí, aunque yo encuentro difícil aceptarlo ahora mismo». Esto logrará abrir en vez de cerrar la comunicación entre tú y la otra persona.

• Empieza a pensar que tu vida emocional es algo que está fuera y es independiente de lo que haga cualquier otra persona. Esto te librará del dolor que sientes cuando la gente se comporta de una manera distinta a la que tú quisieras.

• Trata de mirar con perspectiva las decisiones que hagas y no como hechos monumentales que cambiarán tu vida.

Carlos Castaneda dice que el hombre sabio es aquel que

> Vive actuando, no pensando en actuar, ni pensando en lo que pensará cuando haya terminado de actuar... Él sabe que su vida habrá terminado demasiado pronto; él sabe, porque él ve, que nada es más importante que ninguna otra cosa. Así pues el hombre sabio suda y resopla y si uno lo observa es igual a cualquier otro hombre, excepto que él controla la locura de su vida. Ya que nada es más importante que ninguna otra cosa, el hombre sabio, el hombre de conocimiento, escoge cualquier acto, y actúa como si le importara. El control que tiene sobre su locura le impulsa a decir que su actuación importa y hace que actúe como si importara, y sin embargo sabe

que no es así; de modo que cuando cumple con sus actos, se retira en paz, y el hecho de que sus actos hayan sido buenos o malos, hayan resultado o no, no es cosa que le preocupe.[14]

• Cambia la frase «No es justo» por «Es una lástima» o «Yo preferiría...». Así, en vez de tratar de que el mundo sea diferente a lo que es, empezarás a aceptar la realidad, aunque no necesariamente a aprobarla o estar de acuerdo con ella.

• Elimina las referencias externas de comparación. Ten tus propias metas, independientemente de lo que hagan Tom, Dick o Harry. Proponte hacer lo que tú quieres hacer sin referirte a lo que los otros hagan o no hagan.

• Corrígete a ti mismo en voz alta, cuando uses frases como «Yo siempre te llamo cuando voy a llegar tarde, ¿por qué no me llamaste tú a mí?», así eliminarás la noción errónea de que el motivo que tiene la otra persona para llamarte es parecerse a ti.

• En vez de pagarle a alguien por algo, como por ejemplo llevando una botella de vino o un regalo a una fiesta, espera hasta que un día tengas ganas y entonces le mandas una botella de vino con una nota que diga: «Simplemente porque creo que eres una gran persona». No hay ninguna necesidad de mantener en orden las cuentas intercambiando mercancías; haz simplemente algo agradable porque tienes ganas y no porque la ocasión te lo exige.

• Gasta la cantidad de dinero que tú quieras en un regalo sin dejarte influenciar por lo que se gastó en ti. Elimina las invitaciones que haces por obligación o por

14. Carlos Castaneda, *A Separate Reality: Further Conversations with Don Juan*, Pocket Books, Nueva York, 1972.

un sentido de justicia. Decide a quiénes vas a ver por motivos internos en vez de externos.

• Decide tú mismo cuáles serán las normas de conducta que regirán tu comportamiento en el seno de tu familia, basándote en lo que tú consideras que es lo apropiado para ti. Haz que todos los demás hagan lo mismo. Entonces observa y comprueba si no es posible hacer que esto suceda sin que unos violen los derechos de los otros. Si tú sientes que lo que quieres hacer es salir tres noches por semana, pero no puedes hacerlo porque alguien tiene que cuidar a los niños, no dejes que el concepto de «justicia» se interponga en lo que decidas hacer. Quizá podrías arreglártelas para que alguien cuide de los niños o lleva a los niños contigo en tus salidas, o cualquiera que sea el arreglo que resulte satisfactorio para todos. Pero el empezar con la rutina del «No es justo», suscitará rencores y además hará que te quedes en casa. Por cada injusticia que sufres, existe una resolución que no requiere que te quedes de ninguna manera inmovilizado.

• Recuerda que la venganza es simplemente otra manera de ser controlado por los demás. Haz lo que tú, y no ellos, decidas que es conveniente para ti.

Estas sólo son unas cuantas sugerencias que pueden servirte como principio para ayudarte a ser más feliz deshaciéndote de la necesidad de compararte a ti mismo con otros y a usar sus posiciones y posesiones como un barómetro para medir tu propia felicidad. La injusticia no es lo que cuenta sino lo que tú haces al respecto.

9

TERMINANDO CON LAS POSTERGACIONES AHORA MISMO

No es necesario derramar una sola gota de sudor para postergar hacer cualquier cosa.

¿Te encuentras tú en la categoría de los que postergan todo? Si eres como la mayoría de la gente, la respuesta es sí. Pero es muy posible también que preferirías no vivir con la ansiedad que produce el postergamiento de las cosas. Puede que te des cuenta de que estás postergando muchas cosas que quieres hacer, y sin embargo por algún motivo, simplemente sigues suspendiendo la acción. Este asunto de las dilaciones es una de las facetas más preocupante de la vida. Si te cuentas entre los casos graves de los que padecen este mal, seguro que no pasa un día sin que te digas a ti mismo: «Yo sé que tendría que hacer eso o aquello y no lo hago, pero ya me llegará el momento». Tu zona errónea de «postergación» es de las más difíciles de achacar a las fuerzas externas. Es toda tuya, tanto la postergación en sí como la incomodidad que ésta te produce.

La zona errónea de la postergación es lo más cerca que se puede llegar a una zona errónea universal. Hay muy poca gente que puede decir con honestidad que no realiza postergaciones a pesar de que a la larga le resulten contraproducentes y malsanas. Como en todas las zonas erróneas, el comportamiento en sí no es malsano. El hecho de postergar, en realidad, ni siquiera existe. Uno simplemente hace cosas, y las que no hace, simplemente no están hechas en vez de postergadas. El comportamiento neurótico es simplemente la reacción emocional que lo acompaña y la inmovilización que produce. Si sientes que postergas las cosas que tienes que hacer, y te gusta postergarlas, y no sientes culpa por ello, ni ansiedad ni molestias, pues entonces sigue postergando lo que tienes que hacer y pasa por alto este capítulo. Sin embargo para la mayor parte de la gente, las tácticas dilatorias o el postergar lo que tienen que hacer son en realidad una manera de evadirse, de vivir los momentos presentes lo más intensamente posible.

ESPERANDO, DESEANDO Y QUIZÁ

Tres frases neuróticas típicas del hombre que posterga y vacila componen el sistema de apoyo que sirve para mantener el comportamiento dilatorio.

«Quizá las cosas se solucionarán solas.»
«Espero que las cosas vayan mejor.»
«Deseo que se arreglen las cosas.»

He aquí los deleites de quien posterga. Cuando dices «quizás», «espero», o «deseo», puedes usar estas palabras como razonamientos para no hacer nada en el presente. Pero los deseos y esperanzas no son más que una pérdida de tiempo, ilusiones vanas de los que viven en un mundo ficticio. Nunca nadie logró nada, con ninguna de estas palabras por más veces que las repitiera. En realidad éstas sólo sirven para evitar tomar cartas en el asunto y realizar las tareas que tú has decidido que tienen la suficiente importancia para estar en la lista de las actividades de tu vida.

Tú puedes hacer lo que te propongas. Eres fuerte y capaz. No eres frágil ni quebradizo. Al postergar para un momento futuro lo que quisieras hacer ahora, te entregas al escapismo, a la autoduda, y lo que es peor aún al autoengaño. Tu zona postergatoria es un movimiento que te impide ser fuerte en el momento actual, en tu ahora, y te impulsa en dirección de la esperanza de que las cosas mejorarán en el futuro.

LA INERCIA COMO ESTRATEGIA PARA VIVIR

He aquí una frase que puede lograr mantenerte inerte en tus momentos presentes: «Esperaré y mejorarán las cosas». Para algunos esta actitud se convierte en una forma de vida, siempre están postergando algo que harán en un día que nunca ha de llegar.

Mark, un paciente que atendí hace poco, vino a mi consulta quejándose de lo desgraciado que era en su matrimonio. Mark era un cincuentón que llevaba casi treinta años de casado. Cuando empezamos a hablar sobre su vida conyugal me di cuenta de que los motivos de las quejas eran muy antiguos. «Nunca anduvo bien, ni al principio», me dijo en un momento dado. Le pregunté a Mark por qué había seguido con su mujer durante tantos años. «Tenía la esperanza de que las cosas mejorarían», me confesó. Casi treinta años de esperanzas y Mark y su mujer seguían siendo desgraciados.

Cuando hablamos más sobre la vida de Mark y sobre su matrimonio, él me reconoció que hacía como diez años que era impotente. Le pregunté si alguna vez había buscado ayuda profesional para su problema. No, él simplemente había evitado tener relaciones sexuales por más y más tiempo esperando que el problema se solucionaría solo. «Yo estaba seguro de que las cosas mejorarían», me dijo Mark como un eco de su primer comentario.

Mark y su matrimonio representan un caso clásico de inercia. Se evadía de sus problemas y justificaba esta evasión diciendo: «Si espero un tiempo sin hacer nada, quizá las cosas se solucionarán solas». Pero Mark aprendió que las cosas no se solucionan nunca solas. Se quedan exactamente como están. Como mucho, las cosas cambian, pero no mejoran. Las cosas en sí (circunstancias, situaciones, sucesos, gente) no mejoran nunca solas. Si tu vida es mejor de lo que era, es porque tú has hecho algo constructivo para mejorarla.

Miremos más de cerca este comportamiento dilatorio y veamos cómo eliminarlo tomando algunas resoluciones bastante simples. Ésta es una de las zonas que puedes limpiar con mucho «trabajo mental», ya que es una zona que tú mismo te has creado, sin ninguno de los refuerzos culturales que son como el sello de tantas otras zonas erróneas.

CÓMO FUNCIONA LA POSTERGACIÓN

Donald Marquis dijo que la postergación era «el arte de estar al día con el ayer». A esto yo le agregaría, «y de evitar el hoy». Funciona de la siguiente manera. Tú sabes que hay ciertas cosas que quieres hacer, no porque otros te lo hayan ordenado, sino porque las has elegido deliberadamente. Sin embargo muchas de ellas se quedan sin hacer, a pesar de lo mucho que te digas a ti mismo que las harás. Decidirte a hacer algo en el futuro, algo que podrías hacer ahora, es un sustituto muy aceptable del hecho de hacerlo realmente, y te permite engañarte a ti mismo no enfrentándote con el hecho de que en realidad ésta es una componenda y que no estás haciendo lo que te propusiste hacer. Es un sistema muy útil que funciona más o menos así: «Yo sé que debo hacer aquello, pero en realidad tengo miedo de hacerlo mal, o que no me gustará hacerlo. Entonces me digo a mí mismo que lo haré en el futuro, y así no tengo que admitirme a mí mismo que no lo voy a hacer. Y me es más fácil aceptarme a mí mismo de esta manera». Éste es el tipo de razonamiento conveniente pero falaz y engañoso que puedes poner en juego cuando te enfrentas con que tienes que hacer algo que es desagradable o difícil.

Si eres el tipo de persona que vive de una manera y dice que va a vivir de otra en el futuro, tus declaraciones no tienen contenido. Quiere decir simplemente que eres de las personas que siempre difieren la acción y que nunca terminan de hacer las cosas.

Existen, por supuesto, grados de postergación. Es posible demorar las cosas hasta un punto, y luego terminar el trabajo justo antes de la última fecha posible. Esta es también una forma muy común de autoengaño. Si te permites a ti mismo un tiempo mínimo absoluto para hacer un trabajo, podrás justificar los resultados mediocres o inferiores, diciéndote: «Simplemente no tuve tiempo suficiente». Pero sí tienes tiempo suficiente. Sabes muy bien que la gente ocupada siempre logra hacer las cosas. Pero si te pasas el tiempo quejándote de lo mucho que tienes que hacer (postergando), no tendrás momentos presentes para hacerlo.

Yo tenía un colega que era un especialista en el arte de la postergación. Andaba atareado siempre con montones de asuntos y negocios y hablando de lo mucho que tenía que hacer. Cuando hablaba de sus cosas los demás se cansaban sólo de oírlo. Pero al observarlo de cerca era fácil darse cuenta de que en realidad mi colega hacía muy poco. Tenía millones de proyectos en su mente y nunca se ponía a trabajar en ninguno de ellos. Me imagino que todas las noches antes de dormirse se engañaba a sí mismo prometiéndose hacer el trabajo al día siguiente y además terminarlo. Si no ¿cómo hubiera podido quedarse dormido con su sistema de autoengaño intacto? Tal vez supiera que no haría lo que se decía que iba a hacer, pero mientras jurase que sí lo haría, podía salvar sus momentos presentes.

Tú no eres necesariamente lo que dices. Tu comportamiento es un barómetro mucho más adecuado para medir tu valor. Lo que haces en tus momentos presentes es el único indicador de lo que eres como persona, Emerson escribió una vez lo siguiente:

> No digas cosas. Lo que eres, relumbra sobre ti mientras lo haces, y atrona con tal fuerza que no puedo oír lo que alegas en su contra.

La próxima vez que digas que harás algo, a sabiendas de que no lo harás, recuerda esas palabras. Son el antídoto de la postergación.

LOS CRÍTICOS Y LOS HACEDORES

La postergación como forma de vida es una de las técnicas que puedes usar para evitar el hacer las cosas. Un no-hacedor es a menudo un crítico, esto es, alguien que se echa para atrás y mira cómo los demás hacen cosas, y luego elucubra conceptos filosóficos sobre cómo están haciendo las cosas los hacedores. Es muy fácil ser crítico, pero ser un hacedor requiere esfuerzo, riesgos y cambios.

EL CRÍTICO

Nuestra cultura está llena de críticos. Hasta pagamos para oírlos.

Al observarte a ti mismo y a la gente que está a tu alrededor, toma nota del tiempo que se le dedica a la crítica en las relaciones sociales. ¿Por qué? Porque sencillamente es mucho más fácil hablar de cómo actúa otra persona que ser la que en realidad actúa. Toma nota de las actitudes de los verdaderos campeones, los que han mantenido un alto nivel de excelencia durante un largo período de tiempo. Los Henry Aarons, los Johnny Carson, los Bobby Fisher, las Katherine Hepburn, los Joe Louis y gente de ese tipo. Hacedores en el nivel más alto. Campeones en todo sentido. ¿Acaso se sientan tranquilamente a criticar a los demás? Los verdaderos hacedores de este mundo no tienen tiempo para criticar a los demás. Están demasiado ocupados haciendo cosas. Trabajan. Ayudan a los que no tienen tanto talento como ellos en vez de criticarlos.

La crítica constructiva puede ser útil. Pero si has escogido el rol del observador en vez del hacedor, no estás creciendo. Más aún, podría ser que estés usando tus críticas para absolverte a ti mismo de la responsabilidad por tu ineficiencia proyectándola en los que realmente están haciendo un esfuerzo. Por otro lado bien puedes aprender a ignorar a los criticones, los que siempre encuentran faltas en los demás y a los críticos autoproclamados. Tu primera estrategia consistirá en reconocer estos comportamientos en ti mismo y en hacer la firme resolución de eliminarlos por completo para que puedas ser un hacedor en vez de un crítico postergador y dilatorio.

EL ABURRIMIENTO:
UNA RESULTANTE DE LA POSTERGACIÓN

La vida no es nunca aburrida pero alguna gente escoge aburrirse. El concepto del aburrimiento implica la incapacidad para usar el momento presente en actividades que te ayuden a realizarte. El aburrimiento es una opción, una elección; algo que tú mismo te impones y es uno de esos elementos autodestructivos que puedes eliminar de tu vida. Cuando postergas y vacilas malgastas tus momentos presentes en no hacer nada como alternativa a la posibilidad de hacer cualquier cosa. El no hacer nada conduce al aburrimiento. La tendencia general es echarle la culpa al entorno por el aburrimiento. «Este pueblo es realmente aburrido» o «¡Qué orador tan aburrido!». El pueblo en particular y el orador no son nunca aburridos, eres tú el que experimenta el aburrimiento y puedes eliminarlo haciendo alguna otra cosa con tu mente en ese momento.

Samuel Butler dijo: «El hombre que se deja aburrir es aún más despreciable que el aburrido». Haciendo lo que quieres, ahora, o usando tu mente de forma creativa y nueva, ahora, te aseguras un futuro en el que nunca más escogerás para ti mismo el aburrimiento. Como siempre, la decisión está en tus manos.

ALGUNOS TÍPICOS COMPORTAMIENTOS
POSTERGATORIOS

He aquí algunas áreas donde la postergación como opción es mucho más fácil que la acción.

• Seguir en un empleo en el que te sientes atrapado y sin posibilidad de desarrollarte y crecer.

- Aferrarte a una relación que se ha echado a perder. Seguir casado (o sin estar casado) esperando que las cosas mejorarán.
- Negarte a hacer algo positivo para solucionar dificultades de relación en lo sexual, la timidez o en fobias. Esperar a que mejoren por sí solas en vez de hacer algo constructivo al respecto.
- No luchar contra adicciones como el alcohol, las drogas, las píldoras o el cigarrillo. Decir «Lo dejaré cuando esté listo para ello», a sabiendas de que lo postergas porque dudas que lo puedas hacer.
- Postergar trabajos ya sean pesados o livianos como la limpieza de la casa, o cualquier otra cosa: reparaciones, coser, cortar el césped, pintar algo; siempre que te importe que se hagan o no. Si esperas lo suficiente, quizá se harán solos.
- Evitar un confrontamiento con alguna persona, como puede ser una figura autoritaria, un amigo, un amante, un vendedor o un funcionario cualquiera. Si esperas, al final no tendrás que hacerlo, aunque el confrontamiento podría haber mejorado la relación o el servicio.
- Tener miedo de cambiar situaciones geográficas. Te quedas en el mismo sitio toda la vida.
- Postergar pasar un día o una hora con tus hijos, lo que te daría mucho gusto porque tienes mucho trabajo o estás ocupado en asuntos muy serios. Igualmente no salir una noche a cenar, o al teatro o algún evento deportivo con tus seres queridos usando tu «Estoy muy ocupado» para postergarlo eternamente.
- Decidirte a empezar tu dieta mañana o la semana próxima. Es más fácil postergarlo que trabajar para perder los kilos, así que dices: «Ya lo haré mañana», y ese mañana, claro, nunca llegará.
- Usar el cansancio o el sueño como excusa para

postergar algo. ¿Te has dado cuenta de cómo te cansas cuando estás a punto de hacer algo incómodo o difícil? La fatiga, incluso leve, es un estupendo recurso postergador.

• Enfermarte cuando te enfrentas con un trabajo perturbador o molesto. ¿Cómo podrías hacerlo ahora cuando te sientes tan mal? Al igual que el cansancio del que hablamos en el párrafo anterior, la enfermedad o el malestar es una estupenda técnica postergatoria.

• La estratagema de «Ahora no tengo tiempo para hacerlo» con la que te justificas para no hacer algo porque estás muy ocupado, aunque seguro que encuentras tiempo para hacer las cosas que realmente quieres hacer.

• Vivir ilusionado por las vacaciones que te vas a tomar, un viaje soñado. El año próximo encontraremos el Nirvana.

• Optar por la postura del crítico y usar tus críticas para camuflar tu propia negación a hacer cosas.

• Negarte a acudir al médico cuando sospechas que algo no va bien. Al postergarlo no tienes que enfrentarte con la realidad de una posible enfermedad.

• No atreverte a acercarte a alguien que quieres. Es lo que deseas pero prefieres postergarlo y esperar que las cosas se resuelvan solas.

• Aburrirte en cualquier momento de tu vida. Es ésta una manera de postergar algo y de usar el evento aburrido como razón para no hacer algo más divertido y estimulante.

• Tener el propósito y nunca llegar a ponerlo en acción de hacer ejercicio en forma regular: «Empezaré ahora mismo... la semana próxima».

• Vivir completamente dedicada a tus hijos postergando tu propia felicidad. ¿Cómo nos vamos a dar el lujo de tomarnos una vacación cuando tenemos que pensar en la educación de los niños?

La racionalización que sirve para postergar lo que tenemos o queremos hacer está compuesta de una parte de autoengaño o decepción y de dos partes de escapismo. Entre las retribuciones más importantes que nos brinda la política de aferrarnos a esta costumbre de postergar, se encuentran las siguientes:

• Es evidente que la postergación te permite evadirte de las actividades desagradables. Puede haber cosas que te atemorizan o cosas que por un lado te gustaría hacer y por el otro no. Recuerda que nada es completamente blanco o negro.

• Puedes sentirte cómodo con tu sistema de autoengaño. El mentirte a ti mismo te permite no reconocer que en este momento presente no eres un «hacedor».

• Si continúas postergando cualquier situación puedes seguir exactamente como estás para siempre. Así eliminarás la posibilidad de cambios y todos los riesgos que los acompañan.

• Al sentirte aburrido tienes alguien o algo a quien culpar por tu infelicidad; de ese modo, trasladas la responsabilidad desde tu propia persona a la actividad aburrida.

• Al erigirte en crítico, puedes sentirte importante a expensas de los demás. Es una de las maneras de usar las actividades y actos de las demás personas como escalones para elevarte a ti mismo mentalmente. Otra forma de autoengaño.

• Mientras esperas que las cosas mejoren, puedes culpar al mundo entero de tu infelicidad: las cosas no se te presentan nunca bien para ti. Una gran estrategia para no hacer nada.

- Puedes evitar totalmente las posibilidades de fracaso evitando todas las actividades que implican algún riesgo. De esta manera nunca tendrás que enfrentarte con la desconfianza que tienes de ti mismo.
- El soñar ilusionado con cosas que pueden pasar (fantasías de Santa Claus) te permiten retornar a una infancia segura y protegida.
- Puedes atraerte la simpatía y compasión de los demás y sentir compasión de ti mismo, por el estado de ansiedad en que vives al no hacer lo que te hubiera gustado hacer
- Puedes justificar un rendimiento mediocre o inferior a lo aceptable en cualquier actividad que postergues durante un tiempo suficientemente largo, dejando luego un margen mínimo de tiempo para hacerlo. «Pero es que simplemente no tuve tiempo.»
- Al postergar algo puedes lograr que otra persona lo haga por ti. En consecuencia, la postergación se convierte en una manera de manipular a los demás.
- La postergación de las cosas te permite engañarte a ti mismo hasta convencerte de que eres distinto de lo que eres en realidad.
- Al no hacer algún trabajo puedes evitar el éxito. Si no triunfas, evitas tener que sentirte bien contigo mismo y tener que aceptar la posterior responsabilidad que acompaña al éxito.

Ahora que tienes una idea sobre los motivos que te pueden haber llevado a postergar las cosas que no te conviene postergar, podrás empezar a hacer algo para eliminar estas zonas erróneas tan autodestructivas.

ALGUNAS TÉCNICAS PARA DESHACERSE
DE ESTE COMPORTAMIENTO POSTERGADOR

• Tomar la decisión de vivir de momento a momento, cinco minutos a la vez. En vez de pensar en trabajos que se harán «a la larga», piensa en el momento actual y trata de pasar un período de cinco minutos haciendo lo que quieres, rehusando postergar cualquier cosa que pueda brindarte una satisfacción.

• Ponte a hacer algo que has estado postergando. Empieza a escribir una carta o un libro. Te darás cuenta de que muchas de tus postergaciones fueron innecesarias ya que lo más probable es que encuentres que el trabajo que estabas postergando en realidad es muy agradable de hacer y lo estás disfrutando. El empezar simplemente a hacer te ayudará a eliminar la ansiedad que te inspira el proyecto.

• Pregúntate a ti mismo: «¿Qué es lo peor que me podría pasar si hiciera lo que estoy postergando ahora?». La contestación es por lo general tan insignificante que muy posiblemente te dará un espaldarazo que te incitará a la acción. Piensa en los motivos que tienes para tener miedo de hacer algo y con sólo eso dejarás de aferrarte a ellos.

• Date a ti mismo un tiempo específico (digamos los miércoles de 10 a 10.15 de la noche) que dedicarás exclusivamente a la tarea que has estado postergando. Verás que los quince minutos de esfuerzo dedicados exclusivamente a algo a menudo son suficientes para hacerte pasar el bache de la postergación.

• Piensa en ti mismo como en un ser demasiado importante y significativo como para seguir viviendo lleno de ansiedad por las cosas que tienes que hacer. De modo que la próxima vez que estés perturbado por la ansiedad de la postergación, recuerda que la gente que se ama a sí misma no se hiere de esa manera.

- Observa cuidadosamente tu realidad actual. Decide qué es lo que estás evitando en tus momentos actuales y empieza a enfrentarte con tu miedo a vivir eficientemente. El postergar la acción es sustituir el presente por la ansiedad respecto a algún acontecimiento que pueda suceder en el futuro. Si el acontecimiento se convierte en presente, la ansiedad, por definición, tiene que desaparecer.
- Deja de fumar... ¡ahora! Empieza tu dieta... ¡en este mismo momento! Deja la bebida... ¡en este instante! Deja de leer este libro y haz inmediatamente uno de los ejercicios de la serie que proyectas dentro de tu programa de ejercicio. Así es como te tienes que enfrentar con tus problemas... actuando, ¡ahora mismo! ¡Hazlo! El único que te impide hacer cosas eres tú mismo y las opciones neuróticas que has elegido porque no crees que eres tan fuerte como lo eres en la realidad. Qué simple... ¡simplemente ponte a hacerlo!
- Empieza a usar tu mente de forma creativa en lo que antes eran circunstancias aburridas. Si estás en una reunión aburrida, cambia el ritmo de la misma haciendo una pregunta pertinente, u ocupa tu mente en pensamientos estimulantes como escribir un poema, o memorizar veinticinco números de atrás para adelante, simplemente como entrenamiento de la memoria. Decide que nunca más te aburrirás.
- Cuando alguien te empieza a criticar, haz esta pregunta: «¿Tú crees que ahora me hace falta un crítico?». O cuando te descubres siendo tú mismo el crítico, pregúntale a la persona que está contigo si quiere oír tu crítica y si así es, por qué. Esto te ayudará a pasar de la columna de la crítica a la de la acción.
- Observa tu vida cuidadosamente. ¿Estás haciendo ahora lo que estarías haciendo si supieras que sólo tienes seis meses de vida? Si no es así, lo mejor que puedes ha-

cer es empezar ahora mismo puesto que, relativamente, eso es todo lo que tienes. Dada la eternidad del tiempo, treinta años o seis meses dan lo mismo; no hay ninguna diferencia entre los dos espacios de tiempo. El espacio total de tu vida es sólo como un punto en el tiempo. No tiene sentido postergar nada.

• Ten el valor de emprender una actividad que hayas estado evitando hasta ahora. Un acto de valor puede eliminar todo ese temor. Deja de decirte a ti mismo que tienes que funcionar bien. Recuérdate que hacer es lo importante.

• Decide que no estarás cansado hasta el momento antes de meterte en cama. No te permitas usar la fatiga o la enfermedad como un escape o para postergar hacer algo. Puede que descubras que cuando te saques de encima el motivo de la enfermedad o del cansancio (es decir, el evitar una tarea), los problemas físicos desaparecen como por arte de magia.

• Elimina las palabras «esperanza», «deseo» y «quizá» de tu vocabulario. Ésos son los instrumentos que usas para postergar. Si descubres que estas palabras se están deslizando en tu vocabulario, cámbialas por nuevas frases. Por ejemplo, cambia:

«Espero que se arreglarán las cosas» por «Haré que se arreglen».

«Me gustaría tanto que las cosas fueran mejores, de otra manera» por «Voy a hacer lo siguiente para sentirme mejor».

«Quizás eso resultará bien» por «Haré que resulte bien».

• Escribe un diario de tu comportamiento crítico y de tus quejas. Al anotar estas actitudes, conseguirás dos cosas. Verás en qué forma el comportamiento crítico aparece en tu vida (la frecuencia, los tipos de cosas, los sucesos y la gente que tienen relación contigo en ese sentido). También dejarás de criticar porque te fastidiará mucho tener que anotarlo en tu diario.

• Si estás postergando algo que también involucra a gente (un traslado, un problema sexual, un trabajo nuevo) reúnete con ellos y pídeles sus opiniones. Ten el valor de hablar de tus propios temores y constata si las postergaciones se deben a motivos que existen sólo en tu cabeza. Si consigues un confidente para que te ayude con tus postergaciones, realizarás un esfuerzo conjunto. Muy pronto habrás disipado gran parte de la ansiedad que acompaña a las postergaciones al compartirlas.

• Haz un contrato con tus seres queridos por el cual te comprometes a entregarles las mercancías que tienes para ellos pero que has estado postergando. Haz que cada parte conserve una copia del contrato y decreta multas para las infracciones. Ya se trate de asistir a un partido de fútbol, de salir a cenar fuera, ir de vacaciones o al teatro, te darás cuenta de que esta estratagema no es sólo útil sino también muy gratificante para ti ya que te impulsará a participar en actividades que te pueden resultar placenteras.

Si quieres que el mundo cambie, no te limites a lamentarte. Haz algo. En vez de desperdiciar tus momentos presentes en todo tipo de ansiedades inmovilizantes respecto a lo que estás postergando, hazte cargo de esta odiosa zona errónea y vive ahora. Sé un hacedor, no una persona que únicamente desea, espera o critica.

10

PROCLAMA TU INDEPENDENCIA

*En cualquier relación humana en la cual dos personas se conviertan
en una, el resultado siempre será dos medias personas.*

E l abandonar el nido psicológico es una de las tareas más difíciles de la vida. La víbora de la dependencia se entromete de muchísimas maneras; y deshacerse de ella por completo es muy difícil ya que la cantidad de personas que se benefician de la mutua dependencia psicológica es muy grande. El ser psicológicamente independiente quiere decir estar totalmente libre de todas las relaciones obligatorias, e implica la ausencia del comportamiento dirigido hacia los demás. Quiere decir que eres libre de la obligación de hacer algo que de otra manera no elegirías hacer, de no existir esa relación. El asunto del abandono del nido es particularmente difícil porque nuestra sociedad nos enseña que debemos cumplir con lo que se espera de nosotros en ciertas relaciones, que incluyen a los padres, hijos, figuras de autoridad y los seres queridos.

El abandono del nido significa convertirte en ti mismo, en tu propia persona, es decir en lo que en realidad eres, viviendo y escogiendo los comportamientos que tú elijas y deseas. No significa una ruptura en ningún sentido de la palabra. Si disfrutas de tu manera de interactuar con cualquier persona y ésta no interfiere con las metas que te has puesto en tu vida, pues entonces no vale la pena cambiarla sino más bien aferrarte a ella. El depender de alguien psicológicamente, por otro lado, quiere decir que esta relación no implica una elección, sino que es una relación por la cual te sientes obligado a ser algo que no quieres ser y que te ofende el sentirte forzado a comportarte de esa manera. Éste es el meollo de esta zona errónea y es similar a la de búsqueda-de-aprobación que tratamos en el capítulo III. Si lo que quieres es ese tipo de relación, entonces no es malsana. Pero si la necesitas o te sientes obligado a tenerla y luego te molesta y resiente, entonces quiere decir que estás en una zona autofrustrante. De ese modo, la obligación es lo que constituye un problema, más que la relación en sí. La obligación engendra culpa y dependencia, mientras que la libre elección inspira amor e independencia. No hay elección en una relación psicológicamente dependiente, consecuentemente este tipo de alianza provocará siempre indignación y rencores.

La independencia psicológica implica no necesitar a los demás. No digo no desear tener relaciones con los demás; lo que digo es no necesitarlos. En el momento que sientes esa necesidad te vuelves vulnerable, eres un esclavo. Si te deja la persona que necesitas, o cambia de parecer, o se muere, caerás inmovilizado, te desmoronarás e incluso puedes morirte. Pero la sociedad nos enseña a ser dependientes de una cantidad de gente empezando por los padres; y podría ser que tú sigas aún con la boca abierta esperando a que caigan los gusanos de muchas de tus relaciones más significativas. Mientras pienses que tienes que hacer algo porque es lo que se espera de ti en cualquier relación, y el hacerlo te provoca resentimientos contra esa persona y el no hacerlo te carga de culpa, puedes estar seguro que tienes que ocuparte de esta zona errónea.

Para eliminar la dependencia hay que empezar por la familia, por la forma en que tus padres te trataron cuando eras pequeño y en la que tratas tú a tus hijos ahora. ¿Cuántas formulaciones de dependencia llevas hoy día en tu cabeza? ¿Cuántas les impones a tus hijos?

LA TRAMPA DE LA DEPENDENCIA EN LA EDUCACIÓN DE LOS HIJOS Y EN LA FAMILIA

Walt Disney hizo hace algunos años una película estupenda y la tituló *La trampa del oso* (*Bear Trap*). Narraba la vida de una madre oso y sus dos bebés durante los primeros meses de vida de los oseznos. Mamá-osa les enseñó a sus cachorros a cazar, a pescar y a subirse a los árboles. Les enseñó a protegerse cuando se encontraban ante un peligro. Entonces, un buen día, siguiendo sus propios instintos, Mamá-osa decidió que había llegado la hora de irse. Los obligó a encaramarse a un árbol, y sin siquiera echar una mirada para atrás, se fue. ¡Para siempre! Dentro de su mente de osa había pensado que ya había cumplido con sus responsabilidades maternales. No trató de manipularlos para que la visitaran alternativamente un domingo sí y otro no. No los acusó diciéndoles que eran desagradecidos, ni los amenazó con tener un colapso nervioso si la desilusionaban en lo que ella esperaba de ellos. Simplemente los dejó. En el reino animal, ser padres significa enseñarles a los hijos a valerse por sí mismos para que puedan ser independientes, y luego, dejarlos. En nuestro caso, en el caso de los seres humanos, el instinto sigue siendo el mismo, esto es, el ser independientes, pero nos domina la necesidad neurótica de poseer y de vivir nuestra vida a través de nuestros hijos y el propósito de educar a un niño para que sea independiente se confunde con la idea de educar a un niño para aferrarse a él.

¿Qué es lo que pretendes de tus hijos? ¿Te gustaría que tuvieran muy buena opinión de sí mismos, y también mucha confianza en sí mismos, que no fueran neuróticos, se realizaran y fueran felices? Por supuesto que sí. ¿Pero qué puedes hacer para ayudarles a que sean así? Sólo siendo así tú mismo. Los niños aprenden sus comportamientos de los modelos que tienen ante sí. Si tú estás lleno de culpa y no te sientes realizado, y les dices que sean lo contrario, les estás vendiendo un producto fallado. Si el modelo que les presentas es bajo en autoestima, les estás enseñando a tus hijos a adoptar para sí mismos la misma actitud. Y lo que tiene aún más importancia y significación, si haces que ellos sean más importantes que tú mismo, no los ayudas, simplemente les estás enseñando a poner a los demás delante de ellos mismos y quedarse en el asiento de atrás insatisfechos y sin lograr realizarse. ¡Qué ironía! No puedes darles confianza en sí mismos a tus hijos; tienen que adquirirla viéndote a ti vivir de esa manera. Sólo al tratarte a ti mismo como la persona más importante y no sacrificándote a ti mismo por tus hijos, les enseñarás a tener confianza y también a tener fe en sí mismos. Si tú eres de los que se sacrifican, les presentas un modelo de comportamiento sacrificado. Y ¿qué quiere decir un comportamiento sacrificado? Poner a los demás por delante de ti mismo, no quererte a ti mismo o no gustarte, buscar continuamente aprobación y otros comportamientos erróneos por el estilo. El hacer cosas para los demás es algo admirable a veces, pero si se hace a expensas de uno mismo, simplemente enseñarás a los demás a comportarse de una manera que sólo puede engendrar resentimientos.

Desde muy pequeños los niños quieren hacer cosas

por sí solos. «¡Deja, mamá, que yo puedo hacerlo solito!» «Mírame, papá, no necesito ayuda.» «Yo como solo.» Una tras otra llegan las señales. Y aunque hay mucha dependencia en los primeros años, existe también desde el primer día un impulso hacia la autonomía.

A los cuatro años, la pequeña Roxana siempre acude a su padre o madre cuando se hace daño o tiene necesidad de un apoyo emocional de cualquier clase que sea. Ella, cuando tiene ocho o diez años, se desahoga con ellos. Y aunque quiere que la consideren como a una niña grande («Ya sé ponerme el abrigo, ¡déjame!»), quiere también el apoyo de unos padres cariñosos y responsables. («Mira, mamá, me raspé la rodilla y me está sangrando.») Está desarrollando el concepto de sí misma a través de la visión que de ella tienen sus padres y la gente importante de su vida. De pronto Roxana tiene catorce años. Llega a casa llorando porque ha peleado con su «novio» y corre a encerrarse en su dormitorio pegando un portazo. Mamá sube tras ella y con su modo afectuoso de siempre le pide que le cuente todo. Pero ahora Roxana le contesta en forma terminante: «No quiero hablar de esto; déjame en paz». Mamá en vez de comprender que esta pequeña escena es una prueba de que ella ha sido una buena madre y que la pequeña Roxana, que siempre le ha contado todos sus problemas, ahora está enfrentándose con sus problemas por su cuenta (independencia emocional), se desconcierta. No está lista para abandonar el terreno, para dejar que Roxana se las arregle a su manera, independientemente. Sigue viendo a Roxana como al polluelo recién nacido que era hace aún tan poco tiempo. Pero si mamá insiste y obliga a su hija, se expone a recibir una fuerte dosis de resentimiento de parte de Roxana.

El deseo de la niña de abandonar el nido es muy grande, pero cuando la posesión y el sacrificio han sido los lubricantes que hacían marchar la máquina familiar, el acto natural del hombre de irse por su cuenta se convierte en una crisis. El abandono del nido en una atmósfera psicológicamente sana no implica ni crisis ni disturbios o problemas: es la consecuencia natural de una vida eficiente y positiva. Pero cuando la culpa y el miedo a desilusionar a los padres marcan el hecho de abandonar el nido, estos sentimientos siguen influyendo en la gente durante toda la vida, hasta tal punto que a veces la relación matrimonial se convierte en una relación filial, más que en una relación en la que dos individuos comparten una vida en condiciones iguales.

¿Cuáles son pues tus metas como padre o en la elaboración de una buena relación con tus propios padres? La familia es ciertamente una unidad importante en el proceso del desarrollo, pero no debe ser una unidad permanente. No debería ser nunca un vehículo para la culpabilidad y la neurosis cuando uno de sus miembros hace un movimiento en dirección de la independencia emocional. Algunos padres han llegado a decir, puede que los hayas oído: «Tengo derecho de hacer que mi hijo sea lo que yo escoja para él». Pero ¿cuál es la retribución que ofrece una actitud tan dominante? Odio, resentimiento, furia y culpa frustrante cuando el niño crece. Si observas las relaciones eficientes y positivas que existen entre algunos padres e hijos que no están ligadas por requerimientos y obligaciones, verás que se trata de padres que tratan a sus hijos como amigos. Si un niño desparrama la salsa sobre el mantel, no le larga la clásica «¿Por qué no te fijas en lo que haces? Eres tan torpe». En cambio observarás que lo tratan como lo harían con un amigo en el caso que éste derramara algo. «¿Puedo ayudarte?» Nada de ofenderlo porque te pertenece, más bien respetarlo por su propia dignidad de niño. Descubrirás también que los padres eficientes estimulan más los instintos de independencia que de dependencia y no hacen escenas por la expresión de deseos tan normales como los de ser autónomos.

DIFERENCIAS ENTRE FAMILIAS DIRIGIDAS A LA INDEPENDENCIA Y LAS DIRIGIDAS A LA DEPENDENCIA

En las familias dirigidas a la independencia, los impulsos dirigidos hacia la autonomía y el ser uno mismo son considerados normales y no un desafío a la autoridad de uno de sus miembros. No se hace hincapié en la necesidad de los demás ni en el aferrarse a ellos. Igualmente, tampoco se exige la eterna lealtad del niño a su familia simplemente por pertenecer a ella. De esta actitud resultan las familias que les gusta reunirse en vez de sentir la obligación de hacerlo. Existe también un respeto por la intimidad de los demás más que una exigencia de compartirlo todo. En familias como ésta, la esposa tiene una vida propia aparte de la de esposa y madre. Es así un modelo positivo para sus hijos en vez de vivir su vida para ellos y a través de ellos. Los padres sienten que su propia vida es de una importancia capital porque sin ella no puede haber armonía familiar. Así los padres se ausentan ocasionalmente sin sentirse obligados a estar siempre para sus hijos. La madre no es una esclava porque no quiere que sus propios hijos (especialmente las niñas) se conviertan en esclavos. No siente que ella tiene que estar allí todo el tiempo para atender a todas las necesidades de sus niños. Ella piensa que puede apreciar a sus hijos y viceversa tanto o más cuando ella se está realizando y contribuyendo a la vida de su familia, de su comunidad y de su cultura en un pie de igualdad con el hombre en este mundo.

En este tipo de familia no existen manipulaciones sutiles por medio de la culpa o amenazas para mantener a los hijos dependientes y bajo la responsabilidad de los padres. Cuando los hijos crecen, los padres no quieren que los visiten por obligación. Además, los padres están demasiado ocupados en sus propias cosas para pasarse la vida esperando que sus hijos o nietos aparezcan para darles una razón de vivir. Los padres como éstos no creen que deben ahorrarles a sus hijos los sinsabores y dificultades que pasaron ellos, porque reconocen que el hecho mismo de trabajar para sobreponerse a las dificultades fue lo que les dio confianza en sí mismos y la estima correspondiente. Ellos no desean privar a sus hijos de experiencias tan importantes.

Estos padres se dan cuenta de que el deseo de sus hijos de luchar por sí mismos con la ayuda y no bajo el dominio de padres, es algo sano que no hay que negarles. El *Demian* de Hesse habla de la variedad de caminos hacia la independencia:

> Tarde o temprano todos, cada uno de nosotros, tiene que dar el paso que lo separará de su padre, de sus mentores: tenemos que pasar todos por experiencias crueles, solitarias... Yo no había abandonado a mis padres y a su mundo, el mundo «luminoso» con una lucha violenta, sino que gradualmente, casi imperceptiblemente, me había alejado de ellos. Me apenaba que tuviera que ser así, y por eso muchas de las horas pasadas en casa de mis padres cuando iba a visitarles fueron desagradables.

Tú puedes hacer que todas tus visitas a la casa de tus padres sean experiencias afectuosas si te aferras con fuerza a tu propia lucha por independizarte de ellos. Y si tú presentas ante tus hijos un modelo de autoorgullo y de autovaloración positiva, ellos a su vez abandonarán el nido sin causar tensiones ni problemas a nadie.

En *La esposa de su hijo* (*Her Son's Wife*) Dorothy Canfield Fisher lo resume estupendamente:

> La madre no es una persona que sirve de apoyo, sino una persona que hace innecesario el apoyo.

Que así sea. De ti depende el hacer que el abandono del nido sea un hecho natural y normal, o un suceso cargado de traumas que marcarán al hijo y a la relación con él para siempre. Pero tú también fuiste niño un día, y si entonces aprendiste bien la rutina de la dependencia, quizás al casarte fuiste de los que sustituyeron una relación dependiente por otra.

LA DEPENDENCIA PSICOLÓGICA Y LA CRISIS MATRIMONIAL

Puede que hayas solucionado el problema de tu dependencia con tus padres y quizá tienes bien controlada la relación con tus hijos. Tal vez reconozcas la necesidad de independencia de tus hijos y la estimules. Pero también puede ser que aún tengas un problema de dependencia en tu vida. Si eres una de esas personas que dejó una relación dependiente con sus propios padres para entrar en otra cuando se casó, entonces es evidente que tienes una zona errónea que necesita cura.

Louis Anspacher escribió sobre el matrimonio en América:

> El matrimonio es aquella relación entre un hombre y una mujer en la que la independencia es equivalente, la dependencia mutua y la obligación es recíproca.

Ahí están las dos palabras feas, dependencia y obligación, que son las responsables del estado actual del matrimonio y de la tasa de divorcios en nuestro país. El hecho muy simple es que a la mayor parte de la gente no le gusta el matrimonio, y a pesar de que lo aguantan, sus víctimas psicológicas siguen proliferando.

Una relación que se basa en el amor, como ya dijimos antes, es una relación en la que cada uno de sus miembros le permite al otro ser lo que él quiere, sin expectativas especiales y sin exigencias. Es una asociación simple entre dos personas que se quieren tanto que ninguno de los dos querría que el otro fuese algo que no haya escogido por sí mismo. Es una unión que se basa en la independencia, más que en la dependencia. Pero este tipo de relación es tan rara en nuestra cultura que es casi mitológica. Imagínate una unión con el ser que amas en la que cada uno de vosotros dos puede ser lo que quiera. Ahora piensa en lo que son realmente la mayoría de las relaciones que tú conoces. ¿Cómo se introduce solapadamente esa temible dependencia y lo fastidia todo?

UN MATRIMONIO TÍPICO

La trenza que se hila en la mayoría de los matrimonios es la del dominio y la sumisión. Y aunque los roles pueden variar con regularidad, diferentes para distintas situaciones conyugales, esa trenza estará siempre presente. Uno de los socios domina al otro como condición de la alianza. Un caso típico de un matrimonio típico y sus crisis psicológicas se desarrollará más o menos como los de la pareja de la historia que relatamos a continuación.

Cuando se casaron el marido tenía veintitrés años y su esposa veinte. Él tiene una educación algo superior a la de ella, y se ha asegurado una posición en el campo del prestigio económico, mientras que la mujer trabaja como secretaria, dependienta, o quizás en una profesión de las consideradas «femeninas» tales como enfermera o maestra. El trabajo de la mujer es un relleno hasta que ella pueda convertirse en esposa y madre. Al cabo de cuatro años de matrimonio, ya hay dos o tres niños y la mujer sirve como esposa y madre en el hogar. Su rol consiste en cuidar y ocuparse de la casa, de los niños y de su marido. Desde el punto de vista del trabajo, su posición es la de una empleada doméstica, y psicológicamente está en una posición de sometimiento. Se le da mucha mayor importancia y significación al trabajo del hombre, en gran parte porque él es quien trae el dinero para mantener a la familia. Sus éxitos se convierten en éxitos de ella; y las relaciones sociales de él en las amistades de ambos. Se le otorga una posición más importante dentro del hogar y a menudo la misión de la mujer es hacerle la vida lo más cómoda posible. La mujer se pasa la mayor parte del día interactuando con niños o habla con las mujeres del vecindario que se encuentran atrapadas en la misma trampa psicológica. Cuando su marido pasa por una crisis en su trabajo, ésta se convierte en su propia crisis, y por lo general, como cualquier observador objetivo puede ver, existe en este tipo de relación un miembro que domina y otro que está sometido. La mujer ha aceptado y quizás incluso buscado este tipo de relación porque no ha conocido otra cosa. Su matrimonio ha imitado el modelo de matrimonio de sus padres y de otros que vio durante su desarrollo. Y muy a menudo, la dependencia para con su marido simplemente ha reemplazado la dependencia que tenía con sus padres. Paralelamente el hombre ha buscado una mujer suave, tierna y que pueda reforzar el hecho de qué él es el gana-pan y el que lleva las de ganar en todas las interacciones. Así

tan bien establecida. Puede que reaccione con una fuerte dosis de dominación, actitud que lograba siempre en el pasado poner en su sitio a su sumisa compañera. Alega que es un absurdo que ella trabaje ya que la mayor parte de su sueldo se va en pagar a otra gente para que cuide a los niños. Le señala que su creencia de que no existe igualdad entre ellos es ilógica. En realidad, ella es la mimada, la que se lleva la mejor parte. «Tú no tienes que trabajar, a ti te lo dan todo hecho, tú no tienes más que hacer que ocuparte de una casa y de ser una madre para tus hijos.» O intenta la culpabilidad: «Los niños sufrirán.» «Yo no puedo aguantar una vejación de este tipo.» Quizá llegue a amenazarla con el divorcio e incluso el suicidio. A menudo esto le da buen resultado. La esposa se dice a sí misma: «Uf, casi echo todo a perder». Y vuelve a su rol sumiso. Las fuertes dosis de dominación le sirvieron para recordarle cuál era su lugar. Pero si ella rehúsa volver atrás, puede que la estabilidad del matrimonio peligre. En todo caso el hecho es que la crisis existe. Si la mujer persiste en cambiar su sumisión por una actitud de confianza en sí misma, el marido, que necesita dominar a alguien, puede dejarla por una esposa más joven que lo mirará llena de admiración. De este modo, él obtendrá otra dependiente que además es un bonito adorno. Por otro lado podría ser que el matrimonio sobreviva a la crisis y se lleve a cabo un cambio interesante. El hilo de la dominación y la sumisión se entremete aún por la trama de la vida conyugal. Ahora el marido asume a menudo el rol sumiso ante el miedo de perder algo que quiere y que le importa mucho o por lo menos algo con lo que cuenta seguro. Se queda más en casa, está más con los niños (por sentimiento de culpa por haberlos abandonado tanto antes), puede que diga cosas como por ejemplo: «Tú ya no me necesitas», o «Tú estás cambiando, tú no eres la chica con quien yo me casé, y no sé si me gusta esta nueva chica que ahora eres tú». Ahora es más sumiso. Puede que empiece a beber mucho o a compadecerse a sí mismo por la necesidad de manipular a su esposa o de recuperar su superioridad. La esposa tiene ahora su carrera o está en camino de ello: tiene su propio círculo de amigos y está desarrollando intereses propios fuera del ámbito del hogar. Quizás incluso tenga un amante como un gesto afirmativo de represalia, pero al menos se siente bien porque recibe halagos y alabanzas por sus logros. Sin embargo el hilo sigue allí y la crisis sigue amenazante. Mientras uno de los cónyuges tenga que ser más importante que el otro o el miedo al divorcio sea lo que los mantiene unidos, la dependencia seguirá siendo la piedra angular de la alianza. El socio dominante, sea el hombre o la mujer, no se siente satisfecho teniendo un esclavo por cónyuge. Puede que el matrimonio siga existiendo en un sentido legal, pero el amor y la comunicación entre los esposos han sido destruidos. Aquí el divorcio es muy común, y si no, dos personas empiezan a ir cada una por su lado dentro del matrimonio: no tienen relaciones sexuales, duermen en habitaciones separadas, la norma de la comunicación es la de degradarse mutuamente en vez de comprenderse.

Hay también otro final posible si ambos socios deciden revalorizarse a sí mismos y a su relación. Si ambos trabajan para librarse de sus zonas erróneas y para amarse de verdad, esto es dejando que el otro socio o cónyuge escoja su propia manera de realizarse, entonces el matrimonio puede florecer y seguir creciendo y desarrollándose positivamente. Con dos personas que tienen fe en sí mismas, que se quieren el uno al otro lo suficiente como para alentar una independencia en vez de dependencia, pero a la vez compartiendo la felicidad con el ser amado, entonces el matrimonio puede llegar a ser una posibilidad muy estimulante y agradable. Pero, cuando dos personas tratan de fundirse hasta convertirse en una sola, o una de ellas trata de dominar a la otra de cualquier forma que sea, esa llamita que existe dentro de todos nosotros lucha por una de las necesidades más grandes e importantes del ser humano: la independencia.

La longevidad no es un indicativo del éxito de un matrimonio. Mucha gente sigue casada por miedo a lo desconocido, por inercia o simplemente porque eso es lo que hay que hacer. Un buen matrimonio, un matrimonio en el que ambos compañeros sienten verdadero amor, se produce cuando cada uno está dispuesto a dejar que el otro escoja por sí mismo en vez de tratar de dominar. No existe ese forcejeo constante que implica el pensar y hablar por la otra persona y exigir que haga lo que se supone que tiene que hacer o debería hacer. La dependencia es la serpiente en el paraíso de un matrimonio feliz. Crea patrones de dominio y sumisión y finalmente destruye las buenas relaciones. Se puede eliminar esta zona errónea, pero no será nunca una batalla fácil ya que están en juego el poder y el control, y son pocos los que los abandonan sin luchar por ellos. Y lo que es más importante aún, es que no se debe confundir nunca la dependencia con el amor. Parece irónico, pero no lo es; el hecho de que el poner distancias entre los cónyuges consolide los matrimonios.

LA GENTE TE TRATA
TAL COMO TÚ LE ENSEÑAS QUE TE TRATEN

La dependencia no es algo que simplemente sucede por el contacto con gente dominante. Como todos los comportamientos de las zonas erróneas, es una elección. Tú le enseñas a la gente a que te domine y a tratarte de la manera que siempre te ha tratado. Hay muchas formas de mantener el proceso de dominación y se repiten sólo si dan resultado. Dan resultado si te mantienen en línea y en una posición dependiente dentro de la relación. He aquí algunas de las estrategias más comunes que sirven para conservar los hilos del control y de la dominación dentro de la vida conyugal.

• Chillar, gritar o levantar la voz en cualquier sentido. Esto te mantendrá en tu lugar si eres una persona suave y quieres que las cosas sean blandas y fáciles.

• Comportamientos amenazantes como: «Me iré, pediré el divorcio».

• Provocar sentimientos de culpa. «No tienes derecho a...» «No comprendo cómo puedes haber hecho algo así.» Si eres proclive a la culpa, con este tipo de frases será fácil mantenerte sometido.

• Hacer uso de la ira y de comportamientos explosivos como arrojar objetos, usar palabras fuertes, golpear cosas.

• El truco de la enfermedad física. Tener dolores de cabeza, un ataque al corazón, dolor de espalda o lo que sea, cada vez que uno de los cónyuges no actúa de la manera que quiere el otro. Será fácil manipularte así si le has enseñado a tu compañero o cónyuge que te portarás bien cuando él se enferma.

• El tratamiento silencioso. El no hablar y encerrarse deliberadamente son dos de las estrategias más eficientes que puede usar uno de los socios para maniobrar la conducta del otro.

• La rutina de las lágrimas. Lloras para conseguir que la otra persona se sienta culpable.

• La escena del abandono. El levantarse y partir es una buena manera de manipular al compañero para que asuma o abandone cierto tipo de comportamiento.

- El recurso de «Tú no me quieres» o «Tú no me comprendes» para conseguir que se haga tu voluntad y mantener la dependencia dentro de la relación.
- La treta del suicidio. «Si tú no haces lo que yo quiero, me mato» o «Si me dejas, yo terminaré con todo».

Todas las estrategias mencionadas más arriba son los métodos que sirven para mantener a la otra persona dentro del rol deseado en el matrimonio. Si uno de los cónyuges rehúsa dejarse manipular por ellas, el otro dejará de usarlas. Sólo cuando uno de los cónyuges reacciona de acuerdo a este tipo de tretas el otro se acostumbra a usarlas. Si respondes con las actitudes sumisas esperadas, le enseñas al otro lo que tolerarás.

Si te maltratan es porque has estado emitiendo señales de: por-favor-maltrátame. Tú puedes aprender a enseñarle a los otros a tratarte de la manera que te gusta que te traten, como hubieras querido que te hubieran tratado hasta ahora. Pero puedes lograr el cambio ya sea en el trabajo, en la familia, en un restaurante, en el autobús, en cualquier lugar en que te traten con desconsideración. En vez de decir: «¿Por qué no me tratas mejor?», empieza a decir: «¿Qué es lo que estoy haciendo para que los demás me traten de esta manera?». Pon el enfoque en ti mismo y empieza a cambiar esas reacciones.

ALGUNOS DE LOS COMPORTAMIENTOS
DE DEPENDENCIA MÁS COMUNES
Y ALGUNOS COMPORTAMIENTOS QUE ALIENTAN
LA DEPENDENCIA

- Sentirse incapaz de abandonar el nido o abandonarlo con sentimientos de culpabilidad por los dos lados.

- Sentirse obligado a visitar a alguien, a telefonear, invitar, a hacer de chófer y cosas por el estilo.
- Pedirle permiso al cónyuge para cualquier cosa, incluso para gastar dinero, para hablar o para usar el coche.
- Indiscreciones que son como invasiones a la intimidad de los demás, como por ejemplo revisar los cajones de los niños o sus cartas o cuadernos secretos.
- Frases como: «Yo no podría decirle lo que siento, a él no le gustaría».
- Quedarse inmovilizado o tener una depresión después de la muerte de un ser amado.
- Sentirte atado a algún trabajo especial y no atreverte a trabajar por tu cuenta.
- Tener ideas preconcebidas respecto de lo que debe ser el comportamiento de un padre, esposo o hijo.
- Sentirse incómodo por la conducta de un cónyuge, o un padre o un hijo, como si lo que ellos son fuese parte de lo que tú eres.
- Pasarte la vida *entrenándote*, es decir preparándote para algún trabajo o un puesto. Sin dejar jamás la fase de entrenamiento por una de confianza en ti mismo.
- Molestarse, sentirse dolido, por lo que los otros digan, piensen o hagan.
- Poderte sentir feliz o realizado sólo si tu compañero se siente de la misma manera.
- Dejar que los demás te den órdenes.
- Dejar que otros tomen decisiones por ti o pedir siempre consejo antes de tomar una decisión.
- «Estás en deuda conmigo, mira lo que hice yo por ti.» Las obligaciones que van con la dependencia.
- No hacer algo delante de los padres o de la persona dominante porque no estarían de acuerdo o porque no les gustaría. No fumar, o beber, o decir malas palabras, o comer un helado de chocolate, o lo que sea, por cumplir con tu rol de sometimiento y sumisión.

- Abandonarte completamente, sin importarte tu vida, cuando algún ser amado muere o se enferma gravemente.
- Tener cuidado con el lenguaje que se usa ante una persona dominante, para no molestarla.
- Mentir constantemente respecto a tu propio comportamiento, y tener que tergiversar la verdad para no perturbarlos a «ellos».

LA COMPENSACIÓN PSICOLÓGICA
DE LA DEPENDENCIA

Los motivos para aferrarse a este comportamiento frustrante y entorpecedor no son demasiado complicados. Quizá sepas cuáles son las retribuciones de la dependencia, pero ¿sabes lo destructivas que son? La dependencia puede parecer algo muy inocuo e inocente, pero en realidad es el principal enemigo de la felicidad, de la plenitud y de la posibilidad de realizarse. He aquí algunos de los dividendos más comunes que te impulsan a mantenerte dentro de este estado de dependencia:

- La dependencia puede mantenerte bajo la custodia protectora de otra gente y ofrecerte los beneficios que reciben los niños pequeños porque no son responsables de su propio comportamiento.
- Al seguir siendo dependiente, puedes culpar a los demás de tus propias deficiencias.
- Al depender de los demás, no tienes necesidad de emprender la difícil tarea ni el riesgo de cambiar. Puedes sentirte seguro fiándote de quienes son responsables de ti.
- Puedes sentirte bien porque satisfaces a los demás. Aprendiste que la manera de ser bueno es satisfaciendo

a mamá y ahora hay numerosas mamás simbólicas que te manipulan.

• Puedes evitar la culpa que escoges cuando te comportas de manera afirmativa. Resulta más fácil portarte bien que aprender a eliminar la culpa.

• No habrá necesidad de que tomes decisiones ni hagas elecciones por ti mismo. Sigues el modelo que te presenta tu padre o madre, tu cónyuge o el individuo de quien dependes. Mientras pienses lo que ellos piensan y sientas lo que ellos sientan, no habrá necesidad de determinar lo que tú sientes o piensas.

• Resumiendo, luego de agotar elucubraciones, simplemente es mucho más fácil ser uno de los que siguen que ser un líder. Puedes hacer lo que te digan y evitarte problemas aunque no te guste ser de los que siguen. Siempre será más sencillo que correr todos los riesgos que implica el ser tu propia persona. La dependencia es desagradable porque te convierte en algo menos que una persona completa que funciona independientemente. Pero es más fácil; de eso puedes estar seguro.

UN PROGRAMA PARA LIBERARTE DE LA DEPENDENCIA

• Escribe tu propia Declaración de Independencia en la que anuncies claramente ante ti mismo y para ti mismo que quieres funcionar en todas las relaciones humanas eliminando por completo las manipulaciones externas. «Yo, esta persona, para lograr una unión más perfecta, etc.»

• Habla con todas las personas de quienes te sientes dependiente psicológicamente. Declara tus propósitos de funcionar independientemente ¡explica lo que sientes cuando haces cosas por obligación. Ésta es una estupenda estrategia para comenzar este proceso, pues la otra persona puede que ni siquiera se dé cuenta ni que sienta que eres dependiente.

• Ponte metas de cinco minutos de duración para tratar con la gente dominante de tu vida. Prueba una frase corta: «No, yo no quiero hacerlo» y observa cómo reacciona la otra persona.

• Organiza una sesión de planificación con tu socio dominante en un momento en que no te sientas amenazado. Durante esta sesión, explícale que a veces te sientes manipulado y sometido y que te gustaría tener una señal convenida entre los dos para hacérselo notar cuando suceda y tú no quieras hablar de ello. Por ejemplo un tironcito de oreja o ponerte el dedo en la boca para anunciarle que te estás sintiendo sometido en ese preciso instante.

• Cuando te sientas empujado a hacer cosas, manipulado psicológicamente, díselo a la otra persona y actúa de la manera en que te gustaría comportarte.

• Recuérdate a ti mismo que los padres, cónyuges, amigos, jefes y otros, a menudo desaprobarán tu comportamiento y que eso nada tiene que ver con lo que eres o quien eres. Es sabido que en cualquier tipo de relación habrá siempre desacuerdos. Si los esperas, no te desesperarás cuando sucedan. De esta manera podrás romper con muchas de las relaciones de dependencia que te esclavizan emocionalmente.

• Incluso aunque trates deliberadamente de evitar a la gente dominante (padre o madre, cónyuge, jefe, hijos), seguirás estando controlado por ellos durante su ausencia si te sientes inmovilizado emocionalmente por su culpa.

• Si te sientes obligado a visitar ciertas personas, pregúntate si quisieras que otras te visiten simplemente porque se sientan obligadas a ello. Si no es así, otorga un trato correspondiente a quienes estás tratando de esta manera y háblalo con ellos. Esto es, revierte la lógica del comportamiento y verifica la falta de dignidad que existe en una relación obligada de este tipo.

• Toma la decisión de salirte de tu rol de dependencia haciendo un trabajo voluntario, leyendo, tomando a alguien para que se ocupe de los niños (aunque cueste demasiado dinero y pienses que no te lo puedes permitir), aceptando un empleo que no pague demasiado bien. ¿Por qué? Simplemente porque la remuneración que significa el aumento del aprecio y valoración de ti misma bien vale la pena, cueste lo que cueste en dinero o en tiempo.

• Insiste en tu independencia económica sin ataduras y sin tener que darle cuenta a nadie. Si tienes que pedir el dinero que quieres o necesitas, eres un esclavo. Si eso no es posible, arréglatelas para ganar tu propio dinero de la manera más creativa que puedas.

• ¡Déjalos estar! ¡Déjate estar tú! ¡Deja de dar órdenes! ¡Deja de recibir órdenes!

• Reconoce tu deseo de intimidad, de no tener que compartir todo lo que sientes y experimentas con alguien. Tú eres único y privado. Si sientes que tienes que compartir todo, no tienes elección y eres en consecuencia una persona dependiente.

• Deja que la habitación del niño sea realmente la suya. Dale un espacio que él pueda controlar y siempre que no sea perjudicial, deja que él decida cómo la va a organizar. Una cama hecha no es más sólida psicológicamente que una sin hacer, aunque te hayan enseñado lo contrario.

• En las fiestas haz grupo aparte de tu marido o mujer. No sientas que tienes que estar con esa persona todo el tiempo. Separaos y luego unid vuestras fuerzas cuando todo haya acabado. Así duplicaréis vuestras experiencias.

• Si tú tienes ganas de ir al cine y tu compañero quiere jugar al tenis, hacedlo de esa manera. Permitíos más separaciones y así las reuniones serán más alegres y estimulantes.

• Haz cortos viajes solo o con amigos sin tener que sentirte atado a tu cónyuge o compañero. Os sentiréis más unidos cuando volváis y apreciaréis el hecho de poder funcionar independientemente.

• Recuerda que no tienes la responsabilidad de hacer feliz a los demás. Los demás se hacen felices a sí mismos. Es posible que realmente disfrutes de la compañía de otra persona, pero si sientes que tu misión es hacerla feliz, entonces dependerás de ella y te sentirás deprimido cuando esa persona esté deprimida. O peor aún, pensarás que eres tú quien le ha fallado. Tú eres el responsable de tus propias emociones, y la demás gente, de las suyas. Nadie puede controlar tus sentimientos, salvo tú mismo.

• Recuerda que el hábito no es razón suficiente para hacer algo, cualquier cosa que sea. El que siempre hayas estado sometido a los demás no es motivo ni justificación suficiente para seguir estándolo.

• La clave de una vida eficiente reside en la independencia. Igualmente, la clave de un buen matrimonio reside en el mínimo de fusión y el máximo de autonomía y autodependencia. Y aunque sientas verdadero temor a romper tus relaciones dependientes, seguro que si les preguntas lo que piensan a las mismas personas con las que mantienes estas relaciones de dependencia emocional, descubrirás, con gran sorpresa, que ellos admiran más a quienes piensan y actúan por sí mismos. Otra ironía. Quienes más te respetarán por ser independiente serán los mismos que con más fuerza trataron de mantenerte subordinado.

El nido es un lugar maravilloso para que se desarrolle el niño, pero abandonar el nido es aún más maravilloso y puede sentirlo así tanto el que se va como el que se queda observando el despegue.

11

ADIÓS A LA IRA

El único antídoto para la ira es la eliminación de la frase interna «Si sólo fueras más parecido a mí».

¿Tienes mal genio? Tal vez aceptes la ira como parte integrante de tu vida, pero ¿reconoces que de hecho no sirve a ningún fin útil? Quizá justificas tu mal humor diciendo cosas como «Es muy humano» o «Si no me desahogo expresándolo me lo guardaré dentro mío y se me convertirá en una úlcera». Pero la ira, el malhumor es una parte de ti mismo que no te gusta y, casi está de más decirlo, tampoco le gusta a la demás gente.

La ira no es algo «muy humano». No tienes por qué sentirla, y no sirve a ninguno de los propósitos relacionados con el que tú seas una persona feliz y realizada. Es una zona errónea, una especie de gripe psicológica que te incapacita igual que puede hacerlo una enfermedad.

Definamos el término *ira*. En el sentido que lo usamos en este capítulo se refiere a una reacción inmovilizante, una reacción que se experimenta cuando nos falla algo que esperábamos, algo con que contábamos. Toma la forma de rabia, hostilidad, de agresión contra alguien o incluso de silencio amenazante. No se trata simplemente de un enfado o irritación. Una vez más la palabra clave es inmovilidad. La ira es inmovilizante y por lo general proviene del deseo de que el mundo y la gente sean diferentes a lo que realmente son.

La ira es una elección y un hábito. Es una reacción aprendida ante la frustración y a resultas de la cual te comportas como preferirías no hacerlo. De hecho, la ira profunda es una forma de locura. Se es loco cuando no se puede controlar el propio comportamiento. Así pues, cuando estás enfadado y pierdes el control, sufres una locura temporal.

La ira no tiene retribuciones ni compensaciones psicológicas. Tal como la definimos aquí, la ira es debilitante. Físicamente puede producir hipertensión, úlceras, urticaria, palpitaciones cardíacas, insomnio, cansancio e incluso enfermedades cardíacas. Psicológicamente, la ira acaba con las relaciones afectivas; interfiere con la comunicación; conduce a la culpabilidad y la depresión y en general interfiere con tu vida. Quizá te sientas escéptico ante esto, puesto que siempre has oído decir que es más sano expresar la ira que guardarla embotellada dentro de ti. Sí, realmente la expresión de tu ira es más saludable que su represión. Pero existe una postura aún más sana: no sentir esa ira en absoluto. En este caso, no tendrás que enfrentarte con el dilema de si será mejor echarla fuera o guardarla adentro.

Como todas las emociones, la ira es un resultante del pensamiento. No es algo que simplemente te sucede. Cuando te enfrentas con circunstancias que no van por donde tú quisieras que vayan, te dices a ti mismo que las cosas no deberían ser así (frustración) y entonces eliges la acostumbrada reacción de enfado que sirve a un propósito. (Véase la sección de retribuciones más adelante en este mismo capítulo.) Y mientras aceptes la ira como parte de lo que significa ser un ser humano, tendrás razón en aceptarla y en evitar ocuparte de su eliminación.

Sin la menor duda, desfoga tu ira, desahógate, déjala

salir en formas que no sean destructivas (si sigues decidido a conservarla). Pero empieza a pensar en ti mismo como en alguien que puede aprender a pensar de manera diferente cuando se siente frustrado, de modo que la ira inmovilizante pueda ser reemplazada por emociones más gratificantes y positivas. Lo más posible es que seguirás sintiendo rabia, irritación y desilusión, ya que el mundo no será nunca como tú quieres que sea. Pero la ira, esa respuesta emocional tan perjudicial, puede ser eliminada.

Es posible que defiendas el caso de la ira porque te sirve para conseguir lo que quieres. Bueno, observa la cosa con un poco más de atención. Si lo que quieres decir es que si levantas la voz o pones cara de furia te ayudará a evitar que tu hija de dos años juegue en la calle donde puede hacerse daño, entonces levantar la voz es una estrategia excelente. Sólo se convierte en ira cuando te sientes realmente perturbado, cuando te acaloras y aumentan las pulsaciones de tu corazón, cuando arrojas objetos y quedas inmovilizado en general por un tiempo, cualquiera que sea. No dejes de seleccionar estrategias personales que reforzarán el comportamiento apropiado, pero no aceptes todo el dolor interno que esto puede significar. Puedes aprender a pensar de esta manera: «El comportamiento de la niña es peligroso para ella. Quiero hacerla ver que no se tolerará que juegue en la calle. Levantaré la voz para demostrarle la fuerza de mis sentimientos al respecto. Pero no me enfadaré».

Considera a una madre típica que no puede realizar este despliegue controlado de enfado. Se siente constantemente molesta por el mal comportamiento reiterado de sus hijos. Pareciera como que mientras más se molesta ella, peor se portan ellos. Los castiga; los manda a su habitación; grita constantemente y está casi siempre en estado de irritación, como «en pie de guerra», cuando trata con sus hijos. Su vida como madre es una batalla. Lo único que sabe es gritar y por las noches se siente destrozada emocionalmente, agotada al cabo de un día en el campo de batalla.

Entonces ¿por qué se portan así los niños cuando saben cómo va a reaccionar mamá? Porque la ironía de la ira es que nunca logra cambiar a los demás: sólo consigue intensificar el deseo de la otra persona de controlar a la persona enfadada. Escucha lo que dirían los niños de quienes ahora hablamos si pudieran formular sus motivos para portarse mal.

«¿Ves lo que hace enfurecer a mamá? No tienes más que decir esto, o hacer esto otro, y podrás controlarla haciendo que le de uno de sus ataques. Puede que te tengas que quedar encerrado en tu habitación unas horas o unos momentos, ¡pero mira lo que consigues! ¡El total dominio emocional de su persona y a precio tan bajo! Ya que tenemos tan poco poder sobre ella, hagamos esto más a menudo y veremos cómo se enloquece con nuestro comportamiento.»

La ira, cuando se usa en cualquier tipo de relación, impulsa a la otra persona a que siga actuando como lo ha hecho hasta ahora. Si bien el provocador aparenta estar asustado, por otro lado sabe muy bien que puede enfadar a la otra persona cuando quiera, y de esa manera ejercer sobre ella el mismo tipo de autoridad vengativa que cree tener el iracundo.

Cada vez que eliges enfadarte debido al comportamiento de otra persona, la estás privando de su derecho de ser lo que ella escoja. Dentro de tu cabeza está la frase neurótica: «¿Por qué no eres más parecido a mí? Entonces te querría y me gustarías en vez de enfadarme». Pero los demás no serán nunca como tú quieres que sean, todo el tiempo por lo menos. Gran parte del tiempo las cosas y la gente serán distintas a lo que tú quisieras que fueran. Así es el mundo. Y la posibilidad de cambiarlo es nula. De modo que cada vez que optas por la rabia cuando te enfrentas con alguien o con algo que no te gusta, optas a la vez por dejarte herir o inmovilizarte de alguna manera por culpa de la realidad. Ahora bien, eso es una tontería. Molestarte por cosas que no van a cambiar nunca. En vez de escoger la ira, puedes empezar a pensar en los demás como en seres que tienen derecho a ser diferentes a lo que tú quisieras que fueran. Puede que no te guste que así sea, pero no tienes por qué enfadarte por ello. La ira sólo los alentará a seguir siendo como son y te provocará todas las tensiones físicas y las torturas mentales que describimos antes. La elección está en tus manos realmente. La ira o un nuevo enfoque que te ayude a eliminar la necesidad de la ira.

Quizá te ves a ti mismo en el campo contrario, esto es, alguien que siente mucha rabia, pero que nunca ha tenido el valor de expresarla. Te la guardas y nunca dices nada, trabajándote esas dolorosas úlceras y viviendo tus momentos presentes con gran cantidad de ansiedad. En realidad no eres la otra cara de la persona que chilla y despotrica. Tienes las mismas frases en tu cabeza respecto a la gente y las cosas, que deberían ser como tú quieres. Si lo fueran, ése es tu razonamiento, no sentirías rabia, no te enfadarías. Ésta es una lógica equivocada y el secreto para deshacerte de tus tensiones radica en destruirla. Aunque quieras aprender a expresar tu furia contenida en vez de guardártela, la meta final debe ser aprender a pensar en forma diferente para no crear esa furia. Pensamientos internos como éste: «Si él quiere hacer el tonto, yo no voy a elegir molestarme por ello. Es él, no yo, el que se comporta de esa manera estúpida». O, «Las cosas no funcionan como yo creo que deberían hacerlo. Y aunque no me gusta, no voy a dejarme inmovilizar por ello».

que tú haces y el hecho de que estés enfadado o no, provocará un impacto similar al que puede producir un vaso de agua volcado sobre el torrente de las cataratas del Niágara. Que escojas la rabia o la risa no importa mucho, salvo que la primera colmará tus momentos presentes de tristeza y la segunda de alegría.

¿Tan en serio te tomas a ti mismo y a la vida que no puedes echarte atrás y darte cuenta de lo absurdo que es tomar algo de forma tan solemne? No reírse es un indicativo patológico. Cuando empieces a ponerte demasiado serio y sensato en lo que a ti respecta o en lo que haces, recuérdate a ti mismo que no tienes más tiempo que éste. ¿Qué sacas con desperdiciar tu presente estando enfadado cuando la risa sienta tan bien?

Hay que reírse por el mero placer de la risa. Es en sí misma su propia justificación. No tienes que tener ningún motivo especial para reírte. Hazlo simplemente. Obsérvate a ti mismo y a los demás en este mundo insensato y decide entonces si andarás por ahí cargado de ira o si desarrollarás más bien un sentido de humor que te otorgará uno de los dones más valiosos que existen: la risa. Sienta tan bien.

ALGUNAS DE LAS CAUSAS MÁS COMUNES DE LA IRA

Es posible ver la ira funcionando todo el tiempo. Por todas partes se ven ejemplos de gente experimentando diversos grados de inmovilidad, desde una pequeña molestia hasta la furia ciega. Es el cáncer, aunque aprendido, que se introduce en medio de las interacciones humanas. A continuación, he aquí algunos de los casos más comunes de ira, es decir de ocasiones en que la gente escoge la ira.

• La ira en el coche. Los conductores le gritan a los demás motoristas por casi todo. El comportamiento de acelerador de pulso ocurre cuando otra persona va demasiado rápido, demasiado lento, no hace señales, señala equivocadamente, cambia de carriles o comete cualquier equivocación. Como conductor puedes llegar a experimentar gran cantidad de rabia e inmovilidad emocional por las cosas que te dices a ti mismo de la manera como los demás deberían conducir. Igualmente las congestiones de tráfico son como señales claves para los ataques de furia y hostilidad. Los conductores les chillan a los pasajeros y se expresan con palabrotas respecto a las causas del atasco. Todo este comportamiento es consecuencia de un solo pensamiento: «Esto no debería estar sucediendo; y porque sucede, yo me voy a molestar e incitaré a los demás a escoger también la infelicidad».

• La ira en los juegos competitivos. El bridge, el tenis, la canasta, el póquer y una variedad de otros juegos son grandes provocadores de ira. La gente se enfada con sus compañeros o con sus contrincantes por no hacer las cosas bien o por infracciones a las reglas del juego. Pueden llegar a tirar al suelo una raqueta de tenis porque cometieron un error. Y aunque gritar y patalear y tirar el equipo por los aires es más sano que gritarle o pegarle a los demás, es igualmente una barrera de contención para la plenitud de goce y realización de tu momento presente.

• Ira ante lo fuera de lugar. Mucha gente siente rabia contra un individuo o un suceso que considera fuera de lugar. Por ejemplo, un conductor de coche en una carretera o calle puede decidir que un ciclista o peatón no debería estar allí y tratar de echarlo fuera. Este tipo de ira puede ser sumamente peligrosa. Muchos de los denominados accidentes resultan en realidad de este tipo de incidentes en los que la furia incontrolada ha tenido efectos desastrosos.

• Ira ante los impuestos. Por más cantidad de ira

que se malgaste en rabiar contra los impuestos, nadie podrá cambiar las leyes de nuestro país pero la gente sigue rabiando igual porque los impuestos no son como ellos quisieran que fueran.

• Ira debida a la lentitud de los demás. Si esperas que los demás funcionen según tu horario, optarás por enfadarte cuando no lo hagan y justificarás tu inmovilización con «Tengo derecho a enfadarme. Hace media hora que me tiene esperando».

• Ira por el desorden o desorganización de los demás. A pesar del hecho de que tu rabia alentará a los demás a comportarse de la misma manera, posiblemente persistirá tu actitud de escoger la ira.

• Ira contra los objetos inanimados. Reaccionar con un grito de rabia porque te golpeas la espinilla o porque te das en el dedo con un martillo puede ser terapéutico, pero sentir realmente furia y atravesar la puerta de un puñetazo no es sólo inútil sino que también puede ser muy doloroso.

• Ira debida a algún objeto perdido. Por más que rabies, la rabia no logrará recuperar tu llave o tu monedero, y probablemente evitará que organices una búsqueda eficiente.

• Ira ante sucesos mundiales que están fuera de tu control. Quizá no estés de acuerdo con la política del gobierno, con las relaciones exteriores, o la economía pero tu ira y la consiguiente inmovilización no cambiarán nada.

LOS MUCHOS ROSTROS DE LA IRA

Ahora que has visto algunas de las ocasiones en las que puedes escoger la ira, miremos algunas de las formas que toma la ira.

• La agresión verbal o el ridiculizar a tu cónyuge, hijos, seres queridos o amigos.

• Violencia física, pegar, patear, golpear objetos o gente. Este comportamiento cuando es llevado a máximo extremo conduce a los crímenes de violencia que se cometen casi siempre bajo la influencia de una rabia inmovilizante. No se cometen crímenes y asaltos a menos que se descontrolen las emociones y la ira produzca una locura temporal. Puede resultar peligroso creer que la ira es normal o suscribirse a las escuelas psicológicas que impulsan a tomar contacto con la rabia y a desahogarse dejándola salir. Igualmente, la televisión, el cine y los libros que vulgarizan la ira y la violencia y las presentan como comportamientos normales perjudican tanto al individuo como a la sociedad.

• Decir cosas como «Él me enfurece» o «realmente tú me das mucha rabia». En estos casos, tú optas por permitir que el comportamiento de otra persona te haga infeliz.

• Usar frases como «lo mato», «lo deshago» o «hay que destruir a la oposición». Puede que pienses que ésos son sólo decires, expresiones, pero en realidad lo que hacen es alentar la violencia y la ira y hacerla aceptable hasta en una competición amistosa.

• Pataletas de rabia. Ésta no es sólo una manera muy común de expresar la ira sino que a menudo sirve para que el rabioso consiga lo que quiere.

• El sarcasmo, el ridículo y el tratamiento del silencio. Estas expresiones de ira pueden ser tan perjudiciales y dañinas como la violencia física.

Si bien la lista de los posibles comportamientos iracundos podría seguir eternamente, los ejemplos que acabamos de citar son algunos de los más usuales cuando la ira aflora en esta zona errónea.

EL SISTEMA DE RETRIBUCIONES
QUE TÚ HAS CONSTRUIDO PARA ESCOGER LA IRA

A fin de aplacar tu mal genio, lo más efectivo es empezar a percibir las razones que se tienen para usarlo. He aquí algunas de las motivaciones psicológicas para mantener en funcionamiento ese mal genio:

• Cuando se te hace difícil controlarte, te sientes frustrado o derrotado, te es posible usar la rabia para trasladar la responsabilidad de lo que sientes a otra persona u otro suceso en vez de dominar tus propios sentimientos.

• Puedes utilizar la ira para manipular a los que te tienen miedo. Esto es especialmente efectivo con los que son más jóvenes o más pequeños, física o psicológicamente.

• Los accesos de ira atraen la atención de los demás y así logras sentirte importante y poderoso.

• La ira es una excusa muy cómoda. Puedes volverte loco —temporalmente— y luego disculparte diciendo: «No pude evitarlo». Así puedes exonerar tu comportamiento con una lógica de descontrol.

• Consigues lo que quieres porque los demás prefieren aplacarte que tener que tolerar tus rabietas y ataques de ira.

• Si le tienes miedo al amor o a la intimidad, puedes enfadarte por algo y evitar de ese modo el riesgo de compartir algo emocionalmente.

• Puedes manipular a los demás por medio de la culpa haciendo que se pregunten: «¿Qué hice yo para que se enfade de esta manera?». Cuando los demás se sienten culpables, tú eres poderoso.

• Puedes bloquear la comunicación cuando te sientes amenazado porque alguien es más hábil que tú. Usas la rabia para evitar el riesgo de quedar en inferioridad de condiciones.

• No tienes que ocuparte de ti mismo cuando estás enfadado. De ese modo puedes usar tus momentos presentes de una manera muy fácil al estar furioso y evitar hacer lo que sea necesario para mejorarte a ti mismo. Utilizas la ira para desahogarte.

• Puedes sumirte en una profunda compasión de ti mismo después de un ataque de rabia, compadecerte de ti mismo porque nadie te comprende.

• Puedes evitar pensar con lucidez por el mero hecho de enfadarte. Todo el mundo sabe que no puedes pensar claramente en esos momentos. Así que ¿por qué no echar mano de la vieja ira cuando quieres evitar el pensar con rectitud y claridad?

• Puedes usarla como excusa por un fracaso o por tu falta de capacidad. Incluso puedes llegar a evitar que los demás te ganen debido al miedo que inspiran tus accesos de mal humor.

• Puedes utilizar la rabia como excusa diciendo que la necesitas para poder realizar algún trabajo específico, pero en realidad la ira es un comportamiento inmovilizador y no ayuda a trabajar bien.

• Al decir que la ira es humana, tienes a mano la justificación para tu comportamiento: «Yo soy un ser humano y así funcionan los seres humanos».

ALGUNOS PROYECTOS QUE PUEDEN SERVIR
PARA REEMPLAZAR LA IRA

La ira se puede eliminar. Para ello es necesario pensar de distinta manera y se puede lograr ocupándose de un solo momento presente a la vez. Cuando te tienes que enfrentar con gentes o hechos que provocan tu ira o te instan a escoger la ira, ten conciencia de lo que te dices a ti mismo, y entonces trata de elaborar frases nuevas que provocarán nuevas sensaciones y un comportamiento más productivo. He aquí algunas estrategias específicas para combatir la ira.

• Lo primero y más importante es tomar contacto con tus propios pensamientos en el momento mismo en que te enfadas; entonces debes recordar que no tienes que actuar así simplemente porque siempre lo has hecho. Lo más importante es estar alerta al respecto.

• Tratar de postergar la ira. Si tu reacción normal ante algo es de enfadarte, trata de postergar esa ira durante quince segundos y luego explota como sueles hacerlo. La próxima vez trata de postergarla treinta segundos y sigue alargando los intervalos. Cuando empieces a ver que puedes postergar la ira, te darás cuenta que has aprendido a controlarla. Postergarla significa controlarla y con mucha práctica la eliminarás por completo.

• Cuando tratas de utilizar la ira en forma constructiva para enseñarle algo a un niño, prueba de hacer como si estuvieses enfadado. Levanta la voz y frunce el ceño, pero no sientas todo el dolor físico y psicológico que acompaña a la ira.

• No trates de engañarte a ti mismo diciéndote que disfrutas de algo que en realidad te es desagradable. Algo puede desagradarte sin que por ello te tengas que enfadar.

• Trata de acordarte en el momento en que te enfades que los demás tienen derecho a ser lo que escogen ser, que tu exigencia de que sean diferentes sólo logra prolongar tu ira. Trabaja para lograr permitirle a los demás el derecho a sus propias elecciones así como insiste en tu propio derecho a la libre elección.

• Pídele a alguna persona de confianza que te ayude. Pídele que te avise cuando estés enfadado ya sea verbalmente o con alguna señal convenida. Cuando recibas esta señal piensa en lo que estás haciendo y luego prueba de usar la estrategia de la postergación.

• Escribe un diario de tu comportamiento iracundo y apunta exactamente el día, hora y lugar del incidente en el que escogiste enfadarte. Sé muy exacto y cumplido en tus anotaciones; oblígate a apuntar todas las veces que has reaccionado con rabia. Pronto descubrirás, si persistes, que el mero hecho de tener que anotar el incidente servirá para persuadirte a escoger la ira con menos frecuencia.

• Trata de estar cerca físicamente de algún ser querido en el momento en que sientas rabia. Una de las maneras de neutralizar tu hostilidad es cogerte de las manos de alguien, a pesar de tu inclinación en contra, y sigue asido a esas manos hasta que hayas expresado lo que sientes y disipado tu ira.

• Habla con las personas que son los blancos más comunes de tu ira en un momento en que no estés enfadado. Comparte con el otro las actividades más provocadoras de ira, y proyecta alguna manera por medio de la cual puedes comunicar tus sentimientos sin tener que recurrir a un comportamiento debilitante como es el de la ira. Quizás una notita por escrito, un mensaje o una caminata para serenarse podrían dar resultado si antes se llega a un acuerdo al respecto, de modo que no sigan maltratándose mutuamente con exabruptos de ira que no tienen sentido. Al cabo de unos cuantos paseos para serenarte, empezarás a ver lo insensato que es dejarse llevar por el mal genio.

• Aplaca tu ira durante los primeros segundos clasificando lo que sientes y lo que crees que siente tu compañero también. Los primeros diez segundos son cruciales. Si logras sobrepasarlos verás a menudo que la rabia se ha desvanecido por sí sola.

• Ten conciencia de que todas las cosas en las que crees serán desaprobadas por el cincuenta por ciento de la gente el cincuenta por ciento del tiempo. Si esperas que gran parte de la gente esté en desacuerdo contigo, verás que no escoges la ira. En cambio te dirás a ti mismo que el mundo es justo y recto porque la gente no está de acuerdo con todo lo que TÚ dices, piensas y haces.

• Ten conciencia de que si bien la expresión de la ira es una alternativa saludable a guardarse ese sentimiento en el interior, no sentirla en absoluto es la opción más saludable de todas. Cuando dejes de pensar que la ira es algo natural o típicamente humano, habrás adquirido una razón interna para tratar de eliminarla.

• Trata de no esperar demasiado de los demás. Cuando dejas de tener expectativas, dejas de esperar lo que muy bien puede ser imposible y dejas de enfadarte si no lo consigues.

• Recuerda que los niños son siempre activos y bulliciosos y que no sacarás nada enfadándote. Y si puedes ayudar a que los niños hagan elecciones constructivas en otras áreas, no podrás nunca alterar su naturaleza básica.

• Ámate a ti mismo. Si lo haces, no te sobrecargarás de un sentimiento que resulta tan destructivo para tu persona.

• Cuando te encuentres en una congestión de tráfico, controla el tiempo de espera sin explotar. Trabaja para lograr controlarte. En vez de gritarle a un pasajero, hazle una pregunta civilizada. Usa el tiempo creativamente escribiendo una carta, una canción o para descubrir formas de evadirte de la congestión de tráfico; o trata de revivir la experiencia sexual más estimulante de tu vida, o mejor aún, proyecta mejorarla.

• En vez de sentirte esclavizado por todas las circunstancias frustrantes, usa esas mismas situaciones como un estímulo para cambiarlas. De ese modo, no tendrás tiempo para enfadarte en tus momentos presentes.

La ira se entromete en nuestro camino. No vale para nada, no es beneficiosa para nada. Como todas las zonas erróneas, la ira es un medio que sirve para usar elementos externos a ti a fin de explicar cómo te sientes. Olvídate de los demás. Haz por tu cuenta tus propias elecciones y no permitas que éstas estén empañadas por la ira.

discernir por medio de los factores externos tradicionales con los que generalmente clasificamos a la gente. Pueden ser ricos o pobres, hombres o mujeres, blancos o negros, vivir en cualquier parte y hacer casi cualquier cosa. Son un grupo de gente muy variada que sin embargo tienen un factor en común: estar libres de zonas erróneas. ¿Cómo darte cuenta de cuando te encuentras con alguien así? ¡Obsérvalos! ¡Escúchalos! Esto es lo que descubrirás:

En primer lugar, y esto será lo más evidente, verás que es gente que disfruta de virtualmente todo lo que les brinda la vida; gente que se siente cómoda haciendo cualquier cosa y que no pierde el tiempo quejándose o deseando que las cosas fueran de otra manera. Sienten entusiasmo por la vida y quieren todo lo que pueden sacar de ella. Les gusta salir de excursión, ir al cine, leer, practicar deportes, asistir a conciertos, visitar ciudades, granjas, contemplar animales, montañas y realmente casi todo. Les gusta la vida. Cuando estás cerca de gente así, notarás la ausencia de lamentos e inclusive de suspiros pasivos. Si llueve, les gusta. Si hace calor lo disfrutan en vez de quejarse. Si se encuentran en medio de una congestión de tráfico, o en una fiesta, o completamente solos, sencillamente actúan de la mejor manera posible. No se trata de disfrutar de todo lo que sucede, sino de una sabia aceptación de lo que es, de una rara habilidad para deleitarse con la realidad. Pregúntales lo que no les gusta y les costará darte una respuesta honesta. No actúan con la sensatez que significaría protegerse de la lluvia cobijándose bajo techo, porque la lluvia les parece hermosa, estimulante y algo que vale la pena experimentar. Les gusta. El fango no los enfurece: lo observan, chapotean en él y lo aceptan como parte de lo que significa estar vivo. ¿Les gustan los gatos? Sí. ¿Los osos? Sí. ¿Los gusanos? Sí. Y aunque las molestias como enfermedades, sequías, mosquitos, inundaciones y otras calamidades no les producen placer ni las aceptan con entusiasmo, es gente que no gasta sus momentos presentes quejándose por ellas o deseando que no fueran así. Si hay que destruir ciertas situaciones, ellos tratarán de destruirlas. Y disfrutarán haciéndolo. Por más que trates, te costará descubrir algo que no les guste hacer. Realmente aman la vida y realmente se sumergen en ella disfrutando de todo lo que les brinda.

La gente sana y realizada está libre del sentimiento de culpa y de toda la ansiedad que se produce cuando se usan los momentos presentes inmovilizándose por hechos que sucedieron en el pasado. Ciertamente pueden reconocer que han cometido errores y pueden prometerse que evitarán repetir ciertos comportamientos que resultaron contraproducentes de alguna manera, pero no malgastan su tiempo arrepintiéndose por algo que hicieron y que desearían no haber hecho, o molestos porque les disgusta algo que hicieron en algún momento de su vida pasada. La total carencia de culpa es una de las características de las personas sanas. Nada de lamentos por lo que pasó y nada de esfuerzos por lograr que otros escojan la culpa haciendo preguntas tan vanas como «¿Por qué no lo hiciste de otra manera?» o «¿No te avergüenzas de ti mismo?» Dan la impresión de que saben reconocer que la vida ya vivida es eso, y que por más mal que uno se sienta al respecto, nada podrá hacer para cambiar lo que pasó. Ellos mismos se sienten libres de culpa sin ningún esfuerzo: porque es natural, nunca ayudan a los demás a escoger la culpa. Se dan cuenta que sentirse mal en el momento presente sólo refuerza la pobre imagen de sí misma que puede tener una persona y que es mucho mejor aprender del pasado que protestar por el pasado. No los verás nunca manipulando a los demás diciéndoles lo malos que han sido, ni tampoco podrás manipularlos tú con las mismas tácticas. Ellos no se enfadarán contigo, simplemente no te harán caso, te ignorarán. En vez de molestarse contigo, preferirán irse o cambiar de tema. Las estrategias que funcionan tan bien con la mayor parte de la gente fallan completamente con estos seres tan sanos. En vez de hacerse desgraciados a sí mismos o a los demás con sentimientos de culpabilidad, tranquilamente, sin mayor ceremonia dejan de lado la culpa cuando la encuentran en su camino.

Igualmente la gente libre de zonas erróneas no se atormenta con preocupaciones. Algunas circunstancias que a otras personas podrían llegar a enloquecerlas apenas si afectan a estos individuos. No son ni planificadores del futuro ni ahorradores para el futuro. Rehúsan preocuparse por lo que pasará en el futuro y se mantienen libres de la ansiedad que acompaña a las preocupaciones. No saben preocuparse. No es parte de su manera de ser. No es que necesariamente estén todo el tiempo calmados pero no están dispuestos a pasar sus momentos presentes sufriendo por cosas que pueden suceder en el futuro y sobre las que no tienen ningún control. Están orientados principalmente hacia sus momentos presentes, y tienen una señal interna que parece recordarles que todas las preocupaciones deben suceder en el momento presente, y que ésa es una manera muy tonta de vivir su actualidad.

Esta gente vive ahora en el presente y no en el pasado o en el futuro. No se sienten amenazados por lo desconocido y buscan nuevas experiencias que no les son familiares. Les encanta la ambigüedad. Disfrutan del ahora en todas las ocasiones convencidos de que es todo lo que tienen. No hacen proyectos para un acontecimiento futuro dejando que pasen largos períodos de inactividad mientras esperan este acontecimiento. Los momentos que se viven entre los acontecimientos son tan vivibles como los acontecimientos mismos, y estas personas tienen una rara habilidad para sacar todo el goce posible de sus vidas diarias. No son «postergadores» ni de los que ahorran por si vienen tiempos malos ¡y aunque nuestra cultura no apruebe su comportamiento, no se sienten amenazados por reproches que provengan de sí mismos! Aprecian y disfrutan ahora de su felicidad y cuando el futuro llegue y se convierta en presente lo aprecian y disfrutan también. Estos individuos gozan siempre porque sencillamente se dan cuenta de lo absurdo que es esperar para disfrutar. Es una manera muy natural de vivir la vida, un poco como un animal o un niño. Están demasiado ocupados en realizar plenamente el momento presente mientras que la mayoría de la gente vive esperando las retribuciones sin ser capaces jamás de cogerlas cuando se les presentan.

Esta gente tan sana es notablemente independiente. Es gente que se encuentra fuera del nido, y aunque puede sentir gran amor por su familia y estar muy ligados a ella, piensan que la independencia es más importante que la dependencia en todas las relaciones humanas. Saben apreciar muy bien su propia independencia, el no depender de lo que puedan hacer los demás. Sus relaciones humanas se basan en el respeto mutuo al derecho que tiene el individuo a tomar sus propias decisiones. El amor de esta gente no lleva implícita la imposición de los valores propios en el ser amado. Dan gran importancia a la intimidad del ser humano; lo que puede hacer que los demás se sientan rechazados. Les gusta estar solos a veces, y se preocupan mucho de proteger su intimidad. No se comprometen sentimentalmente con mucha gente. Son selectivos en lo que respecta al amor, pero son también profundamente afectuosos. A las personas dependientes y no sanas les cuesta amar a seres así porque éstos son muy intransigentes en lo que respecta a su libertad individual. Si alguien los necesita, rechazan esta necesidad por encontrar que es perjudicial para la otra persona tanto como para ellos mismos. Quieren que las personas que ellos aman sean independientes, que hagan sus propias elecciones y que vivan sus vidas por sí mismos. Y a pesar de que pueden disfrutar de los demás y desear estar en su compañía, quieren más aún que los demás se las puedan arreglar sin muletas y sin apoyos. Así pues, el momento en que empieces a apoyarte en esta gente, te darás cuenta que ellos por su lado empiezan a desaparecer primero emocionalmente y luego físicamente también. Rehúsan depender de la gente y que dependan de ellos en una relación madura. A los niños les ofrecen un modelo de persona afectuosa e interesada, pero alientan su confianza en sí mismos casi desde el principio ofreciéndoles mucho amor en todas las oportunidades que se presentan.

Encontrarás muy poca búsqueda de aprobación entre estos individuos felices y realizados. Son capaces de funcionar sin la aprobación y el aplauso de los demás. No buscan honores como hace la mayoría de la gente. Son muy independientes de la opinión de los demás, sin importarles prácticamente nada si a la otra persona le gusta lo que ellos dicen o hacen. No tratan de escandalizar a nadie ni de ganar su aprobación. Es gente que está interiormente dirigida y a la que realmente no le preocupa ni interesa la evaluación de su comportamiento que hace la demás gente. No es que sean insensibles al aplauso o a la aprobación: parecen no necesitarlos. Pueden ser incluso bruscos porque son honrados y no envuelven sus mensajes con frases cuidadosamente pensadas para complacer a los demás. Si quieres saber lo que piensan, eso será exactamente lo que te dirán. Igualmente, cuando tú digas algo sobre ellos, no los destruirás ni inmovilizarás con tus palabras y opiniones. Usarán la información que les das, la filtrarán por medio de sus propios valores y usarán lo que les sirve en su propio beneficio y crecimiento. No necesitan ser amados por todo el mundo, ni tienen excesiva necesidad de aprobación. Reconocen que siempre habrá quien desapruebe lo que hacen. Son seres poco comunes en el sentido de que son capaces de funcionar como ellos mismos, y no como dictamina un tercero.

Cuando observas a estos individuos, notas una falta de enculturación. No son rebeldes, pero hacen sus propias elecciones aunque esas elecciones entren en conflicto con lo que hace toda la demás gente. Son capaces de pasar por alto las pequeñas normas sin importancia e ignorar tranquilamente los inútiles convencionalismos que son parte tan importante de la vida de mucha gente. No son aficionados a asistir a «cocktail parties» ni hacen conversación porque la buena educación lo aconseja. Son dueños de sí mismos y aunque consideran que la vida social es parte importante de sus vidas, se niegan a dejar que ésta los gobierne o a convertirse en esclavos de la misma. No atacan con rebeldía pero internamente saben cuándo pasar por alto ciertas cosas y funcionan con la mente clara y en forma sensata.

Saben reír y hacer reír. Descubren el humor en casi todas las situaciones y se pueden reír de los acontecimientos más absurdos lo mismo que de los más serios y solemnes. Les encanta ayudar a los demás a reírse y les resulta fácil crear buen humor. No es gente seria ni grave que camina por la vida con pasos de plomo y rostro severo. Más bien, son hacedores, gente activa, a los que a menudo se les reprocha ser frívolos en el momento inoportuno. No están a tono con los acontecimientos exteriores porque saben muy bien que no existe realmente el momento justo para hacer cualquier cosa. Les encantan las cosas desproporcionadas e incongruentes, pero su humor no tiene hostilidad: jamás usan el ridículo para hacer reír. No se ríen de la gente, se ríen con la gente. Se ríen de la vida y lo ven todo como un gran divertimento, aunque toman muy en serio sus proyectos. Cuando se echan para atrás y contemplan la vida, saben muy bien que no se dirigen a ningún sitio especial y que son capaces de disfrutar y de crear una atmósfera en la cual los demás pueden optar por el gozo. Son gente divertida que vale la pena tener cerca.

Son gente que se acepta a sí misma sin quejas. Saben que son seres humanos y que serlo implica ciertos atributos humanos. Saben cuál es su aspecto físico y lo aceptan. Si son altos, perfecto, pero si son bajos también. La calvicie está muy bien, lo mismo que una frondosa cabellera. Pueden soportar el sudor. No falsean su aspecto físico. Se han aceptado a sí mismos y por ello son la gente más natural. Nada de esconderse detrás de artificios ni de disculparse por lo que son. No saben ofenderse por nada que sea humano. Se quieren a sí mismos y aceptan lo que son. Igualmente aceptan todo lo que está en la naturaleza tal como es en vez de desear que fuera diferente. Jamás se quejan de cosas que no pueden cambiar como olas de calor, tormentas eléctricas o el agua fría. Se aceptan a sí mismos y al mundo tal como es. Sin pretensiones, sin lamentaciones, con una aceptación simple. Aunque los frecuentes durante muchos años, no los oirás rebajándose a sí mismos o deseando fútilmente algo imposible. Verás actuar a gente activa, a los hacedores. Verás cómo toman el mundo como es, como un niño que acepta el mundo natural y disfruta de todo lo que éste le ofrece.

Aprecian el mundo natural. Les encanta estar al aire libre disfrutando de la naturaleza, recorriendo gozosamente todo lo que aún está intacto, que es original y aún no ha sido estropeado. Les encantan las montañas, los atardeceres, los ríos, las flores, los árboles, los animales y virtualmente toda la flora y la fauna. Como personas son naturalistas, nada pretenciosos ni ceremoniosos y les encanta la naturalidad del universo. No andan ocupados buscando bares, tabernas, clubs nocturnos, fiestas convencionales, habitaciones llenas de humo y cosas por el estilo, aunque ciertamente son muy capaces de disfrutar plenamente de ese tipo de actividades. Están en paz con la naturaleza, el mundo de Dios, si quieres, aunque son muy capaces de funcionar en un mundo hecho por la mano del hombre. Son también capaces de apreciar lo que ya no tiene interés para otros. Jamás se cansan de un atardecer o de una excursión por el bosque. La visión de un pájaro volando es siempre un espectáculo admirable. Igual que no se cansan de mirar a un gusano ni tampoco a una gata que da a luz a sus gatitos. Una y otra vez, nunca se cansan de apreciar espontáneamente lo que la vida les va brindando. Algunas personas encuentran que ésta es una actitud muy artificial pero ellos no se dan cuenta de lo que piensan los demás. Están demasiado ocupados en asombrarse por la amplitud de posibilidades que les brinda la vida para realizarse plenamente en el momento presente.

Tienen una percepción muy especial en lo que respecta a la conducta de los demás y lo que a otros les puede parecer complejo e indescifrable, para ellos es claro y comprensible. Los problemas que inmovilizan a tanta gente son a menudo sólo pequeñas molestias para ellos. Esta falta de compromiso emocional con los problemas les permite franquear barreras que para muchos son infranqueables. Tienen percepciones claras en lo que a ellos mismos respecta y reconocen inmediatamente lo que los demás están tratando de hacerles. Pueden alzarse de hombros y pasar por alto cosas por las que otros se enfadan y quedan inmovilizados. Y ciertas cosas que pueden confundir a mucha gente que las encuentra insolubles, a ellos no los amilanan y más bien las consideran como simples y de fácil resolución. No están monopolizados por los problemas de su mundo emocional. Para esta gente, un problema es realmente sólo un obstáculo que hay que vencer y no un reflejo de lo que ellos son o dejan de ser como personas. Su autovaloración está ubicada dentro de sí mismos, por lo que cualquier problema externo puede ser visto objetivamente, y no, en ningún caso, como una amenaza o un desafío a su propia valía. Éste es uno de los rasgos de su personalidad más difíciles de comprender, ya que la mayoría de la gente se siente amenazada por los acontecimientos externos, por las ideas o por la demás gente. Pero los seres independientes y sanos no saben cómo sentirse amenazados y esta característica hace que sean ellos los que parezcan amenazadores a los demás.

Nunca pelean inútilmente. No son partidarios del autobombo para atraer la atención sobre sí mismos. Si la lucha puede provocar un cambio, entonces lucharán pero jamás lucharán inútilmente. No son mártires. Son hacedores. Son también gente que ayuda a los demás. Generalmente trabajan en cosas que le hacen la vida más agradable o más tolerable a los demás. Son guerreros en la vanguardia del cambio social, pero no llevan sus luchas consigo a la cama por las noches como caldo de cultivo de úlceras, enfermedades del corazón u otros desórdenes físicos. Son incapaces de estereotipar. A menudo ni se dan cuenta de las diferencias físicas de la gente incluyendo las raciales, étnicas, morfológicas o sexuales. No son gente superficial que juzga a los demás por su aspecto exterior. Y aunque puedan parecer egoístas y preocupados sólo de su propio placer, en realidad pasan gran parte de su tiempo dedicados a servir a los demás. ¿Por qué? Porque les gusta hacerlo.

No son gente enfermiza. No creen en la inmovilidad que producen los resfriados y los dolores de cabeza. Creen en su propia capacidad para deshacerse de esas enfermedades y no andan contándole a los demás lo mal que se sienten, lo cansados que están o qué enfermedades infectan su cuerpo en la actualidad. Tratan bien a sus cuerpos. Se quieren a sí mismos y en consecuencia comen bien, hacen regularmente ejercicio (como sistema de vida) y rehúsan experimentar el tipo de malestares que inutilizan a mucha gente durante diversos períodos de tiempo. Les gusta vivir bien, y así lo hacen.

Otra característica de estos individuos en pleno funcionamiento es la honestidad. Sus respuestas no son evasivas ni pretenden mentir respecto a ninguna cosa. Consideran que la mentira es una distorsión de su propia realidad y rehúsan participar en cualquier tipo de comportamiento que sirva para engañarse a sí mismos. Y aunque son personas discretas evitarán tener que distorsionar la verdad para proteger a la gente. Saben que están a cargo de su propio mundo y que otros también lo están. Así se comportan de una forma que a menudo otros pueden considerar cruel, pero en realidad lo que ellos hacen es simplemente dejar que los otros tomen sus propias decisiones. Se enfrentan eficientemente con lo que es, en vez de lo que ellos quisieran que fuera.

Esta gente no culpa a los demás. La orientación de su personalidad es interna y rehúsan responsabilizar a los demás por lo que ellos son. Por lo mismo, no pierden mucho tiempo hablando de los demás, ni están obsesionados por lo que los otros hacen o dejan de hacer. No hablan de la gente ¡hablan con ella! No culpabilizan a los demás; ayudan a los demás y a sí mismos a poner la responsabilidad donde corresponde. No se meten en habladurías ni propagan informaciones tendenciosas y malvadas. Están tan ocupados en vivir su propia vida con eficiencia que no tienen tiempo de ocuparse de las pequeñeces que saturan la vida de mucha gente. Los hacedores hacen. Los críticos culpan y se quejan.

Estos individuos no se preocupan mucho por el orden, la organización o los sistemas en sus vidas. Practican su autodisciplina pero no tienen necesidad de que las cosas y la gente encajen en sus propias percepciones de lo que deben de ser las cosas. No están llenos de «debes» respecto a la conducta de los demás. Creen que todos tienen derecho a sus elecciones y que esas pequeñeces que enloquecen a otra gente son simplemente el resultado de la decisión de otra persona. No creen que el mundo debe ser de alguna manera especial. No se preocupan mayormente por el orden y la limpieza. Existen de una manera funcional y si todo no es tal cual ellos quisieran, encuentran que eso también es correcto. Para esta gente, la organización es simplemente una manera útil de actuar y no un fin en sí misma. Y justamente por esta falta de neurosis organizativa es por lo que son creativos. Emprenden cualquier cosa a su manera única y particular, ya sea el hacer un plato de sopa, escribir un informe o cortar el césped. Aplican su imaginación a sus actos y el resultado es una manera creativa de hacer las cosas. No sienten la obligación de hacer las cosas de cierta manera. No consultan manuales ni hablan con expertos: simplemente atacan el problema de la manera que les parece más apropiada. Esto se llama creatividad; y sin excepciones, ellos la tienen.

Es gente con niveles de energía especialmente altos. Parecen necesitar menos sueño y sin embargo se sienten estimulados por la vida. Viven y son sanos. Pueden hacer acopio de tremendas rachas de energía para completar una tarea porque escogen comprometerse en ella considerándola como una actividad estimulante que los realiza en el momento presente. Esta energía no es sobrenatural: es simplemente el resultado de su amor a la vida y a todas las actividades que ella brinda. No saben aburrirse. Todos los acontecimientos de la vida ofrecen oportunidades de hacer, pensar, sentir y vivir, y ellos saben aplicar su energía en casi todas las circunstancias. Si se los encarcelara, emplearían sus mentes en divagaciones creativas para evitar la parálisis de la falta de interés. No hay aburrimiento en sus vidas porque ellos canalizan la misma energía que tienen otros de maneras productivas para ellos mismos.

Son agresivamente curiosos. Nunca saben lo suficiente. Buscan siempre más y quieren aprender cada uno y todos los momentos presentes de sus vidas. No les preocupa hacerlo bien o haberlo hecho mal. Si algo no resulta, o no logra grandes beneficios, entonces se descarta en vez de lamentarlo. Son buscadores de la verdad en el sentido de aprender cosas, siempre estimulados por la posibilidad de aprender más y sin llegar a creer jamás que ya son un producto terminado. Si están con un barbero se interesan por los problemas de ese oficio. No se sienten nunca superiores ni actúan como si lo fueran, alardeando de sus méritos para que otros los aplaudan. Aprenden de los niños, de los corredores de bolsa y de los animales. Quieren saber más sobre lo que significa ser un herrero o un cocinero, una fulana o el vicepresidente de una corporación. Son estudiantes que aprenden, no profesores que enseñan. Nunca tienen los conocimientos suficientes y no saben comportarse como snobs ni sentirse superiores puesto que nunca se sienten así. Cada persona, cada objeto, cada acontecimiento representa una oportunidad para saber más. Y son agresivos en sus actitudes respecto a sus intereses, sin esperar que la información les salga al paso sino que van tras ella. No tienen miedo de hablar con una camarera, o preguntarle al dentista qué se siente cuando uno tiene las manos en la boca de la gente todo el día, o preguntarle a un poeta el significado de tal o cual frase.

No tienen miedo al fracaso. No equiparan el éxito en una empresa con el éxito como ser humano. Puesto que su autovaloración les viene del interior, pueden observar los acontecimientos externos objetivamente y pensar sencillamente que son eficientes y positivos o ineficientes y negativos. Saben que el fracaso es sólo un índice de la opinión de otra gente y no hay que tenerle miedo puesto que no puede afectar su autovaloración. Así, se atreven a probar cualquier cosa, a participar en las cosas simplemente porque es divertido y no tienen miedo a tener que explicarse a sí mismos. Igualmente nunca escogen la ira que inmoviliza. Usando la misma lógica (sin tener que repensarla cada vez puesto que se ha convertido en un modo de vida), no se dicen a sí mismos que la otra gente se debería comportar de una manera distinta a la habitual o que los hechos deberían ser diferentes. Aceptan a los demás como son y trabajan para cambiar los hechos que les desagradan. Así, la ira es imposible porque no existen las falsas o exageradas pretensiones. Esta gente es capaz de eliminar las emociones que de alguna manera son autodestructivas y de alentar las que les sirven para crecer.

Estos felices mortales no son nada defensivos. No hacen jugarretas ni tratan de impresionar a los demás. No se visten para agradar a los demás y lograr su aprobación, ni tampoco cumplen con el ritual de explicarse a sí mismos. Actúan con gran sencillez y naturalidad y no se dejan seducir para hacer alharacas sobre cosas pequeñas o grandes. No son tercos discutidores: ellos expresan simplemente sus puntos de vista, escuchan los de los demás y reconocen la futilidad de tratar de convencer a alguien para que sea como ellos. Y dicen simplemente: «Eso está muy bien: somos diferentes, eso es todo. No tenemos que estar de acuerdo». Y dejan las cosas así sin necesidad de ganar una discusión o de persuadir a su contrincante de lo equivocado de su posición. No tienen miedo a causar una mala impresión pero tampoco hacen lo posible por causarla.

Sus valores no son valores locales. No se identifican con la familia, el vecindario, la comunidad, la ciudad, el estado o el país. Se consideran a sí mismos como parte de la raza humana y para ellos un austríaco cesante no es mejor ni peor que un californiano cesante. No son patrióticos respecto a una frontera especial. Más bien se ven a sí mismos como parte de la humanidad. No sienten alegría porque hay más muertos en el campo enemigo ya que el enemigo es tan ser humano como el aliado. No siguen las normas hechas por los hombres que describen la manera de tomar partido. Ellos trascienden las fronteras tradicionales, lo que a menudo es motivo para que otros los clasifiquen como rebeldes o traidores.

No tienen héroes ni ídolos. Miran a toda la gente como seres humanos y no colocan a nadie sobre sí mismos en importancia. No exigen justicia en cada ocasión. Cuando otra persona tiene más privilegios que ellos, lo ven como un beneficio para esa persona más que como un motivo para sentirse infelices. Cuando juegan con un contrincante, quieren que le vaya bien en vez de desear que juegue mal para ganar. Quieren ser victoriosos y eficientes por sus méritos en vez de ganar por las fallas de los demás. No insisten para que todos sean igualmente dotados, sino que miran hacia dentro de sí mismos para buscar su felicidad. No son críticos y tampoco sienten placer por las desgracias ajenas. Están demasiado ocupados siendo ellos mismos para fijarse en lo que hacen sus vecinos.

Más significativamente aún, estos individuos se aman a sí mismos. Están motivados por un deseo de crecer y siempre que les dan la opción para hacerlo, se tratan muy bien a sí mismos. No tienen espacio para sentir autocompasión, ni autorrechazo, ni para odiarse a sí mismos. Si les preguntas: «¿Te quieres a ti mismo?», recibirás una respuesta muy sonora y afirmativa: «¡Por supuesto que sí!». Son en realidad aves raras. Cada día es un deleite. Lo viven enteramente disfrutando de todos sus momentos presentes. No es que no tengan problemas, pero no están inmovilizados emocionalmente a causa de sus problemas. La medida de su salud mental no reside en que resbalen, sino en lo que hacen cuando resbalan. ¿Acaso se quedan allí lamentándose de su caída? No, se levantan, se sacuden el polvo y siguen atareados con los quehaceres de la vida. La gente que vive libre de zonas erróneas no corre tras la felicidad, simplemente viven y la felicidad, cuando llega, es su retribución.

Esta cita de un artículo del *Reader's Digest* sobre la felicidad resume la actitud conducente a una existencia vivida positiva y eficientemente que es de lo que hemos estado hablando:

Nada hace que la felicidad sea más inalcanzable que tratar de encontrarla. El historiador Will Durant describe cómo buscó la felicidad en el conocimiento y sólo encontró desilusiones. Luego buscó la felicidad en los viajes y sólo encontró el cansancio; luego en el dinero y encontró discordia y preocupación. Buscó la felicidad en sus escritos y sólo encontró fatiga. Una vez vio una mujer que esperaba en un coche muy pequeño con un niño en sus brazos. Un hombre bajó de un tren y se acercó y besó suavemente a la mujer y luego al bebé, muy suavemente para no despertarlo. La familia se alejó luego en el coche y dejó a Durant con el impacto que le hizo realizar la verdadera naturaleza de la felicidad. Se tranquilizó y constató que «todas las funciones normales de la vida encierran algún deleite».[16]

Si usas tus momentos presentes para aumentar al máximo la plenitud de tu realización, serás una de esas personas y no un simple observador. Es una idea maravillosa: estar libre de zonas erróneas. Puedes hacer esa elección ahora mismo, si escoges hacerla.

16. June Callwood, *The One Sure Way to Happiness*, octubre de 1974.